理解中国丛书
Understanding China Series

赵剑英 主编

美好生活的桐庐样本

A SAMPLE OF A BETTER LIFE
IN TONGLU

中国社会科学出版社

图书在版编目（CIP）数据

美好生活的桐庐样本 / 赵剑英主编 . —北京：中国社会科学出版社，2021. 6

（理解中国丛书）

ISBN 978 - 7 - 5203 - 8499 - 5

Ⅰ. ①美… Ⅱ. ①赵… Ⅲ. ①地方政府—行政管理—研究—桐庐县 Ⅳ. ①D625. 554

中国版本图书馆 CIP 数据核字（2021）第 098107 号

出 版 人	赵剑英	
责任编辑	刘凯琳	
责任校对	朱妍洁	
责任印制	王　超	

出　　版	中国社会科学出版社	
社　　址	北京鼓楼西大街甲 158 号	
邮　　编	100720	
网　　址	http://www.csspw.cn	
发 行 部	010 - 84083685	
门 市 部	010 - 84029450	
经　　销	新华书店及其他书店	

印刷装订	北京君升印刷有限公司	
版　　次	2021 年 6 月第 1 版	
印　　次	2021 年 6 月第 1 次印刷	

开　　本	710 × 1000　1/16	
印　　张	23. 5	
字　　数	262 千字	
定　　价	98. 00 元	

赵剑英

南开大学 - 中国社会科学院大学 21 世纪马克思主义研究院特聘教授。现任中国社会科学院中国社会科学出版社党委书记、社长，编审（二级）。中国社会科学院大学哲学院教授、博士生导师、博士后合作导师。兼任中国辩证唯物主义研究会副会长、中国历史唯物主义学会副会长，全国中国特色社会主义理论研究会副会长。

第十三届韬奋出版奖获得者，全国文化名家暨"四个一批"人才，国家百千万人才暨"有突出贡献中青年专家"，全国新闻出版行业领军人才，享受国务院政府特殊津贴专家。长期致力于马克思主义哲学和中国特色社会主义理论体系的学习与研究。著有《深圳经验与中国特色社会主义道路》《21世纪中国的马克思主义》《时代的哲学回声》《哲学的力量——社会转型时期的中国哲学》《复兴中国》等。主编《后疫情时代的全球经济与世界秩序》《中国道路的哲学形态》《论中国模式（中英文版）》《马克思哲学论坛文丛（共 7 卷）》等。在《中国社会科学》《哲学研究》《马克思主义研究》《人民日报》等报刊上发表论文和文章百余篇。代表作有《中国道路的哲学观念》《中国之治的实践逻辑》《中国共产党的自我革命：开创权力监督的新路》《现代性与近代以来中国人的文化认同危机及重构》《试析实践活动运行机制》等。获第六届吴玉章人文社会科学优秀奖、"中国社会科学院第一届青年优秀成果奖"论文类一等奖、第一届全国青年优秀社会科学成果奖三等奖、中国青年科技论坛三等奖、中国社科院优秀对策信息对策研究类一等奖。

策划出版了《习近平新时代中国特色社会主义思想学习丛书》（12 卷）、《理解中国》丛书、《中国制度研究》丛书、《当代中国学术思想史》丛书、《国家智库报告》系列等，在海内外产生较大影响力。所策划的多种图书分获中国出版政府奖、中华优秀出版物奖、中国好书奖等国家级奖项，获国家新闻出版广电总局授予的"2016 年度推动版权输出引进典型人物"奖。在赵剑英的带领下，中国社会科学出版社在推动中国文化、中国学术"走出去"，讲好中国故事、发出中国声音方面做了大量富有成效的工作，被中宣部授予"中国图书对外推广计划"特别贡献奖。

出版前言

　　自鸦片战争之始的近代中国，遭受落后挨打欺凌的命运使大多数中国人形成了这样一种文化心理：技不如人，制度不如人，文化不如人，改变"西强我弱"和重振中华雄风需要从文化批判和文化革新开始。于是，中国人"睁眼看世界"，学习日本、学习欧美以至学习苏俄。我们一直处于迫切改变落后挨打、积贫积弱，急于赶超这些西方列强的紧张与焦虑之中。可以说，在一百多年来强国梦、复兴梦的追寻中，我们注重的是了解他人、学习他人，而很少甚至没有去让人家了解自身、理解自身。这种情形事实上到了1978年中国改革开放后的现代化历史进程中亦无明显变化。20世纪八九十年代大量西方著作的译介就是很好的例证。这就是近代以来中国人对"中国与世界"关系的认识历史。

　　但与此并行的一面，就是近代以来中国人在强国梦、中华复兴梦的追求中，通过"物质（技术）批判""制度批判""文化批判"一直苦苦寻求着挽救亡国灭种、实现富国强民之"道"，这个"道"当然首先是一种思想，是旗帜，是灵魂。关键是什么样的思想、什么样的旗帜、什么样的灵魂可以救国、富国、强国。一百多年来，中国人民在屈辱、失败、焦虑中不断探索、反复尝试，历经"中学为体，西学为用"、君主立宪实践的失败，西方资本主义政治道路的破产，"文化大革命"的严重错误以及20世纪90年代初世界社会主义的重大挫折，终于走出了中国革命胜利、民族独立解放之路，特别是将科学社会主义理论逻辑与中国社会发展历史逻辑结合在一起，走出了一条中国社会主义现代化之路——中国特色社会主义道路。经过最近三十多年的改革开放，中国社会主义市场经济快速发展，经济、政治、文化和社会建设取得伟大成就，综合国力、文化软实力和国际影响力大幅提升，中国特色社会主义取得了巨大成功，虽然还不完善，但可以说其体制制度基本成型。百年追梦的中国，正以更加坚定的道路自信、理论自信和制度自信的姿态，崛起于世界民族之林。

与此同时，我们应当看到，长期以来形成的认知、学习西方的文化心理习惯使我们在中国已然崛起、成为当今世界大国的现实状况下，还很少积极主动向世界各国人民展示自己——"历史的中国"和"当今现实的中国"。而西方人士和民族也深受中西文化交往中"西强中弱"的习惯性历史模式的影响，很少具备关于中国历史与当今发展的一般性认识，更谈不上对中国发展道路的了解，以及"中国理论""中国制度"对于中国的科学性、有效性及其对于人类文明的独特价值与贡献这样深层次问题的认知与理解。"自我认识展示"的缺位，也就使一些别有用心的不同政见人士抛出的"中国崩溃论""中国威胁论""中国国家资本主义"等甚嚣尘上。

可以说，在"摸着石头过河"的发展过程中，我们把更多的精力花在学习西方和认识世界上，并习惯用西方的经验和话语认识自己，而忽略了"自我认知"和"让别人认识自己"。我们以更加宽容、友好的心态融入世界时，自己却没有被客观真实地理解。因此，将中国特色社会主义的成功之"道"总结出来，讲好中国故事，讲述中国经验，用好国际表达，告诉世界一个真实的中国，让世界民众认识到，西方现代化模式并非人类历史进化的终点，中国特色社会主义亦是人类思想的宝贵财富，无疑是有正义感和责任心的学术文化研究者的一个十分重要的担当。

为此，中国社会科学出版社组织一流专家学者编撰了《理解中国》丛书。这套丛书既有对中国道路、中国理论和中国制度总的梳理和介绍，又有从政治制度、人权、法治，经济体制、财经、金融，社会治理、社会保障、人口政策，价值观、宗教信仰、民族政策，农村问题、城镇化、工业化、生态建设，以及古代文明、哲学、文学、艺术等方面对当今中国发展和中国历史文化的客观描述与阐释，使中国具象呈现。

期待这套丛书的出版，不仅可以使国内读者更加正确地理解100多年中国现代化的发展历程，更加理性地看待当前面临的难题，增强全面深化改革的紧迫性和民族自信，凝聚改革发展的共识与力量，也可以增进国外读者对中国的了解与理解，为中国发展营造更好的国际环境。

中国社会科学出版社社长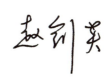

2014 年 1 月 9 日

前　　言

　　"读万卷书,行万里路"。人的一生会走过许多地方,但总有些地方让人一见如故、流连忘返,并期待老友般的重逢。与桐庐的相遇就是这样一种感觉。桐庐有一种魅力,让人离开它后又不时会惦念起它的美好。苏轼诗言:"三吴行尽千山水,犹道桐庐更清美。"当然,桐庐不仅有其自然之美,更有人文之美、社会治理之美。

　　2020 年 10 月,第二届中国哲学家论坛在桐庐召开。带着《富春山居图》所给予的对桐庐的想象,我走近桐庐。目之所及,山川雅秀,草木华滋,诗情画意的具象取代了那多少有些模糊的意象。与会的国内知名哲学家相聚桐庐,泛舟富春江上,漫步富春江畔,在历史与现实的视阈中进行哲学思辨之余,哲学家们一致认为,桐庐是一个"诗意栖居"之地。与桐庐的相遇虽短短几天,但给人的印象却是那么美好而深刻。之后几次来桐庐,都有新的发现和体验,这才明白宋代诗人陆游所说"桐庐处处是新诗",对桐庐之美的感受也日益加深。

　　桐庐之美底蕴丰厚。大自然赋予桐庐得天独厚的风景,古往今来文人墨客留下大量优美诗篇,体现改革开放以来经济发展成就的民生富庶,人与自然、城市与乡村、政府与社会关系的和谐安宁,老百姓的幸福感洋溢在脸上……这些均内化于桐庐人民的美好生活之中。在桐庐所见所闻的一切,激起了我们探究桐庐之美的浓厚兴趣:这多重和谐的美,究竟是如何实现的?

带着对桐庐之美的憧憬与探寻桐庐县域治理之道的问题意识,中国社会科学出版社成立了"美好生活的桐庐样本"课题组,我主持了项目方案的设计和研究计划的制定,组织课题组成员深入调研、精心写作,并负责全书统稿工作。中国社会科学出版社副总编辑兼重大项目出版中心主任王茵博士负责项目统筹。中国社会科学出版社哲学与社会学出版中心主任朱华彬博士、对外经济贸易大学中国世界贸易组织研究院研究员刘斌博士、中国社会科学出版社大众分社总编辑侯苗苗博士、重大项目出版中心副主任张潜博士、智库成果出版中心副编审黄晗、重大项目出版中心编辑李凯凯和中国社会科学出版社博士后工作站乔镜堇博士参与了课题写作。

课题组先后两度赴桐庐调研,走访调研了桐庐县行政服务中心、新时代文明实践中心和矛盾调解中心,富春未来城、县经济开发区、桐君街道南门社区和梅蓉村、分水镇后岩村、钟山乡、莪山畲族乡、县博物馆、城南街道仁智村等乡镇、街道、村社,并与县党政相关部门领导进行座谈,取得了大量一手资料。在本书中,课题组努力揭示桐庐作为中国县域治理的一个样本,是如何贯彻落实习近平新时代中国特色社会主义思想,坚持以人民为中心的发展理念,把人民群众对美好生活的向往作为施政的目标和落脚点,实现县域治理之美的,并集中阐发了对桐庐之美、桐庐美好生活如何实现的理解。

本课题的调研与写作得到了桐庐县委、县政府主要领导,有关党政部门,基层乡镇、街道、村、社区的大力支持,特别要感谢桐庐县委书记方毅同志，县委常委、宣传部长翁嫣同志，县委办公室主任王红春同志，县委宣传部常务副部长赵雄军以及胡丹、丁姐等同志。正是由于他们的支持与配合，课题研究才得以顺利开展，呈现在读者面前的这本书，正是此次调研的结项成果。2021年是中国共产党成立一百周年，在中国共产党领导下，中国取得了世所罕见的脱贫攻坚战役的伟大胜利，完成了全面建成小康社会的第一个百年发展目标。当前，中国已站在一个新的历史起点上。准确把握新发展阶段，深入贯彻新发展理念，加快构建新发展格局成为我们党和国家在新的历史阶段所要解决的重大问题。就在两天前的6月10日，中共中央、国务院发布《关于支持浙江高质量发展建设共同富裕示范区的意见》，赋予浙江新的历史使命。在新的时代背景下，县域治理如何追求高质量发展，更好实现人民群众对美好生活的追求，桐庐的实践探索具有重要的意义。可以说，"美好生活的桐庐样本"课题调研恰逢其时。当然，本书仅是对以上问题的初步梳理和提炼，今后，我们对桐庐的调研还将继续深入，并努力向世界讲好桐庐式的"中国故事"，展示中国一个县域的美好幸福生活。希望本书对于在新时代高质量发展阶段如何实现人民群众对美好生活的向往有所启示和借鉴。

由于时间较为急促，我们的调研思考尚不深入，本书所述内容可能还存在许多不足，甚至存在不少浅陋之见，敬请各位专家、读者不吝指教。

赵剑英

2021年6月12日

目　　录

中国最具幸福感县级城市
——桐庐

县域治理是国家治理在县域范围内的具体实施，是国家治理的基石，县域治理现代化是国家治理现代化的重要基础。因而，县域治理是探究国家治理现代化课题的重要视角。位于我国长三角地区的杭州市桐庐县，经过改革开放以来，特别是党的十八大以来的特色、快速发展，打造出山清水秀、民富县强的"美好"发展品牌，赢得了"诗乡画城""潇洒桐庐"的美名，为我国县域实现人民群众对美好生活的向往做了很好的探索。分析和总结美好桐庐的发展经验，对于破解我国县域治理现代化难题，推进我国国家治理体系和治理能力现代化课题研究，具有十分重要的意义。

◇◇ 一　县域治理：国家治理的基石

习近平总书记指出，推进党和国家各项政策落地的责任主体在基层，推进国家治理体系和治理能力现代化的基础性工作也在基层，必须把抓基层、打基础作为长远之计和固本之策。县域治理是基层治理的主体，是推进国家治理体系和治理能力现代化最基础的环节，在国家治理体系中发挥着重要的承上启下作用。可以说，县域治理是发展经济、保障民生、维护稳定、促进国家长治久安的重要基础，县域治理的好坏直接决定着国家治理的效能，影响着国家治理的进程和整体格局，关系着国家的长治久安。

本书所论述的县域治理中的县域是一种以特定行政区划为基础的地域空间，它是由一定经济的、政治的、社会的、文化的、历史的、民俗的、人口的、地理环境的等自然要素和社会要素构成的特定行政层级的载体。县域治理，顾名思义，是县域范围内通过各方治理主体，对事关公民与社会的政治、经济、社会、文化、生态等各项公共事务和公益性事业所进行的有效的、有序的管理活动。在中国政治体制中，县域有其自身的特点，县域治理也呈现其鲜明的特征。

1. 县域是国家政策的生根地和汇聚地，县域治理发挥着"穿针引线"的重要作用

县域作为一种基层治理的重要载体，既要"接天线"又要"接地气"。县级党委和政府组织既要贯彻党的路线方针政策，落实中央和省区市的工作部署；又要领导乡镇、社区发挥积极性、主动性和创造性，积极作为，促进发展，服务民生。县域治理就是要结合当地实际，把党和国家的方针政策在基层落地生根，是党和国家全局工作的坚实基础。在中国政治体制和格局中，县域呈现出"上面千条线，下面一根针"的特征，众多政策汇聚到基层，头绪多，任

务重，把"穿针引线"工作做好，是县域治理的重要课题。

2. 县域是国家发展的动力源，县域治理发挥着"发动机"的重要作用

人民群众是历史的创造者，是推动人类历史发展的根本动力。而人民群众主要来自基层，作为基层治理重要载体的县域就是国家发展的动力源。县域治理要激发人民群众的伟大力量，发掘人民群众的积极性、主动性和创造力，发挥着"发动机"的重要作用。

3. 县域是社会矛盾的易发地和观测站，县域治理发挥着"稳定器"的重要作用

郡县治则天下安，县域治理直接关系到国家的长治久安。作为基层治理重要载体的县域是各种社会矛盾的易发地，绝大部分社会矛盾是利益诉求引发的人民内部矛盾，这些利益诉求面宽量大，新老问题相互交织，极易造成上档升级，威胁党和国家的稳定和安全。县域治理的一个重要内容就是采取各种措施，化解各种社会矛盾，不让矛盾激化，承担"灭火器"和"稳定器"的职能。

◇◇ 二 美好桐庐

桐庐县位于浙江省西北部，地处钱塘江中游，介于北纬29°35′—30°05′和东经119°10′—119°58′之间；东接诸暨，南连浦江、建德，西邻淳安，东北界富阳，西北依临安。全境东西长约77千米，南北宽约55千米。总面积1829平方千米。桐庐县以丘陵山区

为主，平原稀少，属浙西中低山丘陵区。四周群山耸峙，中部为狭小河谷平原，山地与平原间则丘陵错落。富春江由南而北纵贯县境东部，分水江自西北向东南汇入富春江。在全县土地面积中，山地丘陵占86.3%，平原、水域占13.7%，俗称"八山半水分半田"。户籍总人口为41.92万人，其中，城镇人口21.97万人，乡村人口19.95万人。下辖4个街道、6个镇、4个乡；181个行政村；4个经联社；22个社区。

美丽桐庐

桐庐历史悠久，因药祖桐君老人在此结庐炼丹而得名，并孕育出独具特色的"药祖文化"。"天下佳山水，古今推富春。"桐庐地处美丽的富春江风光带，"一折青山一扇屏，一湾碧水一条琴，无声诗与有声画，须在桐庐江上寻"，生动描写了桐庐山水的秀美，著名的《富春山居图》使桐庐美丽的自然风光声名远扬。美丽的风景吸引严子陵等名士来此隐居，形成了超凡脱俗的隐逸文化。优美秀丽的自然风光也吸引无数文人墨客踏足此地，吟咏抒怀，留下6000多首脍炙人口的诗篇，形成了灿烂的诗词文化。美丽的自然环境和深厚的人文底蕴为桐庐创建美好生活，建设美丽大花园提供了得天独厚的基础条件。

改革开放以来，桐庐经济持续快速发展，人民生活水平不断提高，社会治理水平不断提升。2003年4月10日和2006年5月26日，时任浙江省委书记的习近平同志先后两次到桐庐考察，并对桐庐工作作出重要指示，桐庐发展迎来新气象。党的十八大以来，中国特色社会主义进入新时代，桐庐的发展也进入新阶段。2012年11月15日，在与中外记者见面会上，习近平总书记代表新一届中央领导集体庄严承诺："人民对美好生活的向往，就是我们的奋斗目标。"① 这一承诺提出了在推动经济快速发展的同时，如何增进人民福祉，满足人民日益增长的美好生活需要的新课题。十多年来，桐庐坚持学习贯彻落实习近平新时代中国特色社会主义思想和习近平同志对浙江省、桐庐县工作的重要指示精神，贯彻新发展理念，积极推动高质量发展和以"美好生活"为主题的特色发展，高标准、

---

① 《习近平谈治国理政》，外文出版社2014年版，第3页。

高品质绽放产业之美、绘就生态之美、雕琢城乡之美、焕发革新之美、弘扬文明之美、彰显治理之美、呵护幸福之美、厚植勤廉之美。桐庐2020年位列《小康》杂志社联合多个国家权威部门和专业机构评选的"2020中国最具幸福感百佳县市"榜首，入选第二批国家全域旅游示范区，被美国《国家地理》杂志推介为2021年全球最佳旅行目的地之一，位列"2020中国健康产业百佳县市"榜首，入选"第一批全国法治政府建设示范地区"，被评为"2020年度中国全面小康十大示范县市"。桐庐已发展成为全国名副其实的最美县、最具幸福感县级城市。

持续推动产业升级，着力绽放产业之美。经济建设是美丽的保障、幸福的来源，是解决一切问题的关键。2020年，桐庐县实现地区生产总值376.27亿元，按户籍人口计算，人均GDP为89800元人民币，按年平均汇率折算为13051美元。一般公共预算收入达到34.22亿元。第一产业增加值25.36亿元；第二产业增加值160.78亿元；第三产业增加值190.13亿元，三产增加值比例为6.7∶42.8∶50.5。城镇和农村居民人均可支配收入分别达56450元、34176元。

不断推动产业升级，优化产业结构，是经济高质量发展的核心。近年来，桐庐着力打造快递物流和大智造、大健康、大旅游"1+3"主导产业体系，经济高质量发展态势不断显现。重磅打造快递科技小镇，快递回归加速，快递物流产业税收达10.27亿元，"快递人之乡"向"快递产业之乡"转变全面提速。中通快运全球总部、韵达全球科创中心、申通国际总部、中通快递第二总部与圆通国家工程实验室创新研发基地等重大项目落户。成立桐庐民营快递发展中心，建成运营全国首个"集采中心"，交易额达 101.53 亿元。举办中国（杭州）国际快递业大会，入围全省物流示范县综合改革创新试点，荣膺浙江省快递发展先进县。

主导产业不断壮大。2020 年实现规上工业增加值 91.8 亿元，电子信息产业销售产值突破百亿元，磁性材料、先进装备制造保持 10% 以上增速，新增规模企业 70 家，净增 45 家，创历史最好。制笔、针织行业实现国家高新技术企业零突破，中国围巾城建成运营，康基医疗香港主板上市。大健康产业蓬勃发展，持续深化富春山健康城建设，富春山健康城入选长三角健康服务产业集聚区和省级健康产业示范基地，创成长三角首个国家级生命健康产业先行先试区。大力培育发展细胞生物、靶向药物、体外诊断等重点产业链，着力打造全省领先的生命科技产业创新集聚地、华东地区有影响力的新药研发策源地。

发挥自然环境优美的优势，着力打造全域旅游。1989 年 4 月，《人民日报》刊登《桐庐——县级旅游之冠》一文，给予瑶琳仙境至高的褒奖，桐庐旅游因此名声大噪。2013 年 1 月，浙江省政府批复同意桐庐为浙江省全域旅游专项改革试点县，由此，桐庐把旅游作为三大支柱产业之一，开启全域旅游的崭新步伐。通过举办首届大地艺术节、第四届中国（桐庐）国际民宿发展论坛等重要节会活动，扩大国内外影响力。桐庐 2020 年入选"第二批国家全域旅游示范区名单"，获评"中国最美生态文化旅游名县"，被《国家地理》杂志推荐为"25 个全球最佳旅行目的地之一"。力争到"十四五"期末，跻身"全国旅游十强县"，努力向"国际知名、全国一流的旅游目的地城市"迈进。

深入践行"两山"理论，全力绘就生态之美。 浙江是习近平总书记"两山"理论的发源地，桐庐也是"两山"理论的最早践行者之一。多年来，桐庐全力推进生态文明建设，切实绘就绿水青山生态美。2020年，全县森林覆盖率提升至75.19%，实现省级森林城镇全覆盖，荣获国家森林城市、全国森林旅游示范县、中国天然氧吧、省级森林休闲养生城市等称号，创成全省唯一林业现代化"厅县合作"共建县。空气质量优良率达到98.1%，平均PM2.5浓度为27微克/立方米。境内114条主要河道水质稳定在Ⅲ类及以上，河流Ⅰ—Ⅱ类水质断面比例达到87%。成功创建全省第二批"无违建县"，全部乡镇（街道）通过小城镇环境综合整治省级验收。全面开展垃圾分类文明示范县建设，实现生活垃圾"零增长、零填埋"，创成市级以上垃圾分类示范小区（村）88个。入选全国生态保护和建设典型示范区、全省首批大花园典型示范县和首批生态文明建设示范县。

统筹推进美丽城乡建设，精致雕琢城乡之美。 入围国家县城新型城镇化建设示范名单和国家级乡村振兴发展规划试点，村域规划"多规合一"试点成为全省样本。美丽县城建设综合标准化试点通过国家级验收，分水镇、莪山畲族乡创成新时代美丽城镇样板省级样板，桐君街道荣获全省美丽乡村示范乡镇。推进美丽乡村3.0版建设，启动数字乡村、法治乡村、艺术乡村、创业乡村、文明乡村建设。圆满完成农村人居环境提升三年行动，被评为全国村庄清洁行动先进县、全国县域数字农业农村发展先进县。创成"四好农村路"全国示范县和全省首批万里美丽经济交通走廊示范县。入围浙江省首批乡村振兴产业发展建设示范县,全面完成消薄工作,181个村实现"5030"（到2022年,所有村集体经济总收入达到50万元,经营性收入达到30万元）目标。支持农民工等人员返乡创业国家试点深入推进,土地经营权入股发展农业产业化经营工作成为全国典型。乡村旅游、民宿经济等蓬勃发展,荣获"中国民宿经济发展活力县""中国十大品质休闲县"称号。莪山畲族乡获评"中国畲族第一乡",富春江镇创成省级旅游风情小镇,瑶琳镇、百江镇、钟山乡入选省级森林康养小镇,钟山乡创成省级水果特色强镇,百江镇"稻香樱语"田园综合体列入省级试点,横村镇白云村入选全国乡村治理示范村。

积极融入国家和省市战略布局,持续焕发革新之美。在全国改革开放的大潮中,桐庐依据国家、浙江省、杭州市战略布局,努力做到规定动作接得住、自选动作有创新,形成"滚雪球"效应。"最多跑一次"改革率先示范,纵深推进,不断提升"最多跑一次"改革的力度速度,如一般工业项目从拿地到开工最快18天。以"最多跑一次"改革为牵引的重要领域和关键环节改革取得突破,科技创新对经济社会发展支撑作用进一步增强,县域治理体系和治理能力大幅提升,营商环境不断优化,形成了体现桐庐持续领先领跑水平的改革创新新态势、新局面。数字化改革奋力当先,在数字赋能改革、数字赋能城市、数字赋能乡村,深化智慧政务、深化"亲清在线"实践、推进"城市大脑"建设、建设"数字乡村大脑"等方面不断探索。以"最多跑一次"改革为牵引,以"城市大脑"为代表的一批数字化应用已初见成效，更让百姓有了"获得感"。全域土地综合整治全省领跑，百江镇被列为全国试点，复垦建设用地、盘活存量用地，土地出让创新高。国企改革有效突破，新增 AA 信用评级两家，直融债券 109 亿元，上缴国有资本经营收益翻番。

注重以文化人、以文惠民、以文兴业，大力弘扬文明之美。桐庐人文底蕴深厚，多年来，大力实施文化基因解码工程，推进钱塘江诗路文化带建设，深入挖掘、传承和弘扬"药祖文化、隐逸文化、诗词文化"等优秀传统文化。传承发扬南堡精神，培育新时期快递精神。启动文化传承生态保护区培育工程，守护好乡愁古韵，深入发掘和提升民俗文化、民族风情、非遗传承等价值内涵，将历史文化街区、历史建筑和历史文化村落等串珠成链，加快建设青龙坞、石舍、深澳等一批文化产业集聚区。开展人文素养提升行动，深化"全民阅读·书香桐庐"品牌建设。以数字赋能公共文体设施，提升农村文化礼堂等设施功能。加快竞技体育和体育产业发展，精心组织"喜迎亚运、全民健身"系列活动，实施精品体育赛事培育工程，深化"人人会游泳"等品牌，加快赛事经济发展。

紧抓法治建设、平安建设和基层治理，全面彰显治理之美。全面推进"县域法治首善之区"建设，政府常务会议学法、行政"一把手"出庭应诉等工作持续走在全省前列，全县行政诉讼案件败诉率、行政复议纠错率全市最低。法治政府考核蝉联省市第一。持续深化"最多跑一地"改革，高标准建成运行县乡两级社会矛盾纠纷调处化解中心（信访超市），推出"县委书记大接访"活动，建立县领导"365坐班接访"制度，入选杭州市改革创新最佳实践案例。综合行政执法改革全省示范，分水镇"一支队伍管执法"获浙江省县乡法治政府建设"最佳实践"。圆满完成浙江省首批行政复议体制改革试点。高质量完成"七五"普法考核验收。创成全国首批法治政府建设示范县，2015年起连续六年被评为浙江省法治政府建设先进单位，2019年度、2020年度法治浙江（法治政府）建设考评全省县级排名第一。一体推进法治乡镇、平安村（社）建设，全面完成扫黑除恶"六清"行动，创成"省无信访积案县""省无欠薪县"，人民群众安全感、满意度位列全市第一、全省第四，实现平安创建"十六连创"，获评全国平安建设先进县和全省首批"一星平安金鼎"。创成浙江省食品安全县和国家农产品质量安全县。

不断增进人民福祉，用心呵护百姓幸福之美。桐庐作为我国江南"鱼米之乡"，具有良好的自然和人文基础。改革开放后，民营经济异军突起，人民也率先走向富裕，基本实现了幸福安居，教育、医疗、卫生、养老、精神文化等公共服务不断完善，获得感、幸福感和安全感不断增强。2020年全县城镇居民人均可支配收入、农村居民人均可支配收入分别达到56450元、34176元，"十三五"期间年均增速达到7.5%和8.7%，城乡居民收入比从1.75缩小至1.65。全县基本养老、医疗保险参保率分别达到99.1%、99.5%。入选全国首批健康城市试点县、全省首批综合医改先行先试县、省级"三医联动""六医统筹"集成改革试点县。实现省级卫生乡镇全覆盖，其中8个乡镇（街道）创成国家卫生乡镇。教育方面，优质教育资源进一步扩充，合作办学进一步深化，成功创建全国义务教育发展基本均衡县、浙江省教育基本现代化县、全国农村职业教育和成人教育示范县，入选浙江省职业教育现代学徒制试点县。养老方面，在全国率先推出"家院一体"微型养老机构模式，实现"家门口"幸福养老。此外，持续深化"温暖之城"建设，连续九年举办桐庐百姓日活动，创新开展"云上百姓日"，发布以"一个免费开放、两个红包、两个补贴、两个覆盖"为主要内容的"惠民七条2020"政策，用心呵护百姓的幸福之美。

全面从严治党，深耕厚植勤廉之美。党是领导一切的，建设美丽幸福的桐庐，必须要营造"干部勤廉、社会崇廉、风清气正"的政治生态，以勤廉之美守护桐庐之美。桐庐坚持学懂弄通做实习近平新时代中国特色社会主义思想，坚持"不忘初心、牢记使命"。坚持和加强党的全面领导，引领人大、政府、政协、监委、法院、检察院和民主党派、群团组织依法依章履行职能。牢固树立"争先创优、比学赶超"导向，讲究实际实效，持续开展"比武季"等活动，优化"锻铸榜""破难榜"等载体，完善督查督办、综合考评机制。完善干部考核评价激励、容错纠错和澄清保护机制，优化"季述年评""季察年考"等机制。加强作风建设，持续提振"天天拼搏、季季奋发"的精气神。深入落实中央八项规定及实施细则精神，严防"四风"问题反弹回潮。常态化、清单化、可视化开展政治监督，推动纪律、监察、巡察、派驻等"四项监督"有机贯通。坚持惩治高压、权力归笼、思想自律三管齐下，巩固发展风清气正的政治生态，完善全覆盖监督体系，让群众在全面从严治党中感受到公平正义。

进入"十四五"时期，桐庐制定了《桐庐县国民经济和社会发展第十四个五年规划和二〇三五年远景目标纲要》，提出：到2035年，城市综合能级、核心竞争力、美丽生态品牌、县域治理现代化水平实现全面性、根本性的提升，多个领域走在全国前列，全面建成美丽幸福的社会主义现代化示范县，努力成为高水平生态文明全国样板、高质量绿色经济全国样板、高颜值美丽城乡全国样板、高品质美好生活全国样板、高效能县域治理全国样板。2021年是"十四五"的开局之年，是全面建设社会主义现代化国家、向第二个百年奋斗目标进军的起始之年，也是桐庐全面建设美丽幸福的社会主义现代化示范县的起步之年，桐庐县委县政府带领全县人民开启美丽新元年，向着"全面建成美丽幸福的社会主义现代化示范县"的目标奋勇前进。

◇ 三 美好桐庐建设的经验与启示

桐庐在县域治理上以"美好生活"为抓手进行了富有特色的探索实践，积累了丰富的治理经验，总结这一经验，对破解我国县域治理难题具有重要的借鉴意义。

1. 必须坚持以马克思主义特别是中国化马克思主义为指导

桐庐的治理实践证明，马克思主义依然具有强大的生命力，中国特色社会主义理论是科学的理论体系，基层治理必须坚持把中国特色社会主义理论体系与当地实际相结合，探索特色发展道路。习近平新时代中国特色社会主义思想是当代中国马克思主义、21世纪马克思主义，在当代，坚持以马克思主义为指导，最根本的是要坚持以习近平新时代中国特色社会主义思想为指导。桐庐真学、真信、真用习近平新时代中国特色社会主义思想，深入贯彻落实习近平同志对浙江省、桐庐县工作的重要指示精神，根据地处长三角的区位优势和自身特点，探索出"美好生活"的特色发展道路。

2. 必须坚持党的领导这一根本，不断提高执政能力和领导水平

桐庐的治理实践证明，党的领导是治理的根本所在、关键所在、优势所在。桐庐坚持把党领导一切的原则贯彻到县域治理的各领域各方面，完善党领导一切的制度设计和工作机制，不断提升各级党委把方向、谋大局、定政策、促改革的能力和定力。

3. 必须坚持经济建设这一中心，不断推动高质量发展

桐庐的治理实践证明，经济治理是治理体系和治理能力的关键体现。桐庐运用好战略战术，集中精力、开足马力，坚持城市化和工业化"双轮驱动"，牢牢抓住实体经济这个"压舱石"、重大项目建设这个"牛鼻子"，把提高经济发展的质效贯穿到工作全过程，步步为营、久久为功，持续提升经济综合实力和抗波动能力。

4. 必须坚持改革创新这一动力，不断打造县域治理特色品牌

桐庐的治理实践证明，治理优势源于治理特色，改革创新是打造治理特色的动力源和加速器。桐庐以科学理性的态度、严谨务实的作风，用好改革创新这个关键招，把"最多跑一次"改革的理

念、方法、作风运用到县域治理的各方面全过程，形成"破点—连线—成面—立体"的"滚雪球"效应，走出一条具有桐庐特色的县域治理新路子。

5. 必须坚持法治建设这一支撑，不断发挥法治引领和保障作用

桐庐的治理实践证明，法治是县域治理不可或缺的重要法宝。桐庐围绕打造"县域法治首善之区"的目标，加快构建全域法治格局，发挥法治固根本、稳预期、利长远的作用，不断提高各级领导干部运用法治思维和法治方式深化改革、推动发展、防范风险的能力，为推进县域治理现代化提供有力保障。

6. 必须坚持为人民谋幸福这一初心，一切为了人民，一切依靠人民，不断增强群众的获得感、幸福感、安全感

桐庐的治理实践充分证明，以民为本是治理的出发点和落脚点。桐庐始终保持一脉相承的人民立场、一如既往的赤子情怀、一以贯之的价值坚守，实打实地为群众办实事、办好事，努力为群众创造更美好、更幸福的生活。

7. 必须弘扬伟大的斗争精神

习近平总书记指出："伟大梦想不是等得来、喊得来的，而是拼出来、干出来的。"① 县域治理头绪烦琐、任务繁重，桐庐的治理实践表明，必须弘扬伟大的斗争精神。桐庐的发展靠的是"天天拼搏、季季奋发"的精气神，靠的是坚忍不拔、敢闯敢干的南堡精神和快递精神。

---

① 《习近平新时代中国特色社会主义思想学习纲要》，学习出版社、人民出版社2019年版，第57页。

8. 必须坚持大抓基层这一导向，不断激发基层内生动力

桐庐的治理实践证明，县域治理最坚实的力量支撑在基层，最突出的矛盾问题也在基层。桐庐牢固树立基层导向，常态化、长效化开展"三服务"活动，用心去想、尽力去做，以基层减负的实效，减出干事创业"加速度"、轻装上阵"强动力"、民心民意"同心圆"。

桐庐县域治理作为我国县域治理的一个成功样本，它在"美好生活"方面作出的突出成就和有益探索，是在我国改革开放和中国特色社会主义事业的大局中和大背景下取得的，是在学习践行习近平新时代中国特色社会主义思想特别是习近平同志对浙江省、桐庐县的重要指示精神取得的，桐庐的发展展现了我国国家治理体系的优势与效能，体现了中国特色社会主义道路的正确性、中国特色社会主义理论的科学性、中国特色社会主义制度的优越性和中国特色社会主义文化的先进性，彰显了中国特色社会主义的道路自信、制度自信、理论自信和文化自信，为中国其他县域的治理提供了治理样本，为世界发展中国家推进县域治理现代化提供了中国智慧和中国方案，具有十分重要的世界意义。

1. 彰显了中国特色社会主义道路的正确性

道路关乎党的命脉，关乎国家前途、民族命运、人民幸福。改革开放以来，中国共产党带领中国人民矢志不渝、艰辛探索，开创了中国特色社会主义道路，并在实践中不断发展和完善这条道路。中国特色社会主义道路是符合中国国情、顺应时代潮流、遵循历史发展规律、代表人民利益、经过实践证明正确的道路，是历史的选

择，人民的选择，是实现中华民族伟大复兴的必由之路。桐庐之所以能够成为美好生活的样本，是践行以人民为中心的发展思想，走中国特色社会主义道路的结果，验证了中国特色社会主义道路的历史必然性和正确性。

2. 彰显中国特色社会主义理论体系的科学性

桐庐的发展是在中国特色社会主义理论体系特别是习近平新时代中国特色社会主义思想的指导下取得的，美好桐庐是桐庐把科学理论与桐庐的实际相结合，将理论落地生根，焕发生机与活力的结果。桐庐的发展成就表明，中国特色社会主义理论是符合中国发展实际、把握中国发展规律的科学理论。比如，桐庐的高水平生态文明生动诠释了习近平生态文明思想，高质量绿色经济生动诠释了习近平总书记提出的新发展理念，高颜值美丽城乡生动诠释了习近平总书记关于乡村振兴战略的重要论述，高品质美好生活生动诠释了习近平总书记提出的以人民为中心、永远把人民对美好生活的向往作为奋斗目标的思想，高效能县域治理生动诠释了习近平总书记提出的推进国家治理体系和治理能力现代化的思想，等等。

3. 彰显了中国特色社会主义制度和国家治理体系的优越性

党的十九届四中全会通过的《中共中央关于坚持和完善中国特色社会主义制度 推进国家治理体系和治理能力现代化若干重大问题的决定》指出："实践证明，中国特色社会主义制度和国家治理体系是以马克思主义为指导、植根中国大地、具有深厚中华文化根基、深得人民拥护的制度和治理体系，是具有强大生命力和巨大优越性的制度和治理体系，是能够持续推动拥有近十四亿人口大国进步和发展、确保拥有五千多年文明史的中华民族实现'两个一百年'奋斗目标进而实现伟大复兴的制度和治理体系。"桐庐的发展实践表明，中国县域治理能够实现党委领导、政府主导、社会协同、公众参与、法治保障相协调的体制机制，能够调动各方面积极性，集中力量办大事，从县域治理的视角证明了中国特色社会主义制度和国家治理体系的强大生命力、显著优势和巨大优越性。

4. 彰显了中国特色社会主义文化的先进性

习近平总书记在党的十九大报告中指出，中国特色社会主义文化，源自于中华民族五千多年文明历史所孕育的中华优秀传统文化，熔铸于党领导人民在革命、建设、改革中创造的革命文化和社会主义先进文化，植根于中国特色社会主义伟大实践。新时代中国特色社会主义文化之所以先进，就在于它体现了生产力发展新要求，符合历史潮流和趋势，符合人类社会发展方向，代表人民群众根本利益。桐庐县既有"药祖文化、隐逸文化、诗词文化"等优秀传统文化，又有社会主义现代化建设中涌现的以南堡精神和快递精神为代表的社会主义先进文化，为桐庐的经济社会发展提供了强大的精神动力，体现了中国特色社会主义文化的先进性。

第 一 章

党的建设引领美好生活建设

党政军民学，东西南北中，党是领导一切的。党建强，则事业兴。党建工作既是抓全局、管方向的核心工作，又是抓源头、打基础的保障工作。多年来，桐庐牢牢抓住全面加强党的领导这个根本，以政治建设为统领，全面推进党的政治建设、思想建设、组织建设、作风建设、纪律建设，切实用党建引领经济社会发展和基层治理，引领幸福美好生活建设，不断提高人民群众的生活水平，满足人民群众日益增长的美好生活需要，促进人的全面发展。

◇ 一 重视理论学习，把党的创新 理论转化为因地制宜的政策

理论联系实际是中国共产党的三大作风之一，是党的实事求是思想路线的具体体现。改革开放以来，中国共产党领导中国人民把马克思列宁主义的基本原理同中国改革开放的具体实践相结合，不断推动马克思主义中国化，开辟马克思主义新境界，形成包括邓小

平理论、"三个代表"重要思想、科学发展观、习近平新时代中国特色社会主义思想等在内的中国特色社会主义理论体系。桐庐县始终把理论学习放在首位，通过理论学习，加强党的思想建设，以党的先进理论为指引，制定桐庐改革发展的具体政策。

（一）制定完善学习制度，丰富学习形式

1. 制定县委常委会重大决策前学习理论制度

为加强理论武装，提高科学决策水平，桐庐县委在做好县委理论中心组学习的基础上创新理论学习形式，制定县委常委会重大决策前学习理论制度，即在讨论决定党的政治建设、思想建设、组织建设、作风建设、制度建设的重要部署、重大事项，讨论决定全县经济社会事业发展等方面的重大事项，如有关本县经济和社会发展规划、计划的建议，重大工程和重要项目的安排，重要民生问题和社会稳定事项等之前，县委常委先学习相关理论。学习重点为：马克思主义基本理论和中国化马克思主义理论；党的路线、方针、政策和决议，党章、党规、党纪、党史和党的基本知识；国家法律法规和中华优秀传统文化；中央和省市各级重要会议精神、重大决策部署和推进县域治理现代化等方面的理论知识等。学习采用专家辅导、集中观看视频片、交流研讨、参观考察等方式。根据学习主题，邀请相关县四套班子其他成员和县级机关部门、乡镇（街道）主要负责人以及"两代表一委员"出席旁听。这一制度提升了桐庐县领导干部学理论、悟理论、用理论的能力，提高了把学习成果不

断转化为解决实际问题、推动实际工作的过硬本领。这一制度是将党的创新理论与桐庐实际相结合的重要保障，是贯彻实事求是思想路线的具体体现和重要抓手。

2020 年 12 月 17 日县委常委重大决策前学习理论，邀请市委宣传部
部务会议成员、文明办副主任康志友授课

2. 制定理论学习中心组学习巡听旁听工作制度

进一步提升党委（党组）理论学习中心组学习制度化、规范化、科学化水平，发挥理论武装头脑、指导实践、推动工作的作用，桐庐制定《县党委（党组）理论学习中心组学习巡听旁听工作实施办法》。具体做法是：从县委宣传部、县委党校抽调人员组成 6 个巡听小组，每组 3 名成员，由县管副职以上党员领导干部担任组

长，每组确定 1 名联络员。每个巡听小组确定 2—3 名旁听员参加旁听，旁听人员从由党代表、人大代表、政协委员、新闻媒体记者等人员组成的旁听库中抽取。巡听小组对全县各乡镇党委、街道党工委、县级机关、企事业各单位党委（党组）的理论学习工作进行巡听旁听。巡听旁听小组全程参加学习会，如实记录学习情况，不参与学习讨论，但可对学习情况进行现场点评，提出学习建议，并进行打分。巡听旁听结束后，由巡听旁听小组填写《理论学习中心组学习巡听旁听评价反馈表》，报县巡听旁听领导小组办公室。

3. 开展"周四夜学·青桐学讲"学习活动

"周四夜学"制度是桐庐县 1995 年制定实施的，至今已有 20 多个年头，已成为机关干部理论学习的一个响亮品牌。"周四夜学"制度即各机关每周四晚上开展一次面向全体机关干部的学习活动。近年来，桐庐县对每周的学习形式进行了统一：每月第一周和第五周由各单位根据自身实际情况自主安排学习，第二周组织学习党风廉政建设有关内容，第三周组织开展桐庐大讲堂（以讲座具体时间为准），第四周（即固定主题党日所在周）按要求开展相应的学习活动。重点开展"周四夜学·青桐学讲"工作，建立"青桐学讲"宣讲品牌。各县级机关、企事业单位依托"周四夜学"中层干部论坛、青年干部讲堂、我们的分享会等原有的宣讲载体，深入挖掘夜学中涌现出来的青年宣讲力量，组建一支本单位"青桐学讲"队伍，以边学边讲的形式每月至少组织 1 次学讲活动。各乡镇（街道）将"新村夜话"与"周四夜学"结合起来，深度融合"新村夜话"与"青桐学讲"，不断丰富夜话形式和内容。组织开展"青桐学讲"优秀案例征集活动，举办百人宣讲大赛，充分发挥青年群体作用，打响"青桐学讲"品牌影响力。

桐庐县信访局开展"周四夜学"活动①

根据杭州市纪委市监委关于警示教育常态化制度化的工作要求和《关于进一步完善"周四夜学"制度的通知》，日前，县信访局开展"周四夜学"活动，引导局机关全体工作人员以案为鉴，警钟长鸣，全体工作人员参加学习会。

学习会上，全体工作人员集中观看了 2020 年县警示教育片《镜鉴》，同时系统学习了《桐庐县党员干部违纪违法典型案例汇编》《桐庐县违纪违法干部忏悔录汇编》，了解反面典型腐化堕落的过程和原因，以案警示、以案警醒。与会人员通过认真观看、认真聆听，内心深受触动，达到了警示和教育的作用。

4."新村夜话"让党的创新理论"飞入寻常百姓家"

"新村夜话"是桐庐县培育的一个农村特色理论学习品牌。"新村夜话"活动将围绕重大理论、形势政策、重大变化、模范典型、文化传承等方面，结合重要会议、重大决策、传统节日、喜事要事，在农家、庭院、文化礼堂等地开展"夜话"，帮助广大农民学理论、用理论。

---

① 参见《县信访局开展"周四夜学"活动》，2020 年 10 月 23 日，桐庐县人民政府网站 http：//www.tonglu.gov.cn/art/2020/10/23/art_ 1543980_ 58941232. html。

2021 年 3 月 27 日桐庐县旧县街道"新村夜话"

（二）深入学习贯彻落实习近平新时代中国特色社会主义思想

习近平新时代中国特色社会主义思想从理论和实践结合上系统回答了新时代坚持和发展什么样的中国特色社会主义、怎样坚持和发展中国特色社会主义这个重大时代课题，是马克思主义中国化最新成果，是全党全国人民为实现中华民族伟大复兴而奋斗的行动指南，是新时代桐庐县发展的基本遵循。深入学习贯彻落实习近平新时代中国特色社会主义思想，以这一重要思想为指引，制定出适合桐庐县新时代发展的方针、政策，做好顶层设计，是桐庐县县域治理的首要任务。

1. 深入学习贯彻落实习近平总书记对桐庐工作的重要指示精神

浙江省是习近平新时代中国特色社会主义思想的重要策发地，时任浙江省委书记的习近平同志多次对桐庐的发展作出重要指示，多年来，桐庐县对习近平同志对桐庐工作的重要指示不断进行再学习、再领悟、再实践，推动桐庐的发展。

在 2003 年的考察中，习近平同志在听取县委县政府工作汇报之后，指出："桐庐县的各项工作在原有基础上都有长足的进步""全县经济社会快速发展、综合实力不断增强、各项事业全面进步、人民生活显著改善"。他对桐庐当前和今后一个时期，加快发展块状经济，着力提升县域经济整体实力，作出了"必须在'做大做强、强化特色、拓展空间、城乡联动'上下功夫"的"四句话、十六个字"的重要指示。这一重要指示，既是认识论又是方法论，既是引领航向的"指南针"，又是启迪智慧的"金钥匙"。

习近平总书记对桐庐的"四句话、十六个字"重要指示与浙江省"八八战略"相通相续，是习近平总书记对浙江、对杭州工作重要指示的组成部分，契合新发展理念的精神要旨，对桐庐发展具有十分重要的意义。18 年来，桐庐深刻领会和践行习近平总书记的"四句话、十六个字"重要指示，推动桐庐经济社会各项事业驶入发展快车道，使习近平总书记重要指示越来越展示出无穷的思想魅力和历久弥新的时代价值。

（1）深刻领会"做大做强"的丰富内涵，推动桐庐经济转型升级。习近平总书记明确指示："做大做强，就是要从当地实际出发，采取切实有效的对策和措施，大力培育优势产业、优势企业和优势产品。"为践行习近平总书记这一重要指示，桐庐县深入贯彻新发展理念，牢牢抓住创新这一发展的不竭动力和源泉，强化观念创新、产业创新、科技创新、文化创新、制度创新，全力构建现代产业体系，持续深化国有企业改革，支持鼓励民营企业做大做强，努力形成国资民资外资各显神通、同释动能，共同推动经济高质量发展的生动局面。多年来，桐庐聚焦"经济建设"这个中心，坚定不移地走"产业强县"之路，坚定不移地发展快递业和大智造、大旅游、大健康三大产业，坚定不移地招大引优育强，桐庐的产业结构得到不断优化，经济活力不断增强。

（2）深刻领会"强化特色"的丰富内涵，提升桐庐城市竞争力。习近平总书记明确指示："强化特色，就是要充分发挥各自的优势，着力形成自身的特点，努力做到人无我有、人有我优，始终先人一步、高人一筹，把握先机。"他要求桐庐"合理开发利用和保护资源，加强环境治理和生态建设，促进可持续发展"。他指出："像桐庐这么好的地方，要相得益彰，把生态作为一种生产力，使生态好、经济也好。"为践行习近平总书记这一重要指示，桐庐秉持"两山"理念，扎实推进治水治气治土治废和拆违治乱，擦亮生态底板，吃好生态的"门板饭"，练好生态的"看家本领"，牢牢把握迈入高铁时代以及长三角一体化、拥江发展等战略实施带来的难得机遇，不断擦亮"生态文明""快递之乡""全国文明城市""营商环境最优县""最具幸福感城市""法治首善之区"等城市金名片，充分彰显自身优势，抢占特色发展的制高点，生态文明建设先人一步、快人一拍，持续走在全省乃至全国前列。

（3）深刻领会"拓展空间"的丰富内涵，加快桐庐开放融合发展。习近平总书记明确指示："拓展空间，就是要抓开放型经济、抓市场占有率。""要结合自身特点，认真实施'引进来、走出去'

相结合的大开放战略。"为践行习近平总书记这一重要指示，桐庐发挥作为杭州西郊"桥头堡"的区位优势，牢牢抓住交通区位改善和空间重构的历史性机遇，把深化改革和扩大开放摆到重要位置，主动对接长三角一体化、浙江省"四大"建设、杭州"拥江发展"战略，鼓励企业"走出去、引进来"，统筹用好国内国际两个市场，全面加速融入大杭州、接轨大上海、对接长三角、走向全世界。多年来，桐庐坚持外贸内贸两条腿走路，进一步开拓"一带一路"新市场，有效应对复杂多变的国际经济形势；全面启动富春未来城建设，全力打造城市发展的未来、产业迭代的未来、治理创新的未来和年轻活力的未来，开启新型城市化的新进程，搭建推动城市国际化的新平台，为高质量发展提供不竭动力；进一步拓展精神的空间，大力弘扬南堡精神，用"栉风沐雨砥砺行"的自力更生、开拓进取精神，"敢教日月换新天"的艰苦奋斗、破难攻坚精神，"众人划桨开大船"的齐心协力、团结互助精神以及"舍小家为大家"的顾全大局、无私奉献精神，来鼓舞斗志、再创新业。

（4）深刻领会"城乡联动"的丰富内涵，着力桐庐统筹协调发展。习近平总书记明确指示："城乡联动就是要打破城乡二元结构，把发展块状经济与推进城市化结合起来，与推进区域经济协调发展结合起来，与加快农业农村现代化结合起来。"为践行习近平总书记这一重要指示，桐庐坚持以规划为龙头，科学统筹抓好新型城镇化与城乡发展一体化建设，深化美丽县城、美丽城镇和美丽乡村建设，像"绣花"一样抓好城市管理，美丽城乡建设步入全国第一方阵；城乡居民收入持续增长，人均收入比缩小到 1.65：1，优于全国、全省和全市水平；桐庐成为区域发展最为协调、城乡发展最为均衡的县域之一。为深化"城乡联动"，桐庐一方面加快融杭融圈的进程，推动桐庐在新一轮市域一体化建设中谋求先机、得到实惠；另一方面持续推动县域城乡统筹，在"城像城、村像村"的基础上，进一步缩小城乡公共基础设施和创业就业机会等方面的距离。

总之，2003 年以来，习近平总书记的"四句话、十六个字"重要指示给桐庐带来的变化是全方位的、深层次的、历史性的，为桐庐的改革发展指明了前进方向、给出了方法路径，是推动桐庐改革发展各项工作的"活字典""百宝箱"。在全面建设幸福美好的社会主义现代化示范县的新征程中，桐庐将继续把习近平总书记对桐庐工作的重要指示不断进行再学习、再领悟、再实践，与学习贯彻习近平新时代中国特色社会主义思想结合起来，与深化浙江省"八八战略"结合起来，与桐庐的实际和正在做的事情结合起来，科学决策，接续奋斗，开创幸福美好桐庐建设的新局面。

2. 贯彻落实习近平新时代中国特色社会主义思想往深里走、往心里走、往实里走

除了学习贯彻习近平总书记对桐庐工作的重要指示外，桐庐还把深入系统持续地学习习近平新时代中国特色社会主义思想作为工作的重中之重。

（1）深入学习领会习近平新时代中国特色社会主义思想的科学思想方法和工作方法，不断提高桐庐工作方法的科学水平。桐庐注重深刻理解和掌握习近平新时代中国特色社会主义思想贯穿的马克思主义立场观点方法，深刻认识这一思想蕴含的科学方法论，不断提高战略

思维、历史思维、辩证思维、创新思维、法治思维、底线思维能力，更加注重坚持系统观念，全面协调推动桐庐县各领域工作。

（2）深入学习领会习近平新时代中国特色社会主义思想的基本精神、基本内容、基本要求，不断强化理论武装。桐庐深入学习《习近平谈治国理政》（第一、二、三卷），用好《习近平新时代中国特色社会主义思想学习纲要》和《习近平新时代中国特色社会主义思想学习问答》等理论读物，从整体上领会这一重要思想是如何破解新时代中国特色社会主义重大理论和现实问题的，是如何不断开辟马克思主义新境界的；同时，深入研读习近平新时代中国特色社会主义经济思想、习近平法治思想、习近平生态文明思想、习近平强军思想、习近平外交思想以及其他关于党和国家工作系列重要论述；深入学习领会习近平总书记关于立足新发展阶段、贯彻新发展理念、构建新发展格局的重要论述，等等，将桐庐的具体工作与习近平总书记关于某一工作领域的重要论述对标对表，努力将习近平新时代中国特色社会主义思想贯彻到每一项工作中，贯彻到每一项工作的每一个环节，切实做到往深里走、往心里走、往实里走。

（3）深入学习领会习近平总书记关于发扬斗争精神、防范风险挑战的重要论述，不断增强桐庐干事创业的精神力量。实现伟大梦想，必须进行伟大斗争，桐庐深刻领会习近平新时代中国特色社会主义思想彰显出的战略意识、忧患意识和斗争精神，深刻领会习近平总书记"百年未有之大变局"的重要论断以及应对错综复杂的国际环境带来的新矛盾新挑战，在危机中育先机、于变局中开新局的智慧，增强桐庐抓住机遇，应对挑战，趋利避害，奋勇前进的斗争意识和精神动力。此外，桐庐还坚持在学习领悟理论品格、思想风范和人格魅力上用功着力，深刻把握这一重要思想蕴含的崇高真挚的人民情怀、家国情怀、民族情怀、天下情怀，努力在增进政治认同、思想认同、理论认同、情感认同上达到新高度，不断增强担当意识和责任感。

（4）深入学习习近平同志在浙江工作期间作出的一系列重大决策部署、党的十八大以来习近平总书记对浙江的一系列重要指示批示精神，特别是2020年春天习近平总书记考察浙江时的重要讲话精神，将学习习近平总书记对于浙江工作的重要指示、浙江省的工作部署与推动全县经济社会发展结合起来，与建设幸福美好桐庐结合起来，开创新局。

◇ 二 强化宗旨意识，坚持以人民为中心的发展观

始终牢记"为中国人民谋幸福，为中华民族谋复兴"的初心和使命，不断增强全心全意为人民服务的宗旨，坚持以人民为中心的发展思想，这是桐庐党建工作的重要内容，是桐庐推动经济社会发展，建设美好桐庐，不断满足人民群众美好生活需要的基本前提。

（一）认真开展"不忘初心、牢记使命"主题教育

习近平总书记在党的十九大报告中开宗明义地指出："中国共产党人的初心和使命，就是为中国人民谋幸福，为中华民族谋复

兴。"党的十九大决定，以县处级以上领导干部为重点，在全党开展"不忘初心、牢记使命"主题教育。2019 年 5 月 31 日，习近平总书记在"不忘初心、牢记使命"主题教育工作会议上发表重要讲话，对全党开展"不忘初心、牢记使命"主题教育活动进行部署。桐庐按照"守初心、担使命、找差距、抓落实"要求，以高标准开展"不忘初心、牢记使命"主题教育活动为契机，强化党员干部全心全意为人民服务的宗旨意识。坚持"以百姓心为心，既是我们党的初心、也是我们党的恒心"的理念，坚持把让人民群众过上好日子作为一切工作的出发点和落脚点，积极回应人民群众对美好生活的向往，从群众"满意不满意、欢迎不欢迎、赞成不赞成"的角度出发定战略、作决策、抓落实，坚决不玩花里胡哨的数字游戏，不做自娱自乐的表面文章，通过真正谋深干实一批推动当前发展的事、培育未来竞争力的事、深受百姓欢迎的事，汇聚共建共享的强大正能量。

（二）全心全意为人民做实事

桐庐不断丰富拓展"桐庐百姓日""全民运动节"等民生品牌的载体内涵，切实解决好教育、医疗、社保、就业等领域的民生实事、"关键小事"，积极回应群众对美好生活的新期待，不断增强桐庐人民的获得感、幸福感、安全感、归属感。

1. 树立"只有坚持以人民为中心的发展思想，才会有正确的发展观"的理念

以人民为中心的发展思想是新时代中国特色社会主义的价值取

向，充分彰显了我们党作为马克思主义政党的政治立场。人民群众对美好生活的向往是党的奋斗目标，这是因为，人民是历史的创造者，是真正的英雄，坚持人民主体地位，充分调动人民积极性，始终是我们党立于不败之地的强大根基；人民是我们党的工作的最高裁决者和最终评判者，人民拥护不拥护、赞成不赞成、高兴不高兴、答应不答应是衡量一切工作得失的根本标准。在推动经济社会发展和县域治理过程中，桐庐树立"只有坚持以人民为中心的发展思想，才会有正确的发展观"的理念，不断强化以人民为中心的发展观。

2. 创造更富足的生活，努力实现共同富裕

实现共同富裕是社会主义的本质要求。一直以来，桐庐的城乡居民收入比是比较均衡的，这是桐庐的一个特色，也是一大优势。如前所述，2020年桐庐县城乡居民收入比为1.65，收入差距进一步缩小，收入分配格局持续优化。党的十八大以来，桐庐把促进全体人民共同富裕摆在更加重要的位置，聚力创新引领，加快推进产业振兴，不断优化营商环境、创业生态，持续做大县域经济的"大蛋糕"。落实落细稳就业各项政策举措，健全工资合理增长机制，扩大中等收入群体，加快提升"平均数"、重点关注"极少数"，多渠道增加城乡居民收入，让群众的日子越过越红火。

3. 满足人民群众日益增长的美好生活需要，增强人民群众的幸福感、获得感和安全感

为人民谋幸福是共产党人的初心所在，桐庐有针对性地补齐民生事业、基础设施等短板，让群众幸福感、获得感、安全感的增强与实现全面小康同节奏、同步伐。把握民生需求新变化，加大民生

托底保障力度，围绕教育、医疗、养老、就业、社保、食品安全、交通出行、精神文化生活等领域，更加精准地办好老旧小区加装电梯、养老服务完善、幼儿园提升、婴幼儿照护等"民生实事""关键小事"，让群众有更多的获得感。针对新冠肺炎疫情期间暴露出的在公共卫生、应急响应处置、小区管理等方面存在的一些短板和问题，把补短板、堵漏洞、强弱项摆到更加突出的位置，大力开展物业管理提升、公共卫生跃升等工程，切实提高城市治理的能力和水平。聚焦乡村产业发展、"三农"可持续增收、乡村治理现代化，高质量推进乡村振兴工作，深化重点领域改革，加快数字乡村建设，巩固消除集体经济薄弱村成果，确保农村同步高水平全面建成小康社会。持续深化法治桐庐、平安桐庐建设，推进社会治理领域"最多跑一地"改革，让群众更满意、更舒心、更安心。面对可预见和不可预见的风险挑战，桐庐坚持底线思维、强化风险意识、增强斗争本领，从每一天、每一个风险点抓起，综合运用法治思维和法治方式守住稳定、安全等底线。

桐庐坚持"以人民为中心"建设美丽乡村，坚持把"人"作为美丽乡村建设的核心要素，切实满足农民对美好生活新期待，让人在农业农村同样能够享有更稳定的工作、更满意的收入、更高水平的公共服务、更舒适的居住条件、更丰富的精神文化生活。桐庐围绕人，特别是村民、游客和创业者这三类人群，以为民、法治、整体、智治的现代化理念，推动"以人民为中心"的发展思想在"三农"领域结出硕果。（1）"赋能人"，就是要着力消除城乡"数字鸿沟"，通过数字赋能产业、赋能社会治理、赋能公共服务，高质量推进"三农"现代化发展，让人在城乡均衡发展、数字化转型中享受更多红利，实现物质的不断丰富和人的全面发展的统一。（2）"熏陶人"，就是要推进艺术乡村建设，通过艺术的创作、展现，让人在艺术的熏陶中修身养性、提升素养，引导人追求崇高价值。（3）"成就人"，就是要推进乡村创业创新，注入农村发展新动能，让愿意留在乡村、建设家乡的人留得安心，使乡村成为美好生活的向往地；让愿意上山下乡、回归乡村的人更有信心，使桐庐成为"逆城市化"的首选地。（4）"涵养人"，就是要推进乡村文明建设，遏制陈规陋习，树立文明新风，提升村民精神风貌，美化农村居住环境，提高乡村社会文明程度。

4. "新村夜话"让民生实事落地

前面所述"新村夜话"不仅是桐庐的一个理论学习品牌，更是为民办实事的民生品牌。把政府要求与群众需求融入"夜话"活动，通过商议，主动回应和解决农民关切的实际问题，及时解决农民诉求，强化农村民生实事落地落细，对群众反映的问题形成"一月一汇总，一夜话一销号"的工作闭环，营造"小事不出村、大事不出镇"的最美乡村氛围。

"新村夜话"共话"三美"庭院①

夜幕刚落，桐君街道阆苑村里包自然村的农家庭院里热闹非

---

① 参见《"新村夜话"共话"三美"庭院》，2021 年 06 月 11 日，桐庐新闻网 http://www.tlnews.com.cn/xwpd/tlxw/content/2021－06/11/content_ 9231292.htm。

凡，村民齐聚一堂，开展了以"打造'三美'庭院创建美丽乡村"为主题的"新村夜话"活动。

"'三美'就是庭院整洁美、垃圾分类美、和谐家庭美，既体现了庭院整治的重要，也倡导垃圾分类，还关注乡风文明，目的是要把阆苑变成真正的村美、家美、人美的美丽乡村。"在阆苑村"美丽庭院示范户"胡利英的庭院里，村妇联主席闻丽琴率先开场，向大家介绍了何为"三美"。

回想以前的村内环境，再四顾身处的美丽庭院，村民们深感变化巨大。包红娟是村里的卫生督导员，她最关注的是垃圾分类工作。"垃圾分类刚开始的时候，村民们不理解，认为很麻烦，现在大家观念改变了，吃完饭一张餐巾纸都会分开扔进垃圾桶。垃圾分类后，村里的环境变化很大，很少看见厨余垃圾乱倒，蚊子苍蝇都少了很多。"这样的转变和取得的成果让她十分欣慰。"自从开展庭院整治、垃圾分类，村里变清洁了，村民们觉悟提高了，堆积物也少了！"农户王雪妹非常支持阆苑村的"三美"庭院整治工作。大家你一言我一语，感慨着今非昔比。村党支部副书记钱东红接着村民们的话题，趁热打铁，鼓励村民们再接再厉，把"三美"工作推向更广处，落到更实处："庭院示范户们要把阆苑'三美'在全村范围推广开，带动邻居一起把庭院整治搞起来。"

从日落西山到月上枝头，几个小时的"夜话"不仅让大家对既有成果感到无比骄傲，更是对未来进一步创建美好乡村充满信心。"我们要将里包的小美，变成整个阆苑的大美。"钱东红表示。

（三）激发广大人民群众的创造性

桐庐县坚持以人民为中心的发展思想，正确把握和处理政府主导与群众主体的关系，突出群众主体地位，让县域治理过程成为汇聚民智、凝聚民心、服务民生的过程，不断巩固党长期执政的群众根基。

1. 创新群众参与治理的体制机制，全面激发参与热情

桐庐不断探索和完善党委领导、政府负责、民主协商、社会协同、公众参与、法治保障、科技支撑的社会治理体系，着力构建共建共治共享的社会治理共同体。通过推广"楼下书记""校门爷爷""农村商会"等特色品牌，打造物管协调站、小区红色网格业委会等亮点，激发基层群众创新的"微行为"，汇成基层治理"众力量"。完善融媒体中心体制机制，深化新媒体矩阵建设，营造人人参与、人人尽力、人人共享县域治理现代化的良好氛围。如桐庐在美丽乡村3.0版建设中更加尊重农民意愿、吸引农民参与、汇聚农民智慧，让农民成为美丽乡村建设的主体。注重发挥法治引领和规范作用，引导农民办事依法、遇事找法、解决问题用法、化解矛盾靠法，实现自我管理、自我教育、自我约束。

2. 高质量做好政务公开，接受群众监督

政务公开透明，才能赢得人民群众的信任，才能真正激发人民群众参与治理的积极性。多年来，桐庐深入推进决策执行、管理服务和结果公开，全面提升政务公开质量和实效，确保人民群众知情

权、参与权、表达权，全面建设阳光政府。

3. 与人民群众并肩作战

人民群众的支持和拥护是党和国家事业胜利前进的不竭力量源泉，新冠肺炎疫情来袭时，桐庐人民信任党委政府，风雨同舟、守望相助，用坚守和奉献共同筑起了抗击疫情的"铜墙铁壁"；复工复产时，桐庐人民支持党委政府，艰辛付出、共克时艰，用勤劳和智慧共同稳住了桐庐发展的基本盘，推动经济社会发展。

◇◇ 三　勇于自我革命，推动经济发展和社会变革

在十九届中央纪委四次全会上，习近平总书记深刻总结了新时代全面从严治党的历史性成就，深入阐释了坚定不移从严管党治党的重大意义，高度概括了党的十八大以来"坚持以伟大自我革命引领伟大社会革命"的重要经验。坚持以伟大自我革命引领伟大社会革命是中国国家治理的一个重要特色和经验，近年来桐庐县委坚持从严治党，积极为干事创业营造风清气正的良好氛围，以从严治党引领经济社会改革如"最多跑一次"改革，打破束缚经济社会发展的各种羁绊和利益格局，为幸福美好的桐庐发展保驾护航。

1. 警示教育常态化

加强警示教育，培养廉洁之风，从思想上解决"不想腐"的问题，才能从根本上治理腐败。为此，桐庐制作警示教育片《警钟》，编发《忏悔录》和《村干部违纪违法典型案例汇编》，实现基层党

员干部观看学习全覆盖。组织村干部旁听庭审，打造"桐庐县廉政警示教育基地"，对重要执纪审查信息，第一时间向社会公布，用身边案件教育警示身边人。深入挖掘桐庐本土人文底蕴，打造"嘉欣园"廉政文化馆、翔岗村廉政剪纸馆、环溪村"爱莲堂"等示范点。举办"清廉桐庐"主题晚会，编排演出留置对象在留置期间创作的廉政小品《铁窗寄语》等。开辟廉政文化墙、廉政文化角，开展"送廉下乡"活动，充分发挥清廉文化的影响力、渗透力和感染力。挖掘和弘扬优秀家风家训文化，开展"最美桐庐人"道德模范评选表彰活动。推进"十百千"党员创业行动计划，营造干事创业良好氛围。推送《最美基层纪检监察人》《监察办公室和监察联络员的一天》系列专题栏目，传播正能量。

2. 坚决惩治腐败

以零容忍态度坚决惩治腐败，遏制腐败现象蔓延势头，巩固发展反腐败压倒性胜利，是反腐败工作的重点，彰显了党自我革命的决心。近年来，桐庐多措并举反腐，取得良好成效。（1）破解重访"控总量"。围绕"减存、增流、提质、遏增"，创新"三必须一穷尽"办信、"五访一包案"积案化解、"三答复一留痕"阳光反馈等做法，取得明显成效。实现检举控告类信访总量2017年至2019年连续3年下降，重复信访2015年至2019年连续5年下降的良好局面。（2）交叉巡察"减存量"。制订全县行政村巡察计划，组建乡镇（街道）巡察组，运用全面排摸"重点查"、专项审计"精准查"、异地巡察"深入查"等机制，破除人情关，深挖"微腐败"。近两年完成118个行政村交叉巡察，发现问题

796 个，移交问题线索 110 件，立案查处 8 人。（3）严查快办"遏增量"。深入开展"扫黑除恶"挖伞打伞专项行动，深入开展民生扶贫领域腐败和作风问题专项治理。开展低保专项清理工作，取消不符合条件低保户。严肃查处违规核定乡村医生养老金补助对象留置案件。

3. 制度阳光化

加强制度建设，扎牢权力的笼子，是治理腐败的根本之策。党的十八大以来，中央修订制定了《中央政治局关于改进工作作风、密切联系群众的"八项规定"》《中国共产党廉洁自律准则》《中国共产党纪律处分条例》《党政领导干部选拔任用工作条例》《关于防止干部"带病提拔"的意见》《关于新形势下党内政治生活的若干准则》等一系列党内法规，使从严治党管党有规可循。桐庐积极贯彻落实党的各项党内法规，并根据工作实际，将党内法规进一步细化，制定更细的法规，在惩治微腐败方面探索出自己的经验。（1）发挥制度优势堵漏洞。打造村级小微权力"1 + X"制度体系，"1"：即修订完善《桐庐县村级小微权力清单三十六条》，细化权力事项，明确履职流程。"X"：即出台《村级工程项目实施管理办法》《村级工程一项目一档案实施意见》等制度，推行村报账员"乡聘乡管"、财务支出"零现金"等做法，用制度堵塞漏洞。（2）创新科技手段破难点。开发运行杭州地区首个小额工程全流程电子化招投标系统，杜绝人为因素干扰，提高效率，体现公平公正。打造"民生资金大数据"监督平台，实现对民生补助资金的"全天候"监管。推广村务"指尖监督"系列，在微信公众号设置子栏目，实现指尖查询本村工程及村财务收支情况。（3）强化民主监督促规范。全面推行村务监督委员会履职清单、实绩清单、月评清单、民议清单"四清单"制度，探索创新"村账民管"，让基层"微权力"不再任性。选优配强村级监察联络员，出台"廉情报告制度"。

4. 标准系统化

为把廉政工作做细、做实，桐庐探索廉政工作标准化的新方法。（1）抓标准制定。结合农村实际，出台《桐庐县清廉村居建设工作清单》，明确"五好十做到"建设标准。选取18个村作为"清廉村居"建设示范点，因地制宜做好结合文章，重点推进"日清月结周公示""一项目一档案"等"一村一品"创建工作。（2）抓责任落实。建立县纪委常委会集体听取涉农制度执行情况汇报制度，发现问题，及时整改。全面推行乡镇党委听取村级党组织履行主体责任汇报并实现全覆盖。深化"三点一评议"创新做法，县委书记现场点评，推动问题整改。（3）抓清廉指数。全面推行小微权力"季评年排"工作，细化明确4大类16项负面行为考评标准，每季检查评分、年底汇总排名，作为各村"清廉指数"在村民代表大会上公开通报，对排名靠后的视情况给予约谈、通报等问责处理，并纳入对乡镇和村干部个人考核。

5. 加强作风建设不放松

党的作风是党的形象，是党的性质、宗旨、纲领和路线的重要体现，是党的创造力、战斗力、凝聚力的重要内容，也是党的先进性和纯洁性的重要标志。党的十八大以来，按照中央部署，桐庐把作风建设作为全面从严治党的切入点和突破口，坚决贯彻落实中央

"八项规定"不松劲。针对少数干部抓而不实、抓而不紧、抓而不细的问题以及因此导致的贯彻落实上级决策部署出现"温差""落差""偏差"的问题，桐庐县深化整治形式主义、官僚主义，严查不敬畏、不在乎、喊口号、装样子等不良作风，不断提高履职尽责、为民服务等能力。针对"文山会海"的顽疾，县四办和常委部门要率先垂范，领导机关带头落实精文简会的各项制度规定。持续深化减负，让基层干部腾出更多时间和精力抓落实、干实事。召开会议要实行计划配额制管理，会议召开总量进一步减少，会议时长进一步压缩，且运用钉钉、视联网等视频会议的数量增加。建立会议绩效评价制度，对于绩效评价差的，要加倍扣减会议配额。坚持全县性会议由县委办统一把关，落实县级层面"周一无会日"等制度。

◇◇ 四 筑牢战斗堡垒，加强基层党组织建设

基础不牢，地动山摇。加强党的基层组织建设是做好基层治理工作的重要基础。在党的组织体系中，基层党组织是党在社会基层组织中的战斗堡垒，担负着直接教育党员、管理党员、监督党员和组织群众、宣传群众、凝聚群众、服务群众等重要职责，是党的全部工作和战斗力的基础，是党联系群众的桥梁和纽带。只有不断加强基层党组织建设，强化政治引领，提升服务功能，才能充分发挥基层党组织确保党的路线方针政策和决策部署贯彻落实的基础作

用，推动基层治理有力有序开展。多年来，桐庐县根据中央要求和自身实际强抓基层组织建设，在抓好基层党建工作方面做出了特色，探索出新经验。

（一）集中整顿软弱涣散村党组织，积极开展村级班子整固提升行动

党的十八大以来，我国基层党组织建设得到明显加强，但还存在软弱涣散等"老大难"的问题，导致一些政策措施在"最后一公里"打了折扣。桐庐创新"走村五步法"精准整顿软弱涣散村党组织，取得显著成效，走在了全国的前列。

桐庐县创新推出县领导"走村五步法"，即一看，看村容村貌、三务公开；二听，听村级运行情况；三访，重点走访小卖部、村级组织活动场所周边农户；四问，征求群众意见建议；五谈，与党员群众座谈交流，找村党组织书记谈心谈话。为深入掌握每个村的具体问题，每年，县级领导带头"下村"，对全县 14 个乡镇（街道）181 个村进行全覆盖走访。然后经过反复研究，确定软弱涣散村党组织，逐村形成整顿方案。桐庐针对软弱涣散村党组织存在的症结问题，精准施策一整到底。整顿工作期间，桐庐包干县领导每年平均下村指导 4 次以上，帮助协调解决问题。对有干部涉黑涉恶的村，由县委政法委重点攻坚，选派法治指导员，及时解决遗留问题，消除消极影响。对信访矛盾突出的村，联系包点的县领导带队下村接访，由县纪委、县信访局专门联系，分析问题根源，落实化解举

措。对党组织书记不胜任不尽职的村，由县委组织部牵头整顿，及时调整有关人员，并根据各村需求采取内选、回请、跨村任职的方式补齐配强。在全省率先制定软弱涣散村党组织摘帽标准，从班子建设、制度执行、工作推进等方面进行量化评估，明确党员群众满意率低于80%的、综合考核排名在本乡镇后三分之一的不予摘帽。加强摘帽把关，成立评估小组，组织"两代表一委员"和有关职能部门开展评估，由县委常委会研究确定是否摘帽。截至2020年底，全县软弱涣散村党组织都顺利摘帽，民主测评中基本满意以上比例均保持在90%以上。

桐庐县整顿软弱涣散村党组织的经验得到中央的高度认可。2019年10月23日，桐庐作为全国唯一的县级单位，由县委书记方毅在中央主题教育专项整治工作推进会上就软弱涣散基层党组织整顿工作作了交流发言，得到中央政治局委员、中央主题教育领导小组副组长杨晓渡同志的充分肯定。浙江省省委常委、杭州市委周江勇书记，市委常委、组织部部长毛溪浩两位领导均对此事予以批示肯定。中央电视台《焦点访谈》栏目、中组部《党建研究》杂志、新华社、《中国组织人事报》《浙江日报》《杭州日报》《乡村干部报》等中央、省市各级主流媒体对此予以了报道。

（二）抓好社区党建，服务群众"最后一公里"

社区是人们居住、生活的主要场所，是社会治理的基本单元，也是党和政府联系、服务居民群众的"最后一公里"。社区党建是社区治理的重要基础，新形势下，如何做好群众工作、以社区党建引领社区治理，如何通过社区发展治理促进城市经济社会发展、满足人民群众日益增长的美好生活需要，是中国县域治理需要破解的重大课题。桐庐县在抓基层党建的过程中，鼓励社区根据自身实际和面临的问题创新党建新模式，取得很好的效果：一方面解决了百姓很多具体问题，得到百姓的好评；另一方面在百姓中树立了党的良好形象，还涌现出许多党建模范。

中杭社区：党建引领社区治理①

桐庐城南街道中杭社区作为全县小区总数最多、无物管小区最多、人员结构最复杂的"三最"社区，面临着老龄化、老房子、老问题这"三老"突出问题，通过党建引领下的社区治理"四法宝"，因地制宜，因势利导，认真建立"需求仓"和"供给仓"，自下而上，共建共享，把社区治理工作做得精细、精准、有情、共情，努力当好这根针，"绣"出社区治理新蓝图、新活力，做好新时代社会治理的"精"与"情"。中杭社区以凝聚党员、发挥特长、增加互动、服务群众、带动群众、促进和谐为主旨，将辖内共建单位、辖区单位、小区业委会、企业、群团组织等20余个单位、群团的力量串联起来，形成"同心圆"，同善为民，成立"同善共行"街

---

① 参见《浙江桐庐中杭社区：党建引领社区治理"四法宝"》，2020年5月18日，中国网 http://zjnews.china.com.cn/yuanchuan/2020-05-18/228150.html。

区党建联盟。通过这个平台，各盟友单位各显神通，个性服务，帮助解决民生小事，同时向外辐射志愿服务的能量，形成党员带群众，群众促党建，党建强民生这么一种良性循环，让党群关系更加和谐融洽，老百姓生活更加滋润有品质！用活力、温情、互动和新意，促成党建引领下的一线基层和谐治理！中杭社区创新出"六步法"的协商机制，即民事民提、民事民议、民事民决、民事民筹、民事民办、民事民评，用党建引领社区民主协商、社区自治。社区遇到重要公共事务、民生事务，比如房屋应急修缮、既有住宅加装电梯、老旧小区提升改造等问题时，党员干部做到"带头想、带头议、带头行"，带领协同老百姓自己商议、决定、处理，从实践中提高自治能力，同时做到"议有序、行有矩"。

（三）创新异地党建工作模式，探索快递党建新经验

桐庐是中国民营快递之乡，快递党建成为桐庐县基层党建的一大特色。2007 年起，桐庐就针对快递业总部在外、党员职工长期在外的实际，回应党员需求、做足乡情文章，携手申通、圆通、中通、韵达等快递龙头企业在全国较早探索并稳步推进快递业党建工作，建立了由县委领导、组织部门统筹、两新工委直管的异地党建工作模式，不仅在行业内部形成积极向上的文化氛围，也有效搭建起组织平台，为行业党建发展、在外党员管理、推进浙商回归提供了"桐庐经验"。相关做法先后被《新华社内参》《党建研究》等主流媒体刊发。2020 年 10 月 28—29 日，中组部、国家邮政局联合

调研组专程来桐调研快递业党建工作，给予高度评价和充分肯定。2021年6月10日，在全国党建研究会、中国快递协会指导下，由杭州市委组织部、市委两新工委主办，桐庐县委承办的"党建凝聚合力、快递畅达未来"——新时代快递业党建论坛在桐庐隆重召开。

1. 创新组织建设方式，加强组织覆盖

2007年桐庐率先在上海探索建立异地党支部，并顺应行业发展需要，2012年起将"三通一达"企业党支部先后升格为党委，直接隶属县委两新工委管理。在深入沟通、争取理解支持的基础上，与上海青浦区建立党建协作机制，实现与属地党建工作的双向协作。引导快递企业树立"凡有网点、必有组织"的党建工作理念，依托重点城市、重点网点设立区域化党组织，鼓励加盟网点创新组织设置形式、加大党组织组建力度，实行公司党委和属地党组织双重管理。通过总部单建、区域联建、属地共建、村企共管多措并举，建立4个党委、2个党总支、51个党支部，在册党员790余名、7000余名党员主动亮明身份，逐步形成覆盖全网、遍布全国的快递党建红色网络。

2. 创新运行管理机制，优化快递党员管理

建立"红色直通车""驻企党建指导员""党员领导干部联系点"等机制，加强对快递企业党组织换届、先进党组织、优秀党员表彰等工作的指导。搭建"桐庐快递红流"等平台，畅通职能部门、乡镇、快递企业党组织的交流渠道。针对流动党员多、隐性党员多的情况，在全网开展"党员找组织、组织找党员"活动，推动

快递党员及时接转关系、自觉接受组织管理。考虑到桐庐籍党员关心家乡发展的情怀，明确快递企业的桐庐籍党员在村社组织换届选举期间可回乡履行选举权利，鼓励党员将组织关系转进企业党组织，确保党员的正常组织生活。同时，立足快递业及其从业人员特点，依托"学习强国""西湖先锋"等平台，推广"线上为主、线下为辅"教育模式，每年举办"快递红流"党性教育培训班，推行每月25日固定主题党日和党建工作专项述职制度，促进党组织运行规范化制度化。组织"三通一达"党委开展"最美快递小哥""快递之星"等评优评先活动，激励党员争先创优，打造过硬的"快递红流"队伍，还专门出台《桐庐县"快递小哥"关心关爱11条》，成立首期600万元的"快递小哥"关爱基金，加强"快递小哥"权益保障。

3. 创新党建基础保障，增强对快递党建工作的服务与支撑

县委开展"家乡书记送党课"、服务快递百日专项活动、快递业党建工作座谈会等活动，持续加强与快递党组织的联系，实时掌握、及时研究解决快递业党建发展中的问题。桐庐县创新成立全国唯一的民营快递发展中心，专门为快递产业、快递人的发展提供服务，开展"服务快递百日攻坚行动"，每年"双十一"组织机关党员志愿者到各大快递网点帮助分拣包装、参与包裹派件，设立"快递人之家"、建设快递服务驿站，及时梳理和了解快递人及亲属遇到的难题，建立起服务快递"三张清单一张网"。针对快递企业党建工作力量薄弱、党建和业务发展"两张皮"等问题，引导"三通一达"党员出资人担任党组织书记、全部配备

专职副书记、培养壮大党务工作者队伍，并每年选派退二线领导干部、优秀年轻干部担任党建工作指导员，建强企业党建"第一支撑"。每年给予"三通一达"快递企业党委2万元党建工作经费补助。探索设立"党员活动基金"，作为党员开展活动和奖优帮困工作的重要来源。并指导快递企业党委在党建工作中探索引入"基层组织建设质量管理体系"，建立快递业党建工作专项述职和管理考核等制度，要求企业党委把党建工作纳入企业发展总体规划以及日常业务工作管理范畴，实现同研究、同部署、同推进、同考核。

方毅赴沪为"三通一达"党员上专题党课[1]

2021年5月7日下午，"家乡书记送党课"活动在上海市圆通速递总部举行，县委书记方毅为"三通一达"党员上党史学习教育专题党课。他强调，要用党的奋斗历程和伟大成就鼓舞斗志、明确方向，用党的光荣传统和优良作风坚定信念、凝聚力量，用红色动能驱动"小包裹"服务"大民生"、驱动"小快递"撬动"大市场"，为推动快递物流产业高质量发展而不懈奋斗，以优异成绩庆祝中国共产党成立100周年。县领导周海静、施建华、翁嫣，快递企业家代表喻渭蛟、赖梅松、陈德军以及300余名"三通一达"党员参加。

---

[1] 参看《深学光辉党史 汲取奋进力量 开启快递物流产业高质量发展新征程》，《今日桐庐》2021年5月8日。

2021 年 5 月 7 日县委书记方毅赴上海，为快递企业开展

"家乡书记送党课"活动

4. 增强快递党建引领，彰显快递精神

坚持把党建工作融入企业发展、行政架构、人才培养、生产经营、文化建设、形象塑造等各领域全过程，以高质量党建工作引领企业高质量发展。通过深入实施"双培双带"工程（将党员培养成骨干，将骨干培养成党员；党组织带好骨干，骨干带好普通员工），目前已有 400 余名业务骨干被发展为党员，1000 余名党员被培养成业务骨干，高管中党员比例更是逐年提升，为"三通一达"发展增添新动力。与此同时，引导快递企业积极回报家乡、建设家乡，"三通一达"先后回桐庐投资 120 余个项目，投资金额超 300 亿元；支持桐庐连续举办三届中国（杭州）国际快递业大会，成立了全国首个快递物流装备物资集中采购交易中心；推进浙江省国邮快递物

流科学研究院、物流（快递）绿色封装检验检测中心等项目建设，实现快递物流产业"百个公司落户、百亿项目开工、百亿产值体现、十亿税收入库"目标，为推动桐庐从"快递人之乡"向"快递产业之乡"转变提供了强劲动力。按照"有场所、有设施、有党旗、有书报、有制度"的标准，指导快递企业总部、各片区网点党组织加强党建阵地建设，促进党建元素和业务展示有机融合，党建工作和企业文化紧密结合，培育和彰显快递精神。"快递小哥"是社会主义的建设者，疫情期间"三通一达"涌现出许多坚守岗位、全力护航抗疫物资运输的感人事迹，如中通快递的快递员王豪杰荣获"全国交通运输系统抗击新冠肺炎疫情先进个人"称号等。

◇◇ 五　鼓励担当作为，培养高素质党员干部队伍

党的干部是党和国家事业的中坚力量，加强干部队伍建设，激发干部干事活力是推动党和国家事业的关键。多年来，桐庐始终注重干部队伍建设，以"奋力争先锻铁军"的气魄，为桐庐的高质量发展提供了强大的组织保障和人才保障。

1. 坚定理想信念，加强政治建设

理想信念是共产党人精神上的"钙"，革命理想高于天，坚定理想信念始终是党的立身之本，只有坚持正确政治方向，树立坚定理想信念，才能提高站位、开阔心胸，才能做到"风雨不动安如山"。衡量干部是否有理想信念，关键看是否对党忠诚。对党忠诚，

就要增强"四个意识"、坚定"四个自信"、坚决做到"两个维护",严守党的政治纪律和政治规矩,始终在政治立场、政治方向、政治原则、政治道路上同以习近平同志为核心的党中央保持高度一致。这种一致必须是发自内心、坚定不移的,任何时候任何情况都要站得稳、靠得住。忠诚和信仰是具体的、实践的。20世纪60年代末70年代初,英勇的南堡人民为桐庐谱写了"泰山压顶不弯腰"的"南堡精神"。多少年来,南堡精神作为桐庐人坚定理论信念的重要载体,滋养了一代代自强不息、开拓进取的桐庐人。进入新时代,桐庐弘扬南堡精神,以习近平新时代中国特色社会主义思想为根本遵循,从南堡精神中汲取信仰的磅礴伟力,在真学真信中坚定理想信念,在学思践悟中牢记初心使命。2019年,桐庐高质量开展"不忘初心、牢记使命"主题教育,深入贯彻落实"守初心、担使命、找差距、抓落实"的要求,要求党员干部经常对照党章党规党纪,检视自己的理想信念和思想言行,不断掸去思想上的灰尘,永葆政治本色,努力实现理论学习有新进步、思想政治有新加强、干事担当有新作为、为民服务有新提升、清正廉洁有新形象、推动发展有新成效。

2. 完善干部选拔培养制度

桐庐贯彻落实习近平总书记关于好干部的标准即信念坚定、为民服务、勤政务实、敢于担当、清正廉洁,不断健全干部成长选育管用全链条机制,做到能者上、优者奖、庸者下、劣者汰。牢固树立"争先创优、比学赶超"导向,讲究实际实效,持续开展"比武季"等活动,优化"锻铸榜""破难榜"等载体,完善督查督办、综合考评机制。制定实施领导干部专业能力提升计划，增强补课充电的紧迫感，自觉赶上时代潮流。完善干部考核评价激励、容错纠错和澄清保护机制，优化"季述年评""季察年考"等机制。

3. 鼓励干部担当作为

领导机关和领导干部带头冲在前、干在先，是推动各项事业发展的关键。美好桐庐建设，离不开桐庐各级干部敢想敢试、敢于挑战、敢于负责的担当精神。针对部分干部存在"做事怕问责、遇难少办法、发展缺要素"的思想认识，少数干部不担当、不作为、不落实的问题和挑战，桐庐县做深"三篇文章"为敢于担当者撑腰鼓劲，鼓励干部担当作为。一是事前容错激励"想为者"。针对部门法规"相互冲突"导致项目推不动、影响发展的历史遗留问题，无人敢破冰等现实问题，创新出台《容错免责事前备案审查制度》，将容错免责从"事后补救"改为"事前保护"，彻底消除干部思想顾虑，着力破解干部"想为却放不开手脚"的问题。二是公开澄清保护"敢为者"。2019 年 2 月，在杭州市率先出台《纪检监察信访举报失实澄清工作办法》，推动澄清保护工作制度化、常态化，赢得广泛好评，这一做法被中央省市多家媒体宣传报道。三是回访教育让"跌倒干部"不掉队。从 2017 年开始，坚持分层分类开展受处分人员回访教育，引导受处分党员干部解开心结卸包袱，重拾工作干劲再出发，真正做到"惩前毖后、治病救人"。

4. 提振党员干部的精气神，保持"拼"的状态不松气

桐庐有着"逢山开路、遇水架桥"的闯劲，"横下一条心、干就干到底"的拼劲，桐庐党员干部身上彰显出破难突围的精气神，

破时局之难、积弊之难、要素之难，突竞争之围、突心中之围。桐庐县委县政府每年年初都会梳理出本年度的攻坚战工作，各攻坚团队慷慨激昂地立下"军令状"。从"最多跑一次"改革到"最多跑一地"改革，再到"大综合、一体化"综合行政执法体制改革，每项改革都不是轻轻松松可以完成的，没有一股拼劲和狠劲，这一件件难事就无法办成，一场场硬仗更是无法打赢。桐庐党员干部不仅有拼劲，还有韧劲，他们秉承"一张蓝图绘到底""一任接着一任干"的理念，坚持不懈、锲而不舍、久久为功，直至达成。在桐庐的发展历程中，他们始终激荡着"天天拼搏、季季奋发"的昂扬斗志，始终保持着勇往直前、克难攻坚的奋进姿态。

第 二 章

"产业强县" 推动经济高质量发展

党的十九大报告指出，"我国经济已由高速增长阶段转向高质量发展阶段，正处在转变发展方式、优化经济结构、转换增长动力的攻关期"。在新发展阶段，桐庐响应中央号召，坚持"产业强县"战略不动摇、坚持发展实体经济不动摇，大力推动制造业高质量发展，为加快桐庐转型升级绿色发展点燃新引擎、提供强动能。目前，桐庐正在以做强"1+3主导产业"为抓手，通过数字赋能产业，助力企业发展活力源，引领经济高质量发展。

◇◇ 一 做强 "1+3主导产业"，
提升县域核心竞争力

习近平总书记曾明确指出，"做大做强，就是要从当地实际出发，采取切实有效的对策和措施，大力培育优势产业、优势企业和优势产品"。① 桐庐县深入学习贯彻习近平总书记的重要指示精神，

---

① 《习近平强调发展块状经济提升整体实力》，《浙江日报》2003年4月11日。

全面落实省委市委有关工作部署。对桐庐而言，"做大做强"就是要聚焦高质量发展阶段，坚定不移地走"产业强县"之路；就是要聚焦"产业链"这个关键环节，坚定不移地发展快递物流地标产业和大智造、大旅游、大健康三大主导产业，全力延链、补链、强链；就是要聚焦"项目"这个牛鼻子，坚定不移地招大引优育强。

（一）打造快递物流地标性产业，建设"快递产业之乡"

随着我国近年互联网经济的发展，快递业逐渐成为中国的巨头行业，党中央也对快递行业表示出高度的重视，习近平总书记对快递业便民利民、促进经济的积极效用表示肯定，并多次对行业发展方向做出重要指示。乘着国内电商发展的东风，桐庐县抢先抓牢快递行业这一时代所赋予的历史机遇，主动融入新发展格局，畅通国内循环，向产业发展前端迈进。桐庐快递物流行业保持着强劲的发展动力，并取得了相应的发展成果，2020年，桐庐共招引快递产业项目43个，总投资额达195.5亿元；快递物流装备物资集中采购交易中心已入驻采购商1022家和供应商196家，实现交易额101.53亿元；快递关联营收和税收逆势增长，分别达到了158.6亿元和10.27亿元。蓬勃发展的快递行业为桐庐经济注入了新血液，为桐庐人民的美好生活增添了夺目的色彩。

其实早在快递行业仍处于"草根"阶段时，"三通一达"就开始在桐庐发芽，桐庐成为中国民营快递的发源地。中通快递创始人赖梅松曾说，家乡桐庐以乡情、亲情、友情为纽带，以山里人淳朴信任的力量为根本，在县政府的带领下，桐庐的快递行业的发展蒸蒸日上。快递物流产业是桐庐经济发展的"快车头"，带领着桐庐顺应时代步伐不断前进。近年来，快递产业发展三年行动计划的制订与实施，快递业发展研究院、快递业博物馆和标准化示范基地等项目的签约落地，中国（杭州）国际快递业大会的举办，都在助力桐庐加快"快递人之乡"向"快递产业之乡"转变。

桐庐——中国快递之乡

顶层设计更优化，汇集快递高端新产业靠的是桐庐持续的努力。桐庐县委托国家邮政局发展研究中心编制了《桐庐县快递特色产业发展规划（2020—2024 年)》，为县内快递产业发展点亮了启明灯。规划明确了"服务上下游、拓展产业链，画大同心圆、构建生态圈、提升竞争力"的总体思路和"一核两翼多点"的产业布局,从总部经济、快递物流金融、新材料与绿色包装、高端装备研发制造四个方面同步发力,延展产业关联生态,形成了具有桐庐本土特色的快递产业生态圈。规划先行离不开先进平台与特色项目的先锋探索,桐庐对标雄安新区、江苏相城等先进地区,建设了以富春未来城"快递科技小镇"为核心的重要平台,开启了以韵达全球科创中心、申通国际总部、中通快递第二总部、圆通国家工程实验室等"三通一达"为代表的投资重点项目的建设,实现了"三通一达"重大产业项目在快递科技小镇的全员落子。2019 年 12 月,由申通快递、韵达速递、圆通速递、中通快递、顺丰速运和桐庐县人民政府 6 家单位共同发起的全国首个快递物流装备物资集中采购交易中心启动建设,2020 年 5月,集采中心正式成立运行。集采中心的建设,为加快桐庐快递特色产业发展、打赢快递回归攻坚战提供了立足点与突破口,信息最全、渠道最多、销售模式最佳、配套服务最优的专业平台逐步搭建起来,桐庐不断努力抢占快递物流装备千亿市场。

产业链条更完善,桐庐县坚持产业链、创新链"双链融合",构建有利于研发攻关、科技制造和产品应用"三位一体"发展的快递科技创新体系,打造未来城市快递服务最佳体验区。加强谋划培育快递全产业链,招引落户涵盖快递科技、物流运输、物联网经济(直播带货)、新零售等领域的快递产业关联企业 142 家,产业集群粗具规模。配套设施齐上阵,为了与平台项目建设相匹配,一批批产业发展载体在桐庐的持续大力推进与精心打造下茁壮成长,并结出丰硕的成果。全国首个快递物流装备物资集中采购交易中心在桐庐上线运行,《集采 7 条》及其实施细则得到配套发布,所有入驻企业"一日办,零费用"全部实现。浙江省国邮快递物流科学研究院的建设在桐庐的高效推动下蓬勃发展,已经通过了浙江省民政厅网上注册流程,同时研究院吸收了更多的高科技项目力量,快递绿色封装检验检测中心、韵达 5G 无人机项目成功落户,各项试验的顺利开展彰显着研究院的无限活力与潜能。2020 年 10 月,研究院承办由国家邮政局发展研究中心和浙江省邮政管理局主办的"2020 年中国邮政快递业生态环保研讨暨绿色供给展会",正式在快递行业发声,桐庐人在国家的支持帮助与自身的不懈努力下,让全国快递同业者听到了桐庐嘹亮的声音。

围绕县级示范,全力打造快递之城,这是桐庐县快递行业始终如一的愿景与目标。桐庐积极对接国家邮政局发展研究中心,制定了"快递之城"最权威县级标准,重点明确快递基础设施建设标准,并按标准进行建设,形成了县域快递示范经营"桐庐样本"。着力搭建县镇村三级共配网,创新采用"政府投资、政企合作运营、设施设备共享"的模式建设桐庐快递物流示范园区,实现了末端"一条线分拣、一把枪扫描、一张网配送"的共享配送,在县城,结合垃圾分类,以"桐庐生活埠头"为载体,全面投入使用智能快递柜;在集镇,充分利用现有的闲置厂房、集体房屋等资源,建立了乡镇快递共配中心,通过乡镇二次分拣实现快递进村;在农村,以"村村有快递服务点"的建设要求,按照"统一形象标识、统一服务标准、统一寄递时长"的标准设置了村级快递驿站。桐庐高效整合农村现有资源,以 17 个邮政营业场所、181 个四好农村路物流服务网点，织就了一张广阔而严密的"快递进村"寄递网，从科学设置"快递进村"投递点位，到实现"快递驿站"行政村全覆盖，桐庐通过不断地调整与升级，大大提升了快递服务"最后一公里"的效率。

做实服务支撑，营造快递发展新氛围，这是桐庐县快递行业的服务准则。桐庐坚持因地制宜、集思广益的发展姿态，让多部门、全人民体验到助力快递行业发展的参与感与自豪感。针对快递重大产业项目的招引，桐庐广泛征求快递企业意见建议，制定了"一产一策"的专项扶持政策，在进度奖励、部门及研发机构搬迁补助、地方贡献奖励等方面给予了支持。"服务快递百日专项行动"的全面开展，"县领导双十一慰问快递网点""千名机关干部助力双十一"的实现，快递人"千万元授信贷"、"千张快递人桐心卡"的发放，"快递人之家"的设立，"中国快递物流创新创业大赛"的开展，都体现了桐庐政府的精心用心，有效并直接呼应了企业政策需求，政策的精准性大大提升。结合亲清政商服务，桐庐政府坚持全覆盖联络走访桐庐籍快递人、快递企业以及在桐快递项目，收集整理了"全快递"问题清单，并建立了"累计销号"制度，确保问题提出一条、研究一条、落实一条，越来越多的优秀典例不断涌现，如韵达快递投资10亿元的"快递之源"项目，便是由分管县领导牵头成立服务专班，通过一次次赴江西丫山、钟山夏塘等地实地走访，连续3次召开项目推进会，最终迎来了顺利签约。再如《桐庐县"快递小哥"关心关爱11条》的顺利出台，桐庐县"清·情"快递人志愿者服务队的正式成立，都离不开桐庐政府真心实意为快递人办好事办实事的原则与态度。

桐庐县物流产业快速成长的动力来源于何处？来源于桐庐扎实的快递业根基与创新进取的干劲。浙江省物流创新综合改革试点县建设是桐庐改革的绝佳契机，物流快递一体化服务、高效率配送、多模式揽收、全方位监管四大体系的建成，全方位保障了物流行业工作的开展。抢抓快递物流产业高速发展窗口期机遇，扎实推进物流示范县综合改革创新试点，继续加强快递驿站、快递物流示范园区建设，以创新之力构建新型物流产业园区。聚焦快递产业招商，引进功能性总部、快递设备和材料生产、物流运输等产业链项目，不断注入新的发展力量。另外，桐庐响应国家"快递出海"号召，抢抓浙江省实施快递"两进一出"国家试点契机，发起设立桐庐民营快递企业"抱团出海"联盟，加强各方战略协同，整合资源和力量，实现"三通一达"面向全球市场的新一轮合作共赢发展。2020年10月，浙江省委常委、杭州市委周江勇书记，杭州市政府刘忻市长先后批示，"阶段性的成果值得肯定和祝贺"、"桐庐杭商回归工作成效显著，值得全市学习"，这是对桐庐县快递产业发展工作的高度评价与鼓舞。

新元年开启新征程，新时期实施新战略。2021年，在党的十九届五中全会精神和县委十四届十次全会提出的"开启美丽新元年，全面建设美丽幸福的社会主义现代化示范县"总体部署的指引下，桐庐抢抓快递产业高速发展窗口期，正在全力实施"三个抓"战略：第一个"抓"是"抓增长"，紧盯"三翻番两速增"年度目标，实现快递关联产业营收200亿元、集采中心注册供应商200家、招引快递关联产业项目 40 个，均较 2020 年翻一番；快递物流产业实现税收 15 亿元，集采中心实现交易额 150 亿元以上，较 2020 年高速增长 50%，加快打造快递科技小镇的步伐，吸引米其林、康明斯、壳牌等世界 500 强企业入驻，继续完善快递物流产业生态，抢抓快递产业生态化发展机遇，大力招引总部经济、快递物流金融、高端装备研发制造等项目，拓展物流后市场、新材料与绿色包装等业态。第二个"抓"是"抓聚合"，聚焦产业集聚，做大做强中国快递物流装备物资集中采购交易中心。聚焦产业研究，深化全省物流示范县综合改革创新试点工作，依托国家邮政局发展研究中心优势资源，制定更先进的"快递之城"建设方案，争创"全国县域快递服务示范"，继续打造快递与城市融合发展的桐庐样板。聚焦产城融合，加快打造快递会议会展中心、快递博物馆，聚焦乡村振兴，全面推进"快递驿站"行政村全覆盖工程。第三个"抓"是"抓服务"，充分发挥政府的引导和扶持作用，继续出台快递特色产业扶持政策，主动服务"快递人、快递事"，切实做好签约项目落地服务工作。持续开展服务快递百日专项行动，全方位、多层次为快递企业提供暖心服务。

三大抓手见成效，齐力奔赴新目标。目前，力求继续乘势做大快递物流地标产业，已经成为桐庐快递行业工作新目标，围绕打造新时代"快递之乡""物流之都"，桐庐正在加快创建全省物流示范县综合改革创新试点，国邮快递物流科学研究院已经取得实质性突破，快递物流示范园区、快递驿站建设正稳步推进，全国快递业党建高峰论坛也在桐庐的精心筹备下如火如荼地开展起来。

（二）攻坚做强大智造产业，让数字驱动一座城

2020年，习近平总书记在浙江杭州城市大脑运营指挥中心考察调研时发表讲话指出："运用大数据、云计算、区块链、人工智能等前沿技术推动城市管理手段、管理模式、管理理念创新，从数字化到智能化再到智慧化，让城市更聪明一些、更智慧一些，是推动城市治理体系和治理能力现代化的必由之路，前景广阔。"字字珠玑，掷地有声，坚定了桐庐县发展数字经济的信心。大智造是桐庐助力数字经济加速发展的重要突破口，为了做大做强大智造产业，三种发展方案在桐庐诞生。一是制造业高质量发展，桐庐谋划了《桐庐县制造业高质量发展三年行动计划》，明确了"五高五倍增"的目标，始终坚持合力抓发展大格局；发展电子信息、新能源新材料、先进装备、医药及医疗器械、时尚、快递物流配套等六大百亿产业，电子信息产业销售产值突破百亿，磁性材料、先进装备制造保持10%以上增速。二是传统产业转型提升，实施传统产业转型升级攻坚战行动，聚焦短板聚力攻坚，支持企业"机器换人""数字化改造""设计创新"等，分水制笔产业、横村针织产业先后被评为杭州市传统产业改造提升市级试点，分水制笔产业被评为省级产业创新服务综合体，制笔产业工业互联网平台、"织慧云"针织产业协同制造云平台上线运行，分水模具园、天英小微园、中国围巾城、横村时尚智造小微园等一座座传统产业小微园拔地而起。三是数字赋能经济，率先在全省提出了"工业地图"建设理念，着力打

造"零地增效"应用场景，1.0版本已成功上线运行；在强化数字化改造示范引领的过程中，工业互联网、5G等新基建的建设也在悄然增速。

2020年，桐庐加快实施"新制造业计划"，全面推进"12065"行动（三年内，新增和盘活工业用地10000亩以上，建设小微企业园20个以上，打造6个百亿产业集群，力争每年招引"152"工业项目5个以上）。在做强产业链、布局创新链、配置资金链、部署服务链上下"硬功夫"，企业集聚、产业集群、要素集约、服务集中的产业生态体系的建设获得较大进展。持续支持海康威视、千芝雅、康基医疗、施强药业、艾罗能源等链主企业做大做强，加大对细分领域关键环节企业的扶持力度，推动了电子信息、磁性材料、医疗器械等重点产业固链强链补链。同时，加大制笔、针织等传统产业转型攻坚力度，实施"设计强企""品牌强镇"工程，打造妙笔小镇、中国围巾城等平台，使传统产业的产品品质、制造层次得到了大幅度提升。

2021年，桐庐县将攻坚做强大智造产业作为工作目标之一。"十四五"时期工信经济万亩空间有机更新、百亿级特色产业链培育、链主企业引育倍增、数字经济倍增、工业投资倍增、规模企业倍增等"六大行动"全面启动，为"十四五"期末全县工业总产值突破千亿大关，规模工业增加值、数字经济核心产业增加值、工业投资、规上工业亩均税收实现翻番，夯实基础。2021年实现规模以上工业增加值增长10%、数字经济核心产业增加值增长15%、工业投资增长20%、小升规企业超50家。同时，桐庐继续实施存量工业用地有机更新攻坚工程，力争盘活和新增工业用地5000亩。继续推动智造产业链条的拓展，借助数字化产业驱动城市发展是桐庐大智造产业的又一良方，注重加快发展电子信息、医疗器械、磁性材料、水电设备、时尚制造、汽车零部件、再生资源等重点产业链，努力打造若干个百亿级产业集群。

海康威视——桐庐智能安防产业排头兵

以海康威视为龙头的新兴产业是桐庐工业经济发展的主力军。2014年，县政府在得知中电海康希望在杭州周边选址建立制造基地后，主要领导予以高度重视，做到"三个亲自"，用实际行动向海康威视表达诚挚的欢迎与期待。最终，桐庐的真心诚意被省、市各级领导认可，海康威视的高层领导也被桐庐的真诚所打动，选择了桐庐。海康威视与桐庐"联姻"后，在2014年与桐庐签订了投资框架协议，目标是打造全球最大的智慧安防产业基地。经过几年的努力，桐庐安防产业园为海康威视提供了强大的支撑，海康威视也为桐庐的工业建设注入了强劲的活力，2020年，海康威视的工业总产值突破百亿元，占桐庐规模以上企业工业总产值比重的24%，战略性新兴产业工业总产值占比也从2015年的22.5%上升到了2020年年底的52%，足见新兴产业迅猛的发展势头。海康威视在桐庐的故事还远远没有结束，2021年1月，桐庐县第一批重大项目"双集中"活动暨海康威视智能安检产品产业化基地项目奠基仪式举行，共有30个项目集中开工，海康威视智能安检产品产业化基地项目名列其中，项目建成投产后，将形成年产40万台智能安检等大型安防设备及定制化安防产品的加工能力,预计可实现年销售收入 40 亿元、税收 4400 万元。①

智见控股——桐庐磁性材料产业数字化先锋者

磁性材料产业是桐庐加快发展大智造产业确定的重点产业。在桐庐城南街道青山工业园区,坐落着 20 家磁性材料企业,2019 年这些企业为桐庐带来了超过 8000 万元的税收,亩均税收达 50 万元/亩。桐庐城南青山工业园区既不是磁性材料供应基地,也没有涉及磁性材料科研院所扎营,它是通过智见控股这块"磁铁",一步步将磁性材料企业吸引到了这里。智见控股是最早来此投资的磁性材料企业,从 2004 年来到城南到如今,它已拥有象限科技、科德磁业等 6 家子公司,同时将产业链上的企业也吸引了过来。自此,桐庐的磁性产业人才逐步聚集,产业体系逐渐完备,初步建立了磁应用一揽子解决方案供应体系。市场也从为国外企业加工出口发展到国内国际两个市场,国内客户譬如富士康、华为、大疆等,国际客户则有苹果、微软、谷歌等,应用领域也从民用领域发展到军民融合两个领域。②

千芝雅——坚守的是诚信,创新的是战略

千芝雅是桐庐实体企业转型的代表,2006 年千芝雅的前身杭州

---

① 参见《聚集发展新动能 抢占创新引领高地 桐庐 30 个重大项目打响"开门红"》,潇湘晨报,2021 年 1 月 6 日,https://baijiahao.baidu.com/s? id = 1688099865794744799&wfr = spider&for = pc。

② 参见《浙江桐庐吸引大智造产业"磁性"满满》,腾讯网,2020 年 6 月 3 日,https://new.qq.com/rain/a/20200603A051JF00。

舒泰卫生用品有限公司搬迁至桐庐，实现了废纸贸易向实业转型，并构建了包括购置生产线、研发产品、生产产品和市场投放的卫生护理用品全产业链业务结构，二十余年后的今天，千芝雅始终坚持诚信经营，并且抓住创新这一发展命脉，不断与时俱进开拓创新，正通过与3M、惠好、德国汉高、日本住友等全球500强企业建立战略合作，用世界的"高度"为全球消费者提供高品质的婴幼儿、成人卫生护理用品，通过联合国家重点实验室，建立了人才联合培养机制，运用大数据平台进行分析管理，积极创新企业管理方案，努力朝着百年企业的目标奋进。①

（三）推进发展大健康产业，创建国家健康产业先试先行区

在首届全国卫生与健康大会上，习近平总书记提出，没有全民健康，就没有全面小康，要把人民健康放在优先发展的战略地位。如今，与深入推行"健康中国"战略和供给侧结构性改革、新旧动能转换的大环境相呼应，桐庐县抓住了大健康产业前所未有的机遇期，促进健康产业与人民健康生活相契合。桐庐县委书记方毅表示，发展大健康产业，离不开三个关键词，即"情怀""人才"与"生态"。桐庐发展健康产业，初步的人才和工作基础已形成，并且始终保持着研发、基础科学的情怀与坚持力。促进高端领先人才长

---

① 参见《千芝雅：廿载的坚守与跨越》，桐庐新闻网，2018年12月7日，http://www.tlnews.com.cn/xwpd/tlxw/content/2018-12/07/content_8832897.htm。

期扎根于桐庐是健康城建设的重要要求，是实现健康产业发展的重要力量。桐庐县正在加快生态体系打造，积极建设孵化器、医院与团队公共研发平台。积极培育幸福经济，围绕生命科技、精准医疗、运动休闲、中医康养等重点产业，着力引进一批具有核心竞争力、市场号召力、经济贡献力的"大高新"项目，持续扩大大健康产品供给和服务供给。

先行先试树典范。桐庐县率先建立了全国首个健康服务业集聚区——富春山健康城，在核心区块创建"桐庐健康小镇"。富春山健康城成为全国第三、长三角地区首个生命健康先行试验区，获批"中国杭州·桐庐（国际）生命健康产业先行试验区"，荣获浙江省健康产业示范基地、杭州市人才生态示范区、长三角现代服务业示范基地、长三角健康服务产业集聚区、全省首批 37 个特色小镇创建名单、浙江省健康特色小镇创建单位重点培育小镇、2017 年度中国十大特色小镇、2019 年度特色小镇"亩均效益"领跑者等荣誉，创成 AAA 级旅游景区。

以点带面共进步。桐庐加速推动爱唯（国际）等重点项目建设，筹划设立浙江省细胞制备中心、国家综合性创新药物研发大平台、浙江合作中心以及中关村医学工程转化中心分中心，进一步打响国家级生命健康产业先行试验区品牌，助力浙江打造聚焦大健康产业，按照高新前沿标准，持续推进光华国际精准医疗中心等项目，处理好引进和孵化的关系，加快布局生命健康全产业链，推动国家级生命健康产业先行试验区建设走深走实，力求在生命健康科创高地中赢得一席之地。发展生命健康、生物医药、医疗器械等重点产业，用好富春山健康产业基金，加快培育发展细胞生物、靶向药物、体外诊断等重点产业链，着力打造全省领先的生命科技产业创新集聚地、华东地区有影响力的新药研发策源地。创新提升医疗器械产业，推进省级医疗器械产业创新服务综合体创建。

平台配套助实施。2020年以来，桐庐县重点打造科技孵化平台，推进了中欧国际双向生物医药产业基地项目，加快建设桐庐凤栖生命港公共创新服务平台，为入驻园区的科研工作者提供了良好的科研环境，为集群内的企业提供了更为优越的政、产、学、研环境。积极搭建医疗器械销售平台，发挥营商环境和平台优势，吸引了更多优质企业入驻小镇，推动了县域经济的发展。

目前，桐庐县健康产业保持良好发展态势，位列"2020年中国健康产业百佳县市"榜首。经过高站位编制发展规划，"十三五"时期健康产业被列为重点培育的五大产业之一，《富春山健康城发展规划》《富春山健康城总体规划》《桐庐县健康小镇规划》等一系列产业规划陆续编制，大健康产业成为桐庐的主导产业之一，健康产业具备高标准且完善的基础配套。全县大健康产业的基础不断夯实，富春山健康城正持续发挥长三角地区首个国家级生命健康产业先行试验区的优势，坚持与沪杭等地在创新药物研发、生物制药和新兴医疗技术产业化方面开展合作，发挥上海招才驿站等作用，加快集聚更多优质项目和高端人才。

2021年是"十四五"开局之年，健康城正在着力打造国家级生命健康产业先行试验区、全省领先的生命科技产业创新集聚地、华东地区有影响力的新药研发策源地，在优服务、强招引、促产出的基础上，实施"三四五"平台跃升三年行动计划，聚焦招商引资、人才引育、科技创新、经济运行、特色小镇、项目建设等重点工作。

江南养生文化村：让养生文化焕发新生魅力

江南养生文化村是桐庐大健康产业的特色成果，"十三五"初期，江南养生文化村落户健康城，总投资10亿元，建筑面积8.6万平方米，定位于养生度假与医疗旅游相结合的国际化医养结合体验中心。作为中医药健康管理养生养老服务业的先行者，江南养生文化村自主研发了"江南健康促进系统"，通过精准检测、系统评估、全面干预的全流程服务，辅以"健康促进信息系统"，提供个性化健康管理方案，将健康干预手段融入日常生活，带来了健康促进服务的新模式。以桐君文化和理念为载体的桐君堂是"桐君中药文化"的传承代表，桐君堂的前身便是惠民药局。惠民药局创立于明朝洪武十七年，开桐庐中药产业发展之先河，中华人民共和国成立初期，药店公私合营并入桐庐医药公司，惠民药局经过改制和发展，成立了桐庐医药药材有限公司，2015年又更名为桐君堂药业有限公司，到现在，在桐君文化的照耀下，桐君堂在道地产区建立的中药材基地遍布全国，建立了品种超过80个、基地超过60个、面积超过100万亩的中药材种植基地。目前，桐君堂以群体性传承为特色的古法炮制传承班模式独树一帜。但在不变之中，桐君堂也在守正创新，受到阳光厨房的影响，桐君堂建立了阳光煎药中心，2021年在药祖桐君中医药文化节上推出了养生包，受到了更多人民的喜爱。①

（四）做强大旅游产业，绘制"最美桐庐全域景区图"

习近平主席在联合国世界旅游组织第 22 届全体大会上的贺词中指出，"旅游是不同国家、不同文化交流互鉴的重要渠道，是发展经济、增加就业的有效手段，也是提高人民生活水平的重要产业"，为中国的旅游发展点亮指路明灯。2020 年 8 月 27 日，浙江实施省级旅游板块资源重组整合，组建成立浙江省旅游投资集团，以"新集团、新定位、新作为"的全新姿态，开启浙江旅游"万亿产业"新征程。桐庐响应省内政策动向，主动参与了"名城名湖名江名山名村"风景廊道建设，培育旅游核心吸引物，深化数字旅游专线，推动文旅融合发展，打造全域旅游升级版。继续加大力度发展文旅消费，举办文旅消费季活动，鼓励旅游企业实施景区门票减免、淡季免费开放、演出门票打折等政策，推动消费惠民工作，经过全县上下的努力，桐庐全年乡村旅游接待游客数与旅游收入全线"飘红"，旅游业为桐庐美好生活带来了生命力与鲜活感。

（1）桐庐县的大旅游产业，是地域化的产业，更是国际化、全域化与融合化的产业。桐庐大旅游产业秀出了"国际范"，依法依规收购瑶琳仙境、严子陵钓台等六大景区资产，桐君山景区向全球永久免费开放；深度谋划全域旅游再出发，建成了"第二批国家全

---

① 参见《在大健康产业道路上阔步前行》，桐庐新闻网，2020 年 11 月 11 日，http：//www.tlnews.com.cn/xwpd/tlxw/content/2020－11/11/content_ 9138416. htm。

域旅游示范区",被美国《国家地理》杂志推介为 2021 年全球最佳旅行目的地之一。杭州亚运会马术项目（主场馆）被成功列入长三角一体化重点项目库,举办了以"美丽长三角·生态健康游"为主题的首届长三角森林康养和生态旅游宣传推介活动等。桐庐县立足自身特色资源优势,努力吸引更多长三角优质资源向桐庐集聚。未来,桐庐将借助亚运会马术赛事在桐举办契机,全力推进亚运城市行动,全面提升城市国际化水平,注重主客共享的空间发展,在充分考虑服务于国际游客的同时服务于本地群众和国内游客。促进基础设施国际化,对全域旅游标识系统、双语种多语种导览等进行全面更新完善;提高国际化接待水平,培训一批掌握熟练外语水平的城市导游、志愿者。做深做透"赛会 + 文旅"的文章,积极承办国际性马术赛事和其他国际性赛事。加强与北川富朗的对接联系,加快推进大地艺术节在桐庐大地精彩亮相,打造一批有影响力、生命力的乡村品牌文旅 IP,让艺术融入乡村,让乡村更具艺术。

（2）桐庐县的大旅游产业,是高品质的产业,具有严格而全面的旅游城市发展策略。桐庐的高品质旅游把精品性体现在各环节各维度。当前桐庐被列为国家县城新型城镇化建设示范单位,要在美丽城乡、旅游产品与旅游环境上实现更高的品质,系统谋划,融入特色,既要做大"日游"产业,也要做强"夜游"经济,要让一年四季都有特色鲜明的旅游产品,早晚晨午都有适合旅游者需求的旅游供给,构建更加互联互通的旅游交通体系,以及设施完备的旅游接待、旅游集散体系,形成处处见景、处处可观、处处可玩、处处可留的环境氛围。

（3）桐庐县的大旅游产业，是个性化的产业，具有长远的未来目标。桐庐旅游的个性化体现在特色化、定制化，点滴服务细节折射整个城市的个性、品格与内涵。桐庐将进一步培育壮大特色旅游产业，并通过旅游精品线的打造将之有机串连，形成联动，根据不同消费群体，站在游客角度，全方位提供优质专业服务。比如，县城打造醉美4A级景区城、富春未来城打造年轻活力城、新娱乐集聚地、富春山健康城打造康养特色板块、合村乡打造5A级景区镇、瑶琳镇打造大瑶琳景区、江南镇打造古村落集群等。每个小功能模块都在独立实现自身功能的同时，形成互补联动效应。另外，促进旅游资源整合是桐庐旅游未来的重要目标。除了山水林田湖等生态资源的整合，还要推进特色景区与历史文化的整合，加强整体包装、整体推介，打破条块分隔，实现旅游资源的"全域空间"整合，将全区域旅游资源的生态价值与人文价值在全域旅游得到释放。桐庐的旅游品牌应是独一无二的，打造全域旅游品牌需要对一个地方的文化和资源进行高度提炼。桐庐将促进原先单一化、碎片化的景区小品牌（如瑶琳仙境、大奇山等），向区域性、集成性的品牌转变，并且发挥好美丽乡村发展基金等政府引导基金作用，积极引入社会资本，实现全域旅游开发的资本突破。

（4）桐庐县大旅游产业，是建设融合、平台融合与产业融合的突出成果，各项规划和建设都离不开"旅游+"理念的推进。全县域按照景点要求推进基础设施建设，实现了旅游元素、景点标准、游客需求与其他项目统一规划、统一实施。按照"旅游+"的思路推进平台融合建设，从挖掘文化内涵和提升游客微观感受入手，按照全域覆盖、点面结合、统筹推进、以人为本的原则，全面开展 A 级旅游景区（富春江科技城、富春山健康城）、旅游风情小镇（慢生活体验区）等旅游核心吸引物，景区镇（瑶琳运动休闲小镇、分水妙笔小镇）等旅游目的地的"微改造、精提升"，促进县域旅游公共服务大提升，推动旅游业高品质提升和高质量发展，不断提升人民群众旅游获得感与幸福感。按照"旅游＋"的思维推进一二三产与旅游的融合催化，搭建了数字乡村新零售服务平台，积极发展乡村旅游、民宿经济、农村电商、乡村文创、运动休闲等产业，不断促进一二三产深度融合。未来，桐庐应加强研究旅游与新消费、新零售、新健康等的巧妙融合，积极打造旅游＋文化、旅游＋工业、旅游＋农业、旅游＋体育、旅游＋康养、旅游＋会展等丰富多彩的新业态，特别突出文旅大项目引育，坚持招大商招好商，通过重大项目的引进，注入源头活水，形成辐射带动效应。为了抒写"产城融合"大篇章，桐庐下一步将发挥富春江科技城、迎春商务区、富春山健康城等产业平台作用，大力发展美丽经济，拓展城市发展空间。

桐庐旅游有美景，更有文化与美食。当前，桐庐正处于文化体育事业跨越发展的绝佳时期，大旅游产业积极挖掘当地美食文化与内涵，实现了美食与旅游的深度融合，突出了特色品质，充分挖掘桐庐山水资源和历史文化，通过显山露水，全面彰显城市山水品质。未来，桐庐将顺应变局抓机遇，以旅促体强融合，以乡带村促增收，以赛促城建品牌。紧抓后疫情时代文体旅融合契机，把桐庐美丽城乡品牌擦得更亮；紧抓高铁时代契机，充分依托便利的交通方式，利用秀美山水、美丽乡村和历史人文优势，打造全域旅游2.0平台，推进城市大脑桐庐文旅系统升级，把全域旅游谋得更深一层，全面提升全域旅游能级。最近桐庐成功创成第二批国家全域旅游示范区，之后将继续坚持旅游产业和文体事业互促互融，立足全域美丽的生态，从持续完善基础设施建设入手，提高承办金牌全国性、国际性文体赛事的能力。着力打造美丽乡村3.0版，注重将文化与运动的元素注入桐庐美丽乡村诗画山水带、古风民俗带、产业风情带、运动休闲带、生态养生带等5条乡村风情带建设中，把乡村打造成为彰显桐庐文化体育特色的最佳展示地。同时，推动文化体育事业和产业与"双创"紧密结合，在"春江渡口"双创平台分水笔业产业创新服务综合体，结合"设计＋"理念，适当融入文化体育元素，不断深化"一日比赛、多日停留，一人参赛、多人旅游，单人参赛、多人消费"的体育旅游模式，紧紧把握"后亚运时代"契机，积极培育国内外星级赛事举办、商业演艺承办、文化旅游融合等新业态，奋力向世界展示"杭州韵味、潇洒桐庐、最美画城"；进一步做强延伸瑶琳的国家登山健身步道联赛浙江区选拔赛，积极谋划杭州市冰雪运动节等系列品牌赛事，既让参赛者体验到比赛的乐趣，也让游客在体育赛事的热闹中体验到桐庐的魅力，持续以赛事提升桐庐城市品牌。

在城市规划设计中，桐庐做精"文化融入"文章，注重提炼和应用地方特色文化，将历史人文、山水生态、民俗文化等融入各项规划，使得城市景观和人文景观完美融合。同时深化"名院名师"合作，拉高标杆，提升标准，与中规院、中国美院等建立了长期合作关系，委托相关领域的知名规划师承担规划编制任务，确保规划"高水平"。在分水镇人民广场，"妈妈的味道"美食比赛温情开席，在江南镇窄溪老街，首届富春江渔获节热闹迎客，10 名大厨现场为游客烹饪美食，发布"百县千碗，桐庐十碗"，描绘"桐庐美食地图"；桐庐旅游融入消费新业态的浪潮，围绕《桐庐味道》一书，开展了"读一本书，游一座城"直播互动，开播 1 个小时，就有超 1.5 万余人观看直播，还参与了杭州电视台生活频道直播，向电视机前的广大人民介绍"百县千碗，桐庐十碗"，参与了上海人民广播电台"长三角之声"直播"桐江鱼宴"，将桐庐名菜推介到省外；邀请美食、视频、美文达人参与体验店试菜、景点游玩，扩大桐庐美食的影响力，让桐庐美食的美誉传遍四方；组织餐饮企业参加"舌尖上的杭州"厨神争霸赛，完美实现"旅游业＋餐饮业＋文化体验"的跨界融合。

景区建设有方法，多重布局促创新。桐庐深化"以景区的理念规划全县、以景点的要求建设镇村"的理念，按照打造县域大景区、实现全域景观化、景区化的思路，将"风景"融入规划，探索完善"风景桐庐"总体规划，深化夜间景观相关子规划，严格落实好规划，塑造城市的"最美"风格品位。2020 年，桐庐县以创建国家全域旅游示范区为目标，积极推进亚运马术项目建设、景区资产评估收购等工作，推动大瑶琳景区、合村乡 5A 级景区镇建设，加快提升江南古村落景区、慢生活体验区的建设速度，做足"文旅体融合"文章，延长了旅游产业链、提升了旅游层次，重振了桐庐旅游品牌。同时，抢先布局 5G 网络、数据中心、工业互联网、物联网等新基建设施，在巩固传统消费基础上，多措并举扩大消费新领域，培育定制消费、体验消费、时尚消费新模式。桐庐的全域旅游规划，是一种战略方向和途径，是一种区域发展的哲学思考与政策导向，是一种经济发展模式或思维，根本上是引领旅游产业大变革、破解发展痛点的关键，更是一种以旅游为引领的政治、经济、文化、生活全面协调发展的区域化共进战略，桐庐将结合文旅体"十四五"规划，加快修订完善全域旅游发展规划，对规划内容再扩充，使规划更具权威性、科学性和可操作性。龙头景区是带动整个全域旅游"龙身"的强大动力，受新冠肺炎疫情影响，景区的经营都受到很大影响，但这个时期恰恰是桐庐完成景区交接、理顺景区运营模式、完善景区设施设备的大好时机，也是深下去、沉下去谋划实施景区提升的大好时机，桐庐将注重"短平快"，提升品质，迅速改观，以全新的亮相迎接"回暖的市场"，对于龙头景区带动工程，初步打算制订一个三年行动计划，力争用三年时间把核心景区做大做强。

大数据助力智慧旅游，持续扩大桐庐旅游国内外影响力。2021年，桐庐县旅游业再接再厉，正以"城市大脑"旅游系统建设为抓手，建设桐庐旅游大数据3.0平台，深化数字旅游专线，招引云栖工程院和2050人才资源，打造城市大脑产业园，全力发展数字旅游、未来旅游，实现全域旅游迭代升级。促进大旅游的迭代升级，桐庐自有锦囊妙计，瞄准数字旅游、未来旅游，致力于让桐庐的资源产品化，空间上全域打通，高定位严要求，起步4A级景区，努力争取5A级景区，在不断创新中加强产品全要素融合，渠道线上线下并行进步。桐庐正紧跟国家政策步伐，结合自身旅游特色，大力实施旅游景区品质提升、旅游品牌 IP 打造、旅游服务环境优化、旅游项目招引突破的"四大行动"，全新推出桐君山景区，提升并改造 2 个传统景区，高质量举办首届大地艺术节、第四届中国（桐庐）国际民宿发展论坛等重要节会活动，力争到"十四五"期末跻身"全国旅游十强县"，努力向"国际知名、全国一流的旅游目的地城市"迈进。

依托杭州城市大脑，创立"桐庐数字旅游专线"

桐庐旅游系统平台依托于杭州城市大脑，实现了对游客旅行全程的数据收集与分析。首先，利用城市大脑对杭州各个景区的承载情况与景区饱和度情况进行预测，利用现有游客的轨迹数据、桐庐游客画像等数据，发掘潜在的桐庐游客。随后，系统就会通过电子围栏向潜在用户推送小区短信，并利用华数电视个性化页面、杭州城市会员平台等向游客推送引流信息。之后，收到信息的游客，可以通过手机，一键预订桐庐旅游专线在线座位，购买产品。通过这一平台，桐庐能够实时监控交通拥挤度、景区拥挤度，进行更有效率的疏导，并精确监控景区天气情况，系统还能通过各个 OTA 平台抓取游客的评价反馈数据，细化分析，优化数字旅游专线内容。[1]

---

[1] 参见《杭州城市大脑"桐庐数字旅游专线"初体验》，杭州网，2018 年 12 月 25 日，https://hznews.hangzhou.com.cn/jingji/content/2018 – 12/25/content _ 7121747 _ 2. htm。

◇ 二　开辟数字赋能新路径，释放发展活力源

数字赋能催生的新业态新模式，是未来新的经济增长点。2020 年，浙江省人民政府办公厅印发《浙江省数字赋能促进新业态新模式发展行动计划（2020—2022 年)》，计划中突出系统谋划新业态新模式新发展，强调积极主动作为，力求打造数字浙江发展新优势。桐庐全面铺开数字化改造与合作，助力全县实现产业数字化、数字产业化，为全面拥抱数字化，打造"未来工厂"蓄能，为推动产业转型，实现高质量发展聚力。

（一）数字赋能企业，创建传统制造业数字化转型示范区

2020 年 4 月，习近平总书记在听取浙江省委和省政府工作汇报时曾说："要抓住产业数字化、数字产业化赋予的机遇，加快 5G 网络、数据中心等新型基础设施建设，抓紧布局数字经济、生命健康、新材料等战略性新兴产业、未来产业，大力推进科技创新，着力壮大新增长点、形成发展新动能。"桐庐积极响应习近平总书记讲话，在"互联网＋制造"的产业道路上乘风破浪，努力探索"精准支持、分层推进"的智造之路。早在 2019 年，桐庐县为迎接 5G 商业和产业化"风口"，突出在重点行业与企业加快数字赋能，引领企业数字转型升级步入快车道，笔业、针织、箱包等传统产业数字化改造顺利进行，数

字化车间、智能工厂以及工业互联网平台建设在全县的共同瞩目下进展十分迅速，传统制造业数字化转型示范区已经成功建立。从打造工厂物联网示范样板，到模块化递推，再到建设工业互联网平台，桐庐在数字化的漫漫征程中下足了功夫。比如杭州市工厂物联网示范龙生科技，通过对生产、管理、物流等环节的数字化改造，企业的生产质效提升十分显著，再如欧赛笔业，经过深入推进数字化系统的集成应用，个性化定制已不再是遥不可及的创想，而是颠覆了传统的产销新模式。如此种种都在告诉我们，桐庐通过推进业务流程数字化管理和一体化运作，为传统产业数字化改造树立了新标杆。

数字化推动外贸企业销售模式转型，电商让桐庐企业走向世界。桐庐重视并坚持扩大市场开放，成功打造了跨境电商产业基地，支持企业线上线下融合，开拓多元化国际市场，内外贸一体化发展迅速，电商产业园、杭州跨境电商综试区桐庐分园等的进一步建设方兴未艾。在"双循环"新发展格局下，桐庐的产业基础、提升产业能力正在一步步夯实。一系列扶持跨境电商的政策如雨后春笋般增加，各类跨境电商培训成功开展，外贸企业考察学习交流顺利。桐庐支持各行业企业转型走跨境，尝试 B2C 零售模式，不少企业借此契机，在海外创建自主品牌，把桐庐产品、桐庐品牌卖到了全世界。尽管新冠肺炎疫情带来了前所未有的挑战，但在政策护航下，全县不少企业仍凭借自身强大韧性，以多年在跨境电商领域的布局，危中抢机、危中寻机。2020 年全年，桐庐实现跨境电商出口 3.14亿美元，同比增长 14.95%，占全县外贸出口比重较 2019 年提高了3.7 个百分点。跨境电商有力推动了县城传统产业应用电子商务转型升级，让老城的发展迎来"春天"。目前，桐庐共有县级核心电商产业园 3 个，乡镇孵化园 6 个，县域电子商务销售年增幅 30% 以上，日均发货量突破 40000 单，连续 5 年获得"中国电子商务发展百佳县"称号，这无不体现了桐庐对外开放的成功。

在强化数字化改造的示范引领下，桐庐产业数字化取得了初步的成就。从 92 个工厂物联网试点项目，到 3112 家上云企业，再到规模企业数字化改造覆盖率超过 95%，都是桐庐数字化改造的取得的宝贵成果。1 家省"未来工厂"、3 家国家两化融合体系贯标企业、1 家"两化融合"试点企业、2 家省级大数据应用示范企业、3 家省级数字化车间（智能工厂），先后成型。红狮水泥 5G 项目被列入了工信部工业互联网 5G 网络化改造及推广服务平台，数字安防产业入选 2020 年度工业与信息化重点领域提升发展工作实施名单。全新打造了一批专业化、低成本、"量贩式"的工业软件 APP，全县已有 30 多家企业应用，累计建成 5G 基站 317 个，100 多台设备实现联网，并与阿里 supET 工业大脑开展深度合作。目前，桐庐正在重点培育跨境电商、快递后服务两大产业，2021 年重点针对两大产业进一步做好产业规划，实施方案和相应的扶持政策接连出台，培育力度日渐加大，跨境电商、快递后服务产业效应进一步发展。紧扣开拓市场这条生命线，桐庐发展跨境电商等贸易新业态新模式，不断鼓励引导有实力的企业开展跨国并购、实现跨国发展，为国家做出新的经济贡献。

廷镁创智：数字转型为针织企业注入新血液

2021 年 4 月 15 日，在全县经济工作会议上，浙江桐庐县正式发布《桐庐县人民政府关于加快建设"未来工厂"的实施意见》让正处于数字化改造风口的廷镁创智以数字化"十条新政"全面启动制造领域的数字化改革。"十条新政"的发布，廷镁创智（浙江）服饰股份有限公司迎来"及时雨"。该企业2021年年初开始实施第二次数字化改造，采用了全新的自动化设备，对生产全流程进行数字化改造，集成更广、效率更高。目前廷镁创智已申报杭州市数字化工厂项目，将加入更多智能设备，比如AGV小车、智能仓储配套以及5G应用等，此次新政为数字化改造精准助力。近几年，随着网络经济的快速发展，针织企业单一的大批量订单越来越少，而呈现客户个性化需求的订单却日益增多，给设计打样、仓储物料管理带来难度。为了解决传统的针织企业面临的这些难题，实现智慧化生产，抱团协同发展的方案应运而生。杭州织慧科技有限公司正是一家致力于针织企业智慧化生产、互联网协同转型的公司。自2019年3月入驻科技城孵化园以来，织慧科技已经开发出专业的技术设备和先进的系统软件，对传统中小型针织企业进行符合时代需求的数字化改造，运用这套系统软件后，可以实现更精细更透明的管理，更能准确地掌握自己企业内部的生产流程、库存等情况，同时，推进工业互联网平台和企业上云平台建设，把针织行业看成一个整体，计算出整个地区所用的原料纱线品种、用量，集中订购并设计打样，有效降低成本。①

---

① 参见《最高奖励800万元！浙江桐庐数字化赋能桐庐"未来工厂"建设》，中国发展网，2021年4月16日，https://baijiahao.baidu.com/s? id = 1697194915261653176 & wfr = spider&for = pc。

正华文化：数字化为文化企业插上腾飞的翅膀

不仅是针织企业，桐庐文化企业也迈出了数字化转型的步伐。桐庐正华文化用品有限公司于 2016 年开始转型升级，注重研发设计，在数字化改造上下功夫，通过数字化改造、物联网改造，把生产管理的每一个环节变得智能化、可视化。企业引入了杭州彦德科技有限公司的工厂物联网管理技术，这套技术利用局部网络或互联网等通信技术把传感器、控制器、机器、人和物等通过新的方式联在一起，形成人与物、物与物相联，实现远程管理控制、智慧管理。通过物联网技术，后台点击可监控注塑、印刷、装配、包装等各个生产环节，每个岗位员工的生产数量、质量，该得到的工资奖金，均一目了然。同时，通过扫描库存产品条码，可显现产品的生产日期、生产人员、生产数量等信息，并由此追溯责任。除了正华文化，华盛围巾、春蕾针织、欧赛笔业、派得利笔业、廷镁家居等应用物联网技术的企业，企业竞争力都得到了较大的提升。桐庐不断为数字化改造提供政策与资金支持，大力推进数字经济"一号工程"，鼓励传统行业龙头企业结合机器换人和自动化设备更新，开展整车间和全业务流程数字化改造，打造数字化车间示范样板，此外还专门针对传统产业数字化改造出台了数字化改造的十条意见，安排了上千万元资金，支持传统产业的数字化改造。①

2020 年新冠肺炎疫情严重之时，企业生产的儿童画笔"意外"

---

① 参见《浙江桐庐县加快传统产业数字化改造》，杭州在线，2020 年 1 月 13 日，http：//cs. zjol. com. cn/202001/t20200113_ 11568818. shtml。

成为亚马逊购物平台同类产品中的热销爆款,特别是在美国市场的销量一直在增长,其实正华文化 10 年前就已涉足电商领域,在天猫、京东均有企业店铺,及早的布局让企业在疫情大考中抢占了机遇,正华文化开足马力跟进爆款生产,数量与质量两手抓,直到现在公司产品的电商销量依旧持高。①

(二)数字赋能产业发展,促进制造业和服务业融合

2021 年 4 月,浙江省推动先进制造业和现代服务业深度融合发展新闻通气会在杭州召开。为加快促进两业融合,浙江省发展改革委等 13 个部门联合印发《浙江省推动先进制造业和现代服务业深度融合发展的实施意见》,明确浙江两业融合工作的总体思路、目标任务以及"10 + X"重点领域,形成两业融合的"浙江方案"。制造业是国民经济发展的"脊梁骨",而服务业是经济转型的"催化剂"。新材料新能源等新兴产业规模化发展是时代赋予桐庐县数字产业的新任务。桐庐积极发展新零售、共享经济等新经济模式,推动传统产业与现代服务业深度融合,努力培育更多新增长点,在推动融合发展上求突破,在打通制造业发展的"赋能链"上尽全力。在现代产业体系中,制造业和服务业不是谁来代替谁,而是你中有我、我中有你,随着新一代信息技术的广泛

---

① 参见《轻骑兵强韧稳外贸 浙江桐庐县跨境电商出口逆势增长》,中国发展网,2020 年 10 月 23 日,https://baijiahao.baidu.com/s? id = 1681338617037212955&wfr = spider&for = pc。

应用，制造业与服务业的融合趋势更加明显。2019 年 9 月，中央深改委第十次会议审议通过了《关于推动先进制造业和现代服务业深度融合发展的实施意见》，明确要探索新业态、新模式、新路径，推动先进制造业和现代服务业相融相长、耦合共生。桐庐深知经济发展离不开推动产业融合，一方面加快发展先进制造业，推动互联网、大数据、人工智能和实体经济深度融合，另一方面引导和支持有条件的本地制造企业、信息技术企业从单一生产型逐步向"生产 + 服务"型转变。

城区规划助力产业融合

目前，桐庐县正在谋划大数据、云计算等未来产业，大力培育文化产业、现代农业、现代商贸等潜力产业发展。一是搭建发展平台，全面摸清家底。规划建设桐庐迎春商务区，开发了"商务区楼宇信息管理系统",利用数字化手段管理、分析商务区经济发展情况。开展商务区企业大走访,对整个商务区楼宇企业的业态类别、企业规模、经营情况等各类信息进行全面的摸底调查,进一步摸清家底,为产业培育提供依据。二是构建消费新业态,支持电商大融合。加强对电商融合发展的政策扶持,大力推进产业集聚与发展培育,开创迎春智谷新平台。进一步建设电商产业园、杭州跨境电商综试区桐庐分园等,大力推进"春江云渡·直播基地"运营、夜间经济特色街区和中欧城数字生活街区等特色街区打造;"爱上桐庐消费嘉年华"系列促销活动,与文旅产业、农产品领域丰富促销举措的融合,获得了更多消费者的青睐。三是加快项目招引建设,合理优化城区规划。合理规划商贸项目布局,编制桐庐县商贸服务业"十四五"发展规划,完善桐庐县核心城区商贸网点优化规划,积极引入较大型商贸项目。四是开展百姓日云上活动,顺应全民网购潮流。紧抓疫情催生的"宅经济"等线上经济新业态机遇,鼓励企业开展产品上线,组织各类线上促销活动。

(三) 数字赋能旅游,促进全局旅游升级

当今最高效、最有潜力的旅游模式是什么?是数字化、网络化的旅游模式。桐庐正是在深刻理解数字化旅游发展必要性的同时,建立了全域旅游数据中心,深化了数字旅游专线。携手合作共求索,桐庐与中国移动、阿里巴巴等企业合作,在游客流量、舆情监测、游客流动轨迹监测等方面进行探索,为旅游安全管理、游客投

诉热点等方面提供翔实的数据支撑，确保景区安全平稳运行。服务旅客是基本，桐庐秉持"主客共享"理念，建成了文旅大数据平台，实现了游客"20秒入园""30秒入住"。按照有利于旅游产业迭代升级、有利于满足老百姓对桐庐旅游发展新期待、有利于国有企业做大做强做优"三个有利于"目标，旅游产业发展工作专班在桐庐的行动下应运而生，负责制定过渡期景区提升改造和景区后续运营总体方案，谋划"十四五"时期旅游发展规划，加速推进大瑶琳景区、大富春江景区"两大核心板块"建设，深入实施5A级景区创建、核心产品打造、智慧旅游建设等工程，推动桐庐全域旅游再出发、创一流。突出党政统筹绘制蓝图，桐庐将全域旅游纳入经济社会发展大局，确立大旅游产业为全县三大主导产业之一，先后编制了全域旅游《发展规划》，出台《政策意见》，实施《三年行动计划》，形成"党委领导、政府主抓、全民参与"工作格局。未来，桐庐将继续深化"智慧化"旅游，加速全县域覆盖5G网络，依托城市大脑桐庐旅游系统，打造"指尖上的桐庐"，让游客一到桐庐就享受到最便捷的信息服务，包括吃住行游购娱、交通、气象、急救等，真正实现"一机在手玩转桐庐"。另外，桐庐还将通过线上线下相结合的方式，加强目标市场精准营销，尝试网红营销、节庆营销、影视营销等新型营销模式，进而探索营销模式创新，增强桐庐在目标市场的影响力。

"乡村＋旅游"是桐庐振兴乡村的巧妙方法，旅游业为农民创造了"农家乐"的新生活。开展国家级乡村振兴发展规划试点，启动建设"数字乡村、法治乡村、艺术乡村、创业乡村、文明乡村"

"乡村+旅游"建设后的钓台景观

五大乡村，乡村成为自带流量的旅游目的地。目前桐庐有江南古村落群、合村生仙里、畲族民俗村落景区、范蠡休闲养生村落景区、《富春大岭图》实景地村落景区、健康小镇、白云间休闲旅游度假区、智慧安防小镇、武盛古街等9个3A级以上村落景区，其中江南古村落群为4A级村落景区。有浙江省首个乡村慢生活体验区——富春江（芦茨）乡村慢生活体验区，还有获浦、环溪等20个村庄获评浙江省3A级景区村庄，占全县村庄总量的11%，成为全省乃至全国美丽乡村建设和全域旅游发展的样板地。经过不断的整合提炼，借着杭黄高铁的即将开通，桐庐全新发布了22条桐庐县最美乡村旅游线路，它们是江南醉忆古村之旅、富春江慢生活之旅、合村运动休闲之旅、瑶琳梦幻探洞之旅、分水趣味亲水之旅、旧县向往生活之旅、莪山畲乡风情之旅、百江庄园小镇之旅、凤川浪漫休闲之旅、横村商贸休闲之旅、桐庐健康养生之旅等。2019年全年桐庐县共接待游客2063.01万人次，旅游业总收入234.92亿元，旅游产业增加值占GDP比重达17.6%。2018年、2019年市外游客占比达54.9%、74.2%，是全市市外游客占比增幅最大的区县。

第 三 章

"创新强县"驱动新旧动能转换

创新是一个民族进步的灵魂，是一个国家兴旺发达的不竭动力，城市的发展、文明的发展离不开持续的创新。抓创新就是抓发展，谋创新就是谋未来。党的十八大以来，以习近平同志为核心的党中央高度重视科技创新工作，观察大势，谋划全局，深化改革，全面发力，推动我国科技事业取得历史性成就、发生历史性变革。我国"十四五"时期以及更长时期的发展对加快创新提出了更为迫切的要求。2020年浙江省发展改革委印发《2020年浙江省推进大众创业万众创新工作要点》，要求深入实施创新驱动发展战略，坚持以供给侧结构性改革为主线，以"最多跑一次"改革为引领，以激发市场活力为导向，大力推进以科技创新为核心的全面创新。桐庐县政府每年出台相应政策，在加大研发投入与培育创新主体上下功夫，在优化平台建设与营造创新生态上下功夫，增强县域企业创新能力，提升城市整体创新水平。

◇ 一 改革驱动创新，激发全县发展活力

桐庐以全面深化改革的总目标为指导，争做改革创新的先行者，争做发展新理念的实施者。近年来，桐庐深入贯彻浙江省"争先创优行动"，积极深化"放管服"改革，简化审批流程，通过各种方式营造亲商爱商敬商营商环境，加快数字政府建设，提高服务企业能力，加强机制保障。在一系列改革措施的实施之下，桐庐在稳企保企促增长、加快投资增后劲上取得了积极成效，通过政策引导，企业扩大投资、做大做强、创新发展的积极性进一步增强。

（一）深化"放管服"改革，提高服务企业能力

1. 紧抓改革创新热潮，实现企业"最多跑一次"改革

"最多跑一次"改革，是当年习近平同志在浙江工作时大力倡导的机关效能建设的深化。让企业办事省时，让人民办事省心，让桐庐人的生活更简约更高效。桐庐县以"最多跑一次"改革为引领，倾力打造民营经济营商环境最优县。"政策最优、成本最低、服务最好、办事最快"方针为市场化、法治化、便利化、国际化方向指明了路径，桐庐着力放开市场准入、鼓励公平竞争、消除各类隐性壁垒，为民营经济创造更大市场空间，充分激发民营经济发展活力。2016年年底，浙江首次提出"最多跑一次"改革，随后迅速

在全省全面开展，形成了各地区、各部门积极推进改革创新的热潮。桐庐县非常重视改革对于服务企业的重大意义，于是紧抓改革机遇，以"最多跑一次"为抓手和支点，不断破解难题痛点，层层"倒逼"、层层深入，撬动各方面、各领域改革。从"一件事"视角，全面推行"一窗受理、一网通办、一证通办、一次办成"，企业开办时间压缩到了1天，让桐庐"最多跑一次"改革跑在了全省前列，为全省改革提供了可复制、可推广的实践样本和范例，也赢得了人民群众的普遍赞誉，相关工作还被中央电视台、新华社、央广网等中央和省市媒体多次宣传报道，桐庐人的脸上洋溢着自豪的微笑，他们以家乡为荣，为家乡改革"点赞"。

"最多跑一次"改革是全国深化"放管服"改革的浙江代名词，而桐庐县是浙江攻克剩下20%事项，破解企业投资项目审批、法律法规衔接等难点、痛点、堵点问题的先行先试地区。由县委书记、县长担任双组长的"最多跑一次"改革工作领导小组和由"跑改办"、主体改革组、法制保障组、政策保障组、技术保障组和综合监管组成的"一办五组"工作专班，"双剑合璧"领跑改革，聚集"痛点"，瞄准"堵点"，深化配套体制机制改革，积极破解商事登记、企业投资项目审批、法律法规衔接等改革难点，推动"最多跑一次"改革向纵深推进。随着县领导联系、实体化运作、全方位督查、信息报送、新闻发布等工作机制的建成，"一周一例会""一月一清单""一单位一品牌"等举措的推出，使桐庐的工作统筹得以加强，改革落地的强劲推力得以形成。

在桐庐，企业不再为繁复的审批程序发愁，按照审批事项最少、提交材料最精、审批流程最优、审批时间最短的要求，桐庐全面开展了"一件事"标准化建设，严格贯彻依法行政理念，凡是没有法律法规依据的材料、证明和盖章环节，一律取消。数据共享原则，凡是数据库中已有的信息或证照，一律通过数据库抓取。"最多跑一次"政策取得了优良进展，完成企业群众办理"一件事"标准件1500余件，减少材料3000余项，平均每个事项减少材料2.12项、减少时间5.55日。桐庐县商事登记改革创新举措得到了国务院办公厅通报表扬，法律法规衔接工作得到国务院法制办充分肯定并在官方网站登载，2018年、2019年连续两年"最多跑一次"满意率排名全省第二，让全国人民多次看到桐庐改革的累累硕果。

改革的成功离不开不断的反思与总结，桐庐把改革心得分享给全省，为完善法律法规献言献计。"最多跑一次"改革首批梳理出的68条问题清单组成了浙江建议，经中央改革委第三次会议审议通过，成为助力国家层面打通改革与法律法规衔接"绿色通道"的重要依据。桐庐还新开展了第二轮法律法规梳理，梳理出与"最多跑一次"改革不相适应的法律法规23部（件），为浙江省争取国家层面暂缓实施部分法律法规授权提供了基层实践与素材。2019年7月，浙江省人大常委会作出《关于推进和保障桐庐县深化"最多跑一次"改革的决定》，桐庐县纵深推进"最多跑一次"改革有了更坚实的法律保障。体现桐庐持续领先领跑水平的改革新态势、新局面形成了，基层社会治理成为桐庐改革一张新的金名片。桐庐县正努力建好一支审改专班，围绕数字政府、营商环境和"最多跑一次"等重点，从各窗口负责人中遴选出一批改革骨干，形成中心审改小专班，并将"一件事"联办分配至专班攻坚，纳入中心绩效考核，形成比学赶超氛围。

让"全天营业"成为服务常态

桐庐县"最多跑一次"改革一直在路上。行政服务中心率先设立了浙江省内首个 24 小时政务自助服务厅，按照银行 ATM "无人受理"模式，实现"机器换人"，还率先推出了 15 分钟政务服务圈，实现"小事不出村、大事不出镇、就近跑一次"。桐庐在改革的道路上，走下了扎实的一步又一步。2018 年 2 月 2 日，桐庐成立投资项目"一站式"服务中心，成为全省首创。从那时起，在桐庐投资项目，不用多个窗口分头跑，前期审批均可通过这个中心一站式受办。未来，桐庐还将做好一项又一项的改革任务，有序推进"一窗平台"建设，完善网络延伸，推进网上办理，持续加强窗口服务标准化建设、规范化管理。①

2. 简化投资审批程序，提高政府办事效率

党的十八大以来，以习近平同志为核心的党中央把转变政府职能作为深化经济体制改革和行政体制改革的关键，其中简化审批程序的要求是桐庐县一直十分重视的工作内容。"四个一批"言简意赅地总结了简化投资审批程序的工作方法。第一是实现取消一批，

---

① 参见《全省首个"24 小时不打烊"自助服务大厅在桐庐启用》，浙江日报，2017 年 11 月 8 日，https：//baijiahao. baidu. com/s? id = 1583489722324674274&wfr = spider&for = pc。

按照法无禁止即可为的原则，取消再生资源收购点限制办理等 7 项前置许可事项。第二是实现整合一批，实行涉企证照登记整合，将食品经营许可、木材经营加工许可、私章刻制业设立备案等共 24 项许可、备案事项整合进商事登记，通过商事登记后，企业即可开展相关经营活动，市场监管部门向企业发放加载备案信息二维码的营业执照，同时将商事登记信息实时发送给备案、许可部门。第三是承诺一批，实行涉企证照告知承诺制，窗口向申请人提供行政审批告知承诺书，一次性告知企业审批条件和需要提交的材料，企业承诺符合审批条件并提交有关材料，即可当场办理有关行政许可事项，领取许可证，证照同步办理，为企业尽早营业提供便利。第四是联办一批，对食品生产许可、烟草专卖零售许可、养老机构设立等 25 项不能整合进商事登记、也不适合采取告知承诺制的行政许可事项，实行跨部门证照联办、综合进件。"四个一批"仿佛一剂特效药，让商事登记"办照容易办证难""准入准营不同步"等突出问题越来越少，"审批更少"让"管理更好"，体系完备、切实可行的具体实施方案顺势形成。

流程的简化带来了立竿见影的效果。办事流程和材料的简化，办事程序的公开，审批标准和办理时限的明确，统一"综合进件"专窗的设置，让一窗进件、内部流转、证照联办、统一反馈的配合更加紧密。"四个一批"的实施，让桐庐实现了 90% 以上涉企事项（公共安全类事项除外）"一窗、一次、一天""准入即准营"的阶段性成果，率先破解了"准入准营不同步"难题。此外，桐庐首创企业投资项目"一站式"服务中心，规范了集成式审批、实体化运作程序，将涉审事项全委托到中心，涉审重点部门首席专员派驻授权全到位，通过有针对性地提升项目审批效率，"一个平台"议事、决策、审批实施成效显明，一般投资项目开工前审批平均用时仅为42天。

经过审批流程的多项改革，桐庐企业投资项目审批实现了三个百分百。第一个百分百是企业"最多跑一次"满意率达100%。第二个百分百是桐庐县推进一般企业投资项目从项目赋码备案至竣工验收全流程"最多八十天"改革实现率达到100%，全流程提高了审批速度、全方面落实了高标准地、全周期强化了项目监管、全方位优化了代办服务、全产业培育了工程中介。第三个百分百是工业项目半年内开工率达100%，依托"亲清在线"工业许可模块，桐庐立足"最少企业填报，最简审批流转，最短审批时限"的目标，专门为工业项目量身定制审批流程，按照企业投资项目全流程审批"最多八十天"，土地出让后三个月内开工率达到70%以上的要求，桐庐已出让工业用地项目推进力度加大，已入库项目的建设进度加快，海康威视等5个"152"制造业项目跟踪服务重点工作部署规范，即将实现产出效益。桐庐重视采用多种政策形式推进投资项目审批、监管数字化建设，项目审批流程与审批服务得到了进一步优化，重点领域失信问题专项治理的开展更是推进了企业信用修复工作。

桐庐县首创了企业投资项目"一站式"服务中心，建立"标准地＋承诺制"的标准生成机制，阿尔法智能制造产业园项目从土地取得至核发施工许可证仅用时39天，银泰城项目审批进度，从拿地至取得施工许可证，仅用 103 天；率先实行"一窗受理、并联审批、一窗出件"模式，企业开办时间及流程压缩至"一窗、一次、最多三天"，商事登记改革继续领跑全国；改造提升县行政服务中心，分类梳理基层政务服务事项清单，小城市培育试点镇审批服务事项 599 项、中心镇事项 499 项、一般乡镇事项 243 项、街道事项 80 项，基本形成 15 分钟政务服务圈。为企业提供精准服务，变"窗口指导"为"跟踪服务"。桐庐调整完善县领导联系企业长效服务机制，形成县领导联系"企业 + 项目 + 人才"的一条龙一键式服务，继续深化企业问题四级协调和企业服务专员制度，探索对企业、行业的精准化、组团式服务。为提高项目签约落地推进速度，桐庐在土地保障、审批流程等方面明确节点，提前谋划，全面启动未来城核心 4 平方公里"标准地"打造工程，统一招标，统一推进，做好场地平整、围墙搭建等供地前期准备工作，积极做好控规及农转用指标调整，确保"签约即供地、摘地即开工"。

3. 以当前改革经验为撬点，实现全面深化改革

习近平总书记强调，要总结利用好党的改革经验，将改革进行到底。2019 年，桐庐县总结改革经验，致力于增强县域核心竞争力，积极发挥了"最多跑一次"改革的撬动效应，统筹推进党政机构改革、投融资体制、三农领域、"亩均论英雄"等重点改革任务，进一步形成了全面发力、多点突破、纵深推进的改革态势。发挥优良改革成果，攻克重点领域难题。纵深推进"最多跑一次"改革，进一步贯彻落实浙江省人大相关决定、规定，坚持"强基、扩面、提质、撬动"，在提升实现率和满意率、推进市场准入和民生服务

便利化等方面持续发力，打造国际一流营商环境先行县、移动办事之城先行县、数字监管先行县、改革与法律融合先行县，成为全省"最多跑一次"改革排头兵，努力勇夺"浙江改革大奖"。持续深化重点领域改革，优化县域改革顶层设计，把"最多跑一次"改革蕴含的理念、方法、作风体现到全面深化改革的重点领域和关键环节，持续撬动"亩均论英雄"改革、国有企业改革、"三农"领域重点改革以及群众反映问题较为集中的民生领域改革。在高效完成党政机构改革的基础上，全力构建系统完备、科学规范、运行高效的政务体系，创新了更多优质制度供给，形成了市场有效、政府有为、企业有利、百姓受益的体制机制新优势。

各领域全力以赴，确保改革领先度。桐庐县委常委会始终坚持以"最多跑一次"改革为牵引，努力把改革红利转化为驱动高质量发展的强大动力，保持了强劲的改革态势。全覆盖、全领域推进部门间"最多跑一次"改革，首批部门间事项清单减少材料165份，办理时间平均提速52.3%。"无证明县"建设全面启动，投资项目"一站式"服务中心运行机制日渐完善，常态化企业开办"一件事"一日办结工作已经完成。把改革的星火传递到更多领域，围绕公民个人、企业全生命周期持续推进"一件事"全流程，奋力推动"最多跑一地"改革。全面贯彻落实中办五号文件，基层整合审批服务执法力量改革试点工作正在稳步推进，推进基层社会治理能力现代化的一系列文件不断出台，县社会治理综合服务中心建成运行，改革做法获得了省委、市委主要领导批示肯定，向全省全市推广，分水镇、城南街道、横村镇、合村乡全面构建起了"1+3+1"工作格局。

深化国有企业改革，提升政府办事效率。县乡国有企业归并重组工作启动，国资运营监管方式得到全面优化。在大力推进全域土地综合整治的行动下，5个项目成功列入了省级改革试点。向典范学习，以杭州列入世行评价样本城市为契机，全面对标国际国内营商环境一流城市，努力在降低市场准入门槛、企业开办便利化、企业投资便利化、"掌上办事"等方面持续发力、不断破题，稳步打造稳定、可预期、法治化的最优营商环境。加快政府数字化转型，推进部门间"最多跑一次"改革，切实打破部门间藩篱，大大提升行政效率。

近年来，从"最多跑一次"改革到"最多跑一地"改革，再到"大综合、一体化"综合行政执法体制改革，集成式"改革创新"已经成为桐庐具有知名品牌度和鲜明辨识度的金名片之一。桐庐县委县政府已将数字化改革纳入年度重点攻坚体系，与攻坚团队并肩，共同组成了2021年度九大攻坚战，并且逐步进行高位推动。桐庐县正在整合过去的改革经验，审时度势谋进步，一心一意促发展，结合新问题、新实际，响应全面深化改革要求，继续推动桐庐经济建设向纵深发展。

（二）营造亲商爱商重商氛围，释放企业发展活力

1. 实施"春风12条"，打造"营商环境最优县"

桐庐深入贯彻习近平总书记关于毫不动摇鼓励、支持和引导民营经济发展的重要指示精神，全面落实中央省市持续优化民营经济

发展环境，激发民营经济发展活力的决策部署，助推民营经济高质量发展，不断提升民营经济活力、创造力和整体实力，为建设山清水秀、民富县强的美丽中国桐庐样本奠定了坚实的经济基础。民营企业稳才能经济稳，民营企业强才能产业强，民营经济活则全局活，民营经济兴则全局兴。在桐庐经济发展的各个阶段，民营经济一直是转型升级、创新创业的主力军，是吸纳就业的主渠道之一。营造一流营商环境、助推民营经济高质量发展是各级各部门始终牢记的一项重要任务，作为第一责任人的主要负责同志，亲自部署和组织推动优化营商环境，支持民营经济高质量发展的各项工作。各有关单位认真研究制定细化配套措施，明确时间表、任务书、路线图，挂图作战，建立责任制清单，真正把责任落到实处。

2018年，桐庐民营经济改革迎来了新的春天。桐庐县《"关心关爱企业家、助企强企增活力"春风12条》成功发布，这项以进一步推进"产业强县"战略实施，优化桐庐民营经济发展环境，促进民营经济的高质量发展为目标的新政策，包含着让企业家办事更方便、让企业家负担年年降、让企业家融资更快捷、让企业家生产有保障、让企业家身体更健康和让企业家脸上更有光等六个方面的12条内容。"仔细看了12条内容，条条暖人心。政府的贴心关怀使我们做实体企业的信心倍增，新的一年，干劲更足。"奋斗在企业一线的浙江桐庐汇丰生物科技有限公司董事长倪正刚感慨道。

2019年，"春风12条"迎来升级版，新旧政策齐发力。桐庐县在回顾改革历程、重新判断形势后，进一步发布了"春风12条"（第二批）等新政策。两批《"关心关爱企业家助企强企增活力"

春风 12 条》共 24 条 36 个方面政策的出台，让民营企业家感到"春风"拂面，亲商爱商重商的氛围愈浓，使桐庐成为投资创业的热土。目前，桐庐全面落实了国家、省市减税降费政策，继续实施好"春风 12 条"，正在研究出台更多扶持民营经济发展政策，滚动出台"春风"系列政策，全力打造民营经济"营商环境最优县"。现已落实《优化营商环境条例》，逐步推进"春风 2021"政策落地；持续深化政企交流沟通，同时加快惠企政策在"亲清平台"上线，政策"即申即兑"加快落实。明确政策扶持导向，"加快工信经济转型升级的意见""春风系列"和"推进制造业高质量发展二十六条"等惠企政策相继出台，加大对鼓励做大做强、扩大有效投资、鼓励数字化转型等方面政策的扶持力度。桐庐县优化营商环境考核实施细则日益完善，各指标牵头单位各司其职，人员落实工作更强化，有呼必应、有问必答的良好工作氛围得到保持。

"春风 12 条"让民营企业家信心倍增

浙江桐庐汇丰生物科技有限公司董事长倪正刚从 1976 年开始就在企业当工人，如今依然奋斗在企业一线，他表示，政府的贴心关怀使实体企业家的信心倍增，干劲更足。桐庐金利针织有限公司总经理田淑颖是"新生代"企业家代表，她关注的是"春风 12 条"里涉及融资类的一条内容，她认为桐庐农商行推出的"易转贷"对民营企业有很多好处，尤其是给中小企业带来很大的便捷，她还关注到政府将出资 50 万元，设立"新生代"企业家培训基金，并表示以后会利用更多的机会出去学习、向老一辈的企业家请教，通过不断学习来加快提升年轻一代企业家的能力,当好企业"接班人"。①

2. 创新政企对话方式,构建政企线下沟通"绿色通道"

多种政策助力民企腾飞,多彩活动增强政企联络。关爱支持民营经济不动摇,加大政商密切互动,释放政策红利,让企业盈利,让创新创业者获利,是桐庐县长久坚持的原则。桐庐以制度化形式设立了"桐庐企业家日",全面落实减负降本政策,取得了营商环境优化的显著成效。2018 年以来,"企业家日"活动每年都会隆重举办,"三服务"活动、企业家名人堂、群英榜、我们的早餐会、我们的篮球赛、我们的视频会等系列活动的开展让企业与政府的关系更加亲密,企业家们纷纷表达自己的诉求与建议,以政府为好友,与政府共进步。丰富的线下政企沟通形式提振了企业家的信心,政商关系更加亲清,企业发展更加顺畅。

主动帮企业出点子,勇于为企业解难题。桐庐县不断实践专班运作、比学赶超机制,破题先行先试。对标"我们的早餐会""审批法庭"等先进典型,创新提出了"金点子"活动,每周固定开展一个以"金点子"为主题的视频直播探讨,邀请部门分管领导参与,并引入办事群众、企业、第三方评价,桐庐"亮点"应时而生。激励机制有主意,奖惩体系有办法,桐庐每季开展一次改革成果比学,重点围绕"网上办、就近办、集成办",持续完善了"亮

---

① 参见《发布"春风 12 条"助力民营经济发展》,桐庐新闻网,2018 年 12 月 28 日,http://www.tlnews.com.cn/xwpd/ywkl/content/2018-12/28/content_8842393.htm。

企业家日促进政企沟通

榜晒绩"机制，切实强化"用榜奖惩"机制，坚持"以点带面"，加快把点上的经验转化为面上的做法总结宣传，打造精彩的"风景"，把桐庐改革的"金字招牌"擦得更加光亮。桐庐通过强化整体智治示范区探索，抓住了具有乘数效应的关键环节，落实了深度学习、认真思考、系统谋划机制，持续深化了各种亲清政商活动，政企线下交流"绿色通道"得以畅通。

新冠肺炎疫情期间，桐庐毫不放松，为经济复工熬制灵丹妙药，千方百计抢复工，开足马力快复产。2020 年 3 月，在疫情防控、复工复产"两手抓"阶段，桐庐坚持"外防输入、内防反弹"，在落细落实各项精密智控措施、严密防范境外疫情输入风险的基础上，争取一切办法复工复产，全县经济稳步恢复。"出发季"的复苏局面在全县人民的共同努力下形成，密集恢复开展了"我们的早餐会""我们的视频会"等活动，落实县领导联系企业项目、驻企服务员、"点将式服务"等机制，"金融十二条""春风 2020 助企共渡难关十二条""稳外贸稳外资八条""助企返岗四条"等系列惠企政策源源不断地为经济命脉灌输力量。

3. 增强司法保护力量，保障民企安心经营

司法是维护社会公平正义的最后一道坚实城墙，是民营经济发展的"保护伞"。民营企业在经营发展中遇到的种种困难，需要司法来参与解决。桐庐县将完善司法纳入优化营商环境的方案中，贯彻习近平总书记"民营企业和民营企业家是我们自己人"的重要指示精神，依法平等保护民营企业家人身权、财产权。日益完善的法律法规为民营经济保驾护航，坚决防止将经济纠纷当作犯罪处理，坚决防止将民事责任变为刑事责任，坚决查处行政执法"不作为""乱作为"问题，三个坚决体现了桐庐司法的办事准则。"罪刑法定""疑罪从无"等法律原则，为处理民营企业部分不规范行为明确了准绳，让企业安心经营，让企业家专心奋斗。桐庐杜绝随意没收企业家财产，在企业家违法所得和合法财产方面，只要没有充分证据证明为违法所得的，一律都会判决追缴或责令退赔。在企业家个人财产和企业法人、家庭成员的财产方面，桐庐则坚决保护企业家个人合法财产和家庭成员财产，结案后及时解封、解冻非涉案财物。最大限度降低对企业生产经营活动的不利影响，依法慎重决定是否采取相关强制措施，提高民营企业依法破产效率，同时加强对

民营企业法律服务，促进民营经济依法经营。

桐庐司法局为企业复工复产保驾护航

2020 年 3 月，桐庐县司法局从"三维度"履职护航企业复工复产，切实发挥司法行政对营商环境的法治保障作用。首先是当好"督导员"，严守防疫检查关口，通过查看台账、现场询问、不定时抽查等方式，每日走访检查企业防疫工作是否到位，协助企业制定应急预案、设立应急隔离室，并积极帮助解决员工用餐管理、外地返岗员工管控、消毒物资短缺等实质性问题；其次是当好"调解员"，疏通复工复产堵点，坚持疫情防控与纠纷化解并重理念，通过视频、语音等方式为疫情期间房屋租赁纠纷、劳动争议纠纷提供调解；最后是当好"宣传员"，延伸公共法律服务触角，开展"线上＋线下"公共法律服务，积极推行"不见面"法律服务，利用"之江法云"微信塔群、电话等方式推送防控疫情的普法信息和复工复产的文件政策共计 600 余条，引导群众科学认识疫情，积极做好法律和政策解读。①

（三）推进数字政府建设，提高服务企业效能

2021 年是中国共产党建党 100 周年、"十四五"开局之年、浙

---

① 参见《桐庐县司法局"三维度"履职护航企业复工复产》，浙江省司法厅官网，2020 年 3 月 26 日，http：//sft. zj. gov. cn/art/2020/3/26/art＿1659556＿42400695. html。

江省争创社会主义现代化先行省启动实施之年。抢抓数字经济发展新机遇，全面提升数字治理能力，是促进城市高质量发展的强大推动力。2021年2月，浙江省人大常委会组织召开《浙江省数字经济促进条例》宣传贯彻视频会议，推动《浙江省数字经济促进条例》全面落实。会议提出，要注重规划引领，强化基础保障，注重数据管理，推进共享开放，注重数字赋能，提升产业能级，注重整体智治，深化数字治理，注重奖惩并重，增强执法刚性，要大力实施数字经济"一号工程"，全力构建数字经济综合应用系统，要深入研讨、广泛宣传、送法上门，为数字经济发展营造良好的法治环境。在桐庐，政府数字化转型不仅是实现政府治理能力现代化的有力抓手，更让百姓享受了"数字化"带来的红利。

1. 利用"亲清在线"数字平台，构建政企线上沟通"绿色通道"

习近平总书记指出，新型政商关系，概括起来说就是"亲""清"两个字。对领导干部而言，所谓"亲"，就是要坦荡真诚同民营企业接触交往，特别是在民营企业遇到困难和问题时，更要积极作为、靠前服务，帮助解决实际困难。所谓"清"，就是同民营企业家的关系要清白、纯洁，不能有贪心私心，不能以权谋私，不能搞权钱交易。对民营企业家而言，所谓"亲"，就是积极主动同各级党委和政府及部门多沟通多交流。所谓"清"，就是要洁身自好、走正道，做到遵纪守法办企业、光明正大搞经营。"亲""清"同时也是桐庐县始终崇尚的政企关系，杭州市"亲清在线"平台就是桐庐线上政企沟通的"法宝"，制定县级个性化政策也离不开平台的助力。杭州市"亲清在线"平台于2020年上线，是针对亲清新型政商关系而建设的数字平台，是杭州城市大脑的组成部分，涵盖诉求直达、惠企政策、行政许可等模块，借助自动获取数据、后台自动化比对等技术，既为企业办理各类业务提供线上新渠道，又解决了企业业务办理繁难等问题。目前，"亲清在线"平台的功能更加广泛，已经上线企业人员增减、企业信息修改、职工信息修改、结算明细查询、上年度职工工资申报等5项企业社保业务，职工五险一金办理原本分属两个部门、两个平台，现在实现了一网通办，为企业提供了极大的便利。桐庐珍惜"亲清在线"这一宝贵数字平台，第一时间成立了专班，一手抓上级政策尤其是平台推出政策的落地落实，另一手抓县本级个性化政策的梳理，建立驻企服务员等机制，及时宣传推广该平台的利用，目前桐庐县累计上线个性化政策24条，兑现及时性大大提升，树立了为企办实事、为民谋幸福的政府形象。

在数字经济方兴未艾的今天，多渠道线上交流成为更加高效的沟通方式。桐庐县抓住数字经济发展浪潮，创建了多种数字平台，进一步完善政企沟通的线上"绿色通道"。桐庐设立了线上问题反馈窗口，提升政府协调解决问题的能力，同时有序开展第三方评价，迭代完善落实举措，由此增强企业获得感，特别是疫情期间形式特殊的"我们的视频会"与"91871"企业服务热线形式，把服务更加精准高效地落实到了企业的急需之处。一场场通话、一次次反馈，架起了政府与企业之间心贴心沟通的桥梁。桐庐不仅下功夫建设平台，而且注重后期的平台升级。有力协调相关部门、乡镇（街道）、开发区做好数据导入，重点推进"亩均论英雄"综合评价、企业服务一站通、投资项目全生命周期管理、低效企业数字化管理平台等应用场景建设等举措，使数字经信平台建设得到强化，系统开发的步伐也逐渐加快。数字化诊断走访行动的实施，数字化改造服务的组织，都是推动数字化平台升级的"润滑剂"。深入传统中小微企业，全面开展走访对接，找准行业痛点，一批具有针对性的工业软件APP酝酿而成，小切口撬动得以实现，精准破难取得显著成效。每时每刻都在传递的数据信息由点到线到面，织成一张张数据网，针织和制笔工业互联网平台2.0版本（共享制造）建设的启动，正是利用了千百张信息网，打通了整个行业供应链数据，也实现了制造资源大范围按需动态配置，行业协同效率得到大大提升。

2. 数字转型提效率，打造移动办事先行县

"让信息多跑路，让群众少跑腿"，桐庐县根据习近平总书记提出的"从线下转向线上线下融合"的社会治理模式，以打造"移动办事之城先行县"为目标，加快推动移动办公、业务协同、数据共享，开展可信电子证照库、电子印章应用推广。目前的"考核成果"也十分喜人，政务服务事项网上办实现率接近100%，提交了"满分答卷"。21个长三角"一网通办"首批个人事项加入行列，与上海、江苏、安徽等111个办事网点互联互通。群众仅仅需要持有个人身份证明即可办理的事项达到了324件，"一证通办"实现率达到了100%。"可信身份认证"技术的应用，让所有公安办事窗口均实现了"无证办事"。机关内部办事公共信息平台功能更加健全，通过定标准、减材料、优流程、破壁垒四个重要环节，大幅度

提升了政务服务效率，部门间办事"跑一次"的实现率达到96.95%。"8＋13"重大项目在桐庐贯通的步履加快，快递三轮车智慧管理特色应用场景开发，接入杭州城市大脑便捷泊车系统，4条数字旅游专线顺利推出，完成"浙政钉"APP多个重点应用对接整合，注册用户信息完整性达100%。

聚焦数字赋能，开发电子平台。桐庐县率先实现了电子交易"全覆盖"，开发了线上智能系统，更加提升了办事效率。作为浙江省首批开展经营范围规范化登记工作的地区，桐庐在全县人民的监督与期望下，不负众望地在2018年11月完成了小额工程系统开发，并上线运行，平台具备多种特色功能，比如立体化提升交易平台系统功能，规范应急工程项目流程，全程网上留痕，还有新增的档案查询功能，核对完整自动生成电子化档案编号，提高代理公司移交档案的时效性和完整性。同时，市场主体经营范围"智能化"登记系统率先上线，通过该系统，智能化申报、分类标注登记等功能得以实现，切实解决了申请人"填报难"、登记机关"规范难"、许可部门和社会公众"识别难"等问题。到2020年2月，桐庐县小额工程全流程电子化招投标系统全面扩容，在400万元以下房建、市政、装修、园林绿化等住建类项目基础上，拓展到交通、水利、土地整治等全领域，实现了电子化招标100%，成为杭州首创。突出资源共享，多地协同繁荣。为了推进异地远程评标，桐庐依托"政采云"电子交易平台，联合周边区县共享专家库，实现了远程在线同步评标和实时监督，建立了全省首创的政府采购跨区域远程异地评标新模式。通过打通市县交易、远程评标等系统，基层专家库力量不足、"常委级"专家多等瓶颈问题迎刃而解，评标效率已超越 50%。

目前，智慧治理是桐庐县移动办事的前进方向，围绕"整体智治"理念，持续加大数字化和"牵一发而动全身"系统改革探索力度，努力在"系统集成、市场取向、大道至简"上取得实效。桐庐会继续做好去"权力结构"中心化工作，高效落实"网上办"，坚持数字赋能的方式方法，加强数据归集共享，做实政务 2.0 平台和"城市大脑"应用，确保省市网办库数据全面准确、高比例应用，进一步提升全县移动办事效率。

3. 数字化管理提质量，打造数字监管先行县

提质增量有捷径，数字监管有妙诀。桐庐县通过围绕"去中心化"改革，持续完善了政务服务平台建设，数字服务、数字监管建设得到强化，"网上办""掌上办""可视办"的办事体验持续提升。桐庐的数字监管是一套科学的监督体系，借助无声叫号系统，实施短信自动回访，启用智慧大厅管理系统进行考核测评，每月组织对前台及后台办公区现场标准的"三比"专项检查，规范厅长、组长负责制和窗口晨、晚（例会）制度，经过体系的持续运转，办事效率和服务质量在不知不觉间得到提升，其中"24 小时自助政务服务省级标准化试点项目"于 2018 年被列为省级试点，并于 2020年高分通过了验收。

一件政务的妥善完成，离不开事中与事后工作的协同。在通过数字化管理提升办事质量的同时，桐庐县稳步推进事中事后监管，完善县域特色"互联网＋政务"平台。通过高效应用浙江省投资项

目在线审批监管平台、多规合一业务协同平台、浙江省工程建设全过程图纸数字化管理平台三大平台，不断完善投资项目事中事后监管平台与之功能互补，实现了项目全生命周期在线审批、服务、监管。具体而言，首先，形成数据全整合局面，在事中事后监管平台一期基础上，整合政府投资项目数据资源，打通项目审批系统、公共资源交易系统、标后监管系统、信访举报系统等数据，实现投资项目全流程数据整合、碰撞。其次，"一码"全监督顺利运行，投资项目通过3.0平台赋码后生成项目"身份证"，形成"项目健康码"贯穿项目全生命周期，以"信任优先"原则实现了项目"微监督"。再次，考勤全"网晒"稳步推进，通过"浙政钉"系统，率先在全市范围内实现项目现场人员管理线上刷脸打卡，精准定位，形成项目考勤地图，实现了创新项目现场现代化管理。最后，监管全流程协作高效，无缝对接投资在线平台、省信用数据库平台，有效实现了省市县三级联动共享，有效监管县域所有"标准地"出让信息，实现了平台自动定时预警提醒与督查。同时，桐庐的数字监管平台还新增设项目代办、中介评价、项目全景等功能，更加完善了监管体系。

创建特色办法对于加强事中事后监管十分必要。"一套系统、两个办法"，桐庐县据此打造了事中事后监管"工作闭环"，强化放宽事前审批和加强事中事后监管的有效衔接，实现从"严进宽管"向"宽进严管"的转变。"一套系统"，就是自主开发事中事后监管信息系统，依托监管系统实现精准智能推送注册登记信息和承诺内容，支撑各相关部门及时快速进行实地检查，真正实现"行政审批信息全上网、综合监管信息全入库、行政监管部门全覆盖"。"两个办法",一方面是对部门履职的监管办法,要求各职能部门对监管过程、监管内容、监管结果在监管系统全面公开,建立"来源可查、去向可追、监管留痕、责任可究"的工作闭环,同时加大履职问责力度,对因不及时履行监管职责而影响全县推进事中事后监管任务的单位或个人,严肃追究责任;另一方面是对企业失信的惩戒办法,对未履行承诺事项市场主体,依法做出整改、行政处罚、撤销登记或吊销营业执照,并纳入信用记录,在监管信息系统和信用平台给予公开,通过"一处失信、处处受限"的信用监管机制,进一步提高企业失信成本。

规划实践数字赋能、改革创新手段,桐庐一直在路上。通过高效融合数字与改革的优势,形成同频共振的效应,融合"问题自查"中心化,推动县域"数字管理"。桐庐县积极做实更加精准的服务基础数据,定期会商现场办事数据情况,倒查网上办、就近办和能否办情况,落实点对点"改什么、群众提"和大数据问题发现机制,避免基础工作、底层问题长期视而不见。另外,积极落实融合"规则落地"中心化,推动"审改之鞭"。桐庐认真对待群众的主客观评价,虚心接受建议,不断提升自身的监管水平。围绕办事群众和企业的"好差评"和数管局的政务事项数字化应用,"倒逼"推动部门事项办理标准化、便捷化,主动以改革名义推进部门办法规则有效落地,以投资领域"互联网+监管"平台为基础,继续深化全县审改领域监管平台三期开发。

国有企业综合信息监管平台：让数字说话

2020 年 10 月，作为浙江桐庐县引领国资国企改革发展的"重点工程"——桐庐县国有企业综合信息监管平台，在系统全面升级后正式进入运行阶段。国有企业综合信息监管平台具有十大管理模块功能，国有企业可以通过这个平台，形成与桐庐县国资办的无缝对接以及及时互动，并通过平台数据分析，让国有企业在人事干部管理、资产日常运营、财务风险防范、项目工程监管等方面形成有效管理措施，起到关键作用。同时，桐庐县国资办通过这一平台，可以有效推动国企监管的转型升级，极大程度改变以往"反复填报＋人工取数"的管理模式，可以在第一时间通过系统精确抓取所需企业数据信息，提高国资国企的工作效率和管理水平。据悉，目前平台运营处于企业数据录入、用户反馈阶段，桐庐县国资办将结合业务需要及企业诉求，不断完善系统建设，努力打造一个用数据说话、用数据决策、用数据管理的数字化监管平台，不断提高国资国企监管的科学化、规范化水平，形成可借鉴、可推广、可复制的"桐庐国有企业数字监管模式"。[1]

◇◇ 二　人才驱动创新，提升核心竞争力

千秋基业，人才为本。人才工作紧密地关系到国家发展，关乎

---

[1] 参见《浙江桐庐开启国有企业数字监管新模式》，央广网，2020 年 10 月 10 日，http：//zj. cnr. cn/hzbb/20201010/t20201010_ 525291264. shtml。

民族未来，具有全局性和战略性。党高度重视人才工作，在各个历史时期，都制定和实施了诸多重大方针政策。2021 年，浙江省推出"人才新政二十条"，注重机制体制创新，提出 21 项具有浙江"味道"、全国领先人才工作创新做法。桐庐县牢牢抓住创新驱动这个核心，加快集聚创新人才，努力打造创新平台，开创发展新格局。

（一）"双招双引"吸引县外人才入驻，乡情乡愁呼唤县内人才返乡

习近平总书记曾说："人才是第一资源。古往今来，人才都是富国之本、兴邦大计。我说过，要把我们的事业发展好，就要聚天下英才而用之。要干一番大事业，就要有这种眼界、这种魄力、这种气度。"① 桐庐县集聚高精尖缺、扎根桐庐的未来人才，为人才开拓一片广阔的发展天空，让更多人才看到并愿意"品尝"桐庐美好生活的"甜头"。人才需要精心养护，既要"一见钟情"，更要"日久生情"。桐庐县珍惜人才、善用人才，一方面不断以更加优美的生态环境、优越的人文环境、优质的创业创新环境和优良的服务环境引人育人，让年轻人成为未来发展活力源，成为最核心的创新力量；另一方面紧盯现代产业体系，大力引进与县产业发展方向高度契合、未来能顶起一片天的高端人才、创新团队，让桐庐成为人们亲近自然、享受生活、创意成真的地方。

---

① 习近平：《在网络安全和信息化工作座谈会上的讲话》，人民出版社 2016 年版，第 23 页。

　　"双招双引"工程的深入实施，加快了吸引国内外高端人才来桐创新创业的步伐。人才是"金凤凰"，创新资源是"香饽饽"。桐庐积极开展"双招双引"大比武、大竞赛活动，形成了"人人时时处处事事"抓招商引资和项目推进的浓厚氛围。人才引育服务政策得到完善，浙江人才大厦桐庐创新中心、滨江飞地创新平台、招才驿站等平台利用得当。桐庐精心组织了"科技人才周"、创新创业发展大会等活动，桐庐县"511"中青年人才培养计划实施情况良好，形成了海纳百川、广纳贤才、各类人才脱颖而出的创业创新生态。

　　乡情乡愁是永远系在桐庐人心里的纽带，家乡以最真挚的欢迎之情，迎接人才返乡创业创新。围绕科技进乡村、资金进乡村、青年回农村、乡贤回农村，结合支持农民工等人员返乡创业试点，桐庐谋划建设了大创园、青创园、农创园、共享农场等"双创"平台，不断完善城乡人才交流机制和政策激励机制，吸引了一批批工商企业主、科研人员、高校毕业生等各类人才返乡创业创新。桐庐通过深化乡村振兴"1+2"党建引领工作机制，实施乡村振兴领军人才培养计划，开创了乡村"引得进人、留得住人"，人在乡村"创家业、闯事业"的新局面。2020年，桐庐县推出了"人才招引九项举措"，新招引顶尖人才、国家级领军人才2名，引进了19名紧缺人才。君山众创空间入选国家级众创空间，浙江人才大厦"君山凤巢"桐庐飞地得到省委主要领导肯定。虽然新冠肺炎疫情对桐庐经济社会发展产生了一定的影响，但桐庐人始终团结在一起，无数优秀的老乡"反哺"家乡，前进的脚步不曾停歇，全县市场主体快速增长的态势仍然得到保持，2020 年在册企业 20803 家，个体户 37282 家，同比增长 18.05% 和 19.9%。

目前，桐庐县确定了人才引进的进一步工作内容。实行对外招引和内部挖潜"两手抓"，积极主动争取更高层级、更高含金量的资源、项目、政策和"牌子"。一方面，桐庐精准优化人才政策体系，逐步运营好浙江人才大厦桐庐创新中心、桐庐产业转型升级杭州促进中心等人才"飞地"；另一方面，加快推进高能级平台建设，努力办好"君山引凤"科技人才周等活动，推进创业乡村建设，为乡村振兴"扬帆"。此外，桐庐还将继续出台返乡人员、大学生创业就业以及乡村特色发展等扶持政策，实施人才培育"双百"工程，开展"科技进村、乡贤回归"行动，鼓励支持更多返乡下乡本乡人员就业创业，让有本事的年轻人也能挑大梁，让缺人才的好企业也能引进"金凤凰"，让桐庐成为创新要素集聚的好地方。

方毅书记率代表团赴外乡招引人才

2019 年 6 月，桐庐县委书记方毅率代表团赴香港、澳门两地，开展宣传推介、走访拜会、恳谈交流等活动，与在外乡贤联络感情，诚邀海内外客商、高层次人才来桐投资创业。代表团走访了香港中联办，介绍了桐庐经济社会发展情况和"中国民营快递之乡"的丰富内涵，走访了海格林（亚太）有限公司，详细了解企业品牌营销、海外市场拓展等情况，在澳门的桐庐县—励骏会置业投资洽谈会上，双方就富春未来城的规划设计、产业布局、项目招商等开展沟通对接，并现场签订项目投资意向书。之后代表团又走访了澳门大学，与校长宋永华进行交流，参观了澳门大学中药质量研究国家重点实验室。方毅表示，澳门大学先进的科研技术与桐庐悠久的中医药文化、良好的健康产业基础能够完美结合，期待双方有更多领域的"产学研"合作。桐庐新生代企业家、留联会代表也随团参加了此次活动，并通过乡贤座谈会、环境推介会、青年联谊会等活动与两地青年增进了了解、加深了友谊。统筹国际、国内两种资源，是做好新时代人才工作的必然要求，桐庐在硅谷设立美国桐庐创新中心，将"招才驿站"的牌子挂到了英国、德国等地，聘请了美国麻省理工学院、加州大学、清华大学等国内外知名高校专家学者作为"招才大使"。①

（二）完善人才培养体系，统筹人才服务政策

桐庐县有独特的人才培养培训方案，尽其所能加速人才的成长。积极培养高技能人才，进一步完善高技能人才培养体系，以及职业技能等级制度和高技能人才多元评价体系，让人才切实学习新本领，迅速适应高技能岗位。除了高技能人才，桐庐还为各个专业技术岗位的人才提供成长机会。大力培养专业技术人才，深化专技人才评价机制改革，同时规范事业单位人事管理，大力改革管理体制，健全聘用和岗位管理制度，稳步推进事业单位职员制、人事管理"一件事"改革。桐庐还大力实施了杭州西郊人才高地建设工

---

① 参见《我县代表团赴港澳走访乡贤与双招双引》，搜狐网，2019 年 6 月 13 日，https：//www. sohu. com/a/320460362_ 120156404。

程，瞄准院士专家、国家和省级人才计划专家等高层次人才，精心组织了"君山引凤"科技人才周、创新创业发展大会，初步形成了"顶尖人才、高端人才、基础人才"梯队集聚的良好局面。

民营经济创造了更多的就业岗位，是桐庐县吸纳人才的重要方式，桐庐把民营经济各类人才纳入了全县人才工作计划，统筹规划、统筹培养、统筹服务。为了让人才工作更加舒心、生活更加富足，桐庐还制定了各类服务与福利政策。不断加快人才公共服务体系建设，加大高层次人才、青年人才引进力度以及高素质劳动者和技术技能人才培养力度，通过改革创新"候鸟型"人才引进和使用机制，制定了鼓励企业自主引才引智的奖补政策以及职称评审综合服务管理工作，在全县层面上大力鼓励企业建立优秀工匠奖励制度和设立首席工匠制度。解决人才落户问题，创设便利生活环境。全县深入实施人才工作三年行动计划和创业创新三年行动计划，全面优化落户政策，大力支持和引导高校毕业生在桐就业创业。在人才发展保障方面，桐庐县在创新创业、安家落户、子女教育、医疗养老、疗养休养等方面对企业科研人才、管理人员、技术骨干等提供"一站式"服务，帮助人才解决后顾之忧，进一步创造人才流入的良好环境。

桐庐以"最多跑一次"改革为牵引，不断优化"店小二"人才服务机制，为人才创业创新提供更精准的服务。在优化人才安居环境上，打造"梧桐居"公共空间，经常性组织包饺子、读书会、篮球联谊赛等活动，成立"君山引凤"人才联谊会，开展"我们的夜生活"桐庐青年人才活力提升计划，丰富人才生活。在完善人才发展方案上，不断提高人才工作国际化水平，加强服务产业发展能力，举办人才工作者培训班，举办人才英语秀，发掘语言专业人才，造浓人才国际化氛围。桐庐为人才创业提供沃土，一方面，桐庐不断加大对高层次人才创业创新项目的投入和扶持力度；另一方面，严格把控项目审核，依照有关规定做好资金拨付工作，不仅实现了"引凤来栖"，更实现了"引凤长栖"。

◇◇ 三　研发驱动创新，锻造经济发展持久力

桐庐县全面实施创新驱动发展战略，围绕科技创新治理能力建设，强化科技创新投入，推进科技创新平台建设，紧抓科技创新主体培育，科技创新生态体系日益完善，不断推动桐庐产业高质量发展进程。

（一）政策环境不断优化，企业主体活力迸发

强化财政科技投入保障，全面支持科技创新发展，优化出台《关于加快科技创新推动高质量发展的若干意见》科技新政 15 条。五年来，科技政策兑现总额 1.3 亿元，推动企业自主创新，不断加大研发投入。如 R&D 经费支出占 GDP 比重由 2015 年的 1.67% 上升至 2019 年的 1.99%，提升 0.32 个百分点。启动"科技初创—高新潜力—国家高企—创新引领"科技型企业全生命周期梯度培育计划，建立动态培育库，多部门协同指导，加快科技企业培育。累计

培育国家高新技术企业 164 家；累计培育省级科技型中小企业 472 家。构建多层次企业研发机构体系，累计培育省级重点企业研究院 3 家，省级企业研究院 11 家，省级高新技术企业研发中心 42 家。

（二）新兴产业快速发展，产业结构日益优化

积极布局大健康、磁性新材料、高端装备制造等战略性新兴产业，积极抢占未来产业发展制高点。其中，健康城被评为长三角健康服务产业集聚区，集聚了象限科技、科德磁业、美磁科技等一批龙头企业，磁性材料产业链初步建成，全力打造百亿级磁性材料产业，为桐庐高质量发展注入强劲动能。高端装备制造依托富春水电等龙头企业，加快推进成套大中型水力发电设备和电子水工机械设备制造产业技术升级，产业链向核电、潮汐发电设备制造等方向延伸。2020 年全县高新技术产业增加值 56.17 亿元，占规上工业增加值比重提升至 60.2%。

（三）双创平台日益丰富，资源配置能力提高

桐庐县围绕推进省级产业创新服务综合体建设、打造高能级创新创业孵化平台等工作，积极探索产业集群治理新模式，不断创新服务、突破生态聚合能力边界，进一步激发产业发展活力。成功创建笔业省级产业创新服务综合体，横村围巾、开发区医疗器械两大产业成功申报市级产业创新服务综合体，综合体通过引进优质第三

科创主阵地：富春江科技城

方运营机构与资深科技服务机构，助力桐庐县制笔、针织、健康等产业加速成长。在原有"众创空间—孵化器—综合体"等双创平台基础上，拓展国际合作基地、科技园，实施平台提质增量行动。实现国家级众创空间、省级科技企业孵化器、省级国际合作基地、省级农业科技园区四个"零突破"，平台体系逐步完善，为培育创新主体奠定基础。连续两年举办中国快递物流创新创业大赛，打通政府、企业、投资机构资源，构建"赛事＋投融资对接＋项目落地对接"模式。

产学研合作让医疗器械行业生意盎然

2021 年 4 月 22 日，桐庐县科技局联合县医疗器械行业协会，组织浙江医药高等专科学校医疗器械研究所、中国计量科学研究院、宁波大学精密驱动与检测研究所等来桐开展医疗器械行业产学研合作专场对接，共谋关键技术难题攻关。多方共同调研了企业生产经营现场、产品技术特性、试研项目技术瓶颈与企业技术需求。县科技局党组成员王诗远表示将继续搭建产学研合作交流平台，将更多高端人才资源通过产学研合作引入桐庐，为桐庐医疗器械行业的快速发展"输血注氧"，让传统产业持续焕发新生机。产学研合作，是优化营商环境的桐庐实践，在科研成果加速转化的同时，不断集聚人才，不断提升企业竞争力，不断升级产业结构，有助于实现高层次人才创业创新和桐庐经济发展双赢的良性互动。①

（四）强化人才智力支撑，促进科技成果转化

不断创新人才引育方式，有力支撑科技创新。引育国家级、省级引才计划人才46人，引育市级"精英引领计划"项目3个。艾罗网络能源入选杭州市领军型创新创业团队培育计划。桐庐县科技特派员工作先后四次获省、市政府分管领导批示肯定，获全省科技特派员工作先进单位，被评为省市级优秀科技特派员4人，省市级成绩突出科技特派员3人。谋划实施以科技成果转化为重点的"百名专家进桐庐，百家企业进高校"双百工程活动，通过借智借力、借梯登高，实施产学研合作，促进科技成果转化。近五年来，实现技术合同登记307个，技术交易额6.25亿元。如浙富水电与西安理

---

① 参见《产学研"借脑引智"，桐庐开展医疗器械行业产学研专场对接交流》，搜狐网，2021年4月23日，https：//www.sohu.com/a/462576005_120054778。

工大学合作成立浙江富安水力机械研究所，合作研发项目经专家组鉴定，达到世界先进水平。伊贝实业通过与清华大学、浙江工业大学、广东工业大学、江南大学开展产学研深度合作，产品设计获得德国 IF 设计大奖 4 项。科德磁业与北京科技大学、北京航空航天大学、兰州大学等合作，实现授权发明专利、实用新型专利 38 项。

第 四 章

坚持法治思维，打造县域
法治首善之区

法治，维系着公平正义的底线，事关人民幸福安康，事关党和国家长治久安。对法治昌明、公平正义的社会的向往，内在地包含于人民群众对美好生活的向往之中。2006 年 4 月，中共浙江省第十一届委员会第十次全会审议通过《中共浙江省委关于建设"法治浙江"的决定》，成为"法治中国"的先导性实践。自 2006 年以来，浙江省在法治建设方面先行先试，多项法治工作创新引领全国，成为"法治中国"的鲜活范本。法治浙江与"八八战略"、平安浙江、文化大省、生态大省建设以及党的执政能力建设等一起，共同构成了浙江全面小康社会的总体布局。①

县域法治建设是法治中国建设中承上启下的关键环节。桐庐县始终高举法治建设旗帜，完善人民代表大会制度，构建清正廉洁的法治政府，打造安定有序的法治社会。党的十八大以来，桐庐县深

---

① 《领跑法治中国建设新征程　浙江奋力谱写"重要窗口"新诗篇》，《法治日报》2020 年 12 月 1 日。

刻落实"法治浙江"建设总体要求，着力推进多项法治建设改革，取得了卓越的成绩，成为浙江省乃至全国范围内县域法治建设的典范。从行政领导人参与应诉到分水综合行政执法改革，从县域督查实践到全国首批法治政府建设综合性示范地区，一个个坚实的脚印，踏出了法治桐庐的独特道路。

◇ 一 加强党的引领，法治政府建设持续领先领跑

党的十八届四中全会系统擘画了法治中国的建设蓝图，强调把党的领导贯彻到依法治国全过程和各方面，是我国社会主义法治建设的一条基本经验。推进全面依法治国，要坚持法治国家、法治政府、法治社会一体建设，其中法治政府建设是重点任务，对法治国家、法治社会建设具有示范带动作用。党的十八届四中全会提出了建设法治政府的总目标：各级政府必须坚持在党的领导下、在法治轨道上开展工作，创新执法体制，完善执法程序，推进综合执法，严格执法责任，建立权责统一、权威高效的依法行政体制，加快建设职能科学、权责法定、执法严明、公开公正、廉洁高效、守法诚信的法治政府。

作为县域法治建设的范本，桐庐县始终加强党对法治政府建设的领导，以党政主要负责人为核心，在党委领导下着力推进法治政府建设，政法委、司法局等主管部门开拓奋进，使桐庐在法治政府

建设与创新上屡获佳绩。

（一）强调党政领导责任，推动领导干部学法用法

县委及其法治工作主管部门，是县域法治建设的领头雁。党政领导干部的领头作用必须切实转化为领导干部的自觉行动。桐庐县党政领导人积极推动法治建设各项制度的完善。2016 年 12 月，中共中央办公厅、国务院办公厅印发《党政主要负责人履行推进法治建设第一责任人职责规定》，进一步规定了党政主要负责人在全面推进法治建设工作中的领导地位，推进法治建设第一责任人职责。桐庐县对标中央要求，于 2019 年出台《桐庐县党政主要负责人履行推进法治建设第一责任人职责实施办法》，进一步规范了党政主要负责人与法治建设之间的权责关系。

桐庐县委书记方毅荣获"法治浙江十五周年十大法治人物"称号

方毅，桐庐县委书记。他创新推出县政府常务会议、县委常委会学法制度。他带头出庭应诉，推动桐庐县乡两级政府行政负责人出庭应诉率连续 4 年达 100%。他创新开展"一线常委会""县委书记大接访""县领导 365 坐班接访"等机制，2019 年以来桐庐县领导共计接待群众 281 批。

在他的带领和推动下，桐庐法治建设一直走在全省前列。以桐庐县梳理的"最多跑一次"改革与法律法规不相衔接的 12 张问题

清单为蓝本，我省梳理形成 68 条浙江建议，提交中央深改委第三次会议审议通过，为国家层面法律法规"立改废释"提供了基层实践与素材。2019 年度和 2020 年度，桐庐在法治浙江（法治政府）建设考评连续两年全省县级排名第一。2020 年 7 月，成功创成"全国第一批法治政府建设示范地区"。[①]

在充分发挥党政主要负责人领导作用的基础上，桐庐县委县政府在党建工作引领下，发挥党组织力量，强化政府主体责任，狠抓落实法治建设各项工作。一是注重顶层架构。制定实施《关于加快推进依法治县的意见》，构建党领导法治建设"一办四组"工作格局。出台《桐庐县党政主要负责人履行推进法治建设第一责任人职责实施办法》。二是注重倒逼推动。探索党委巡察与法治督察有机结合，在浙江省率先建立全面依法治县督察制度。2019 年完成 11 家重点执法单位法治督察，并通过《督察建议书》形式，第一时间反馈法治建设相关问题 11 类 126 个。三是注重容错免责。出台容错免责实施办法，建立健全鼓励探索、允许失误、宽容失败、依法纠错的法治建设保障机制。2019 年以来，已先后为 19 个项目事前备案、37 名干部澄清证明。四是在思想上统一认识，以党委为核心推动法治思想建设。法治建设内在包含着法治思想的建设、普及与贯彻。自 2014 年起，县政府常务会议学法制度确立，持续 7 年坚持每次政府常务会议会前 30 分钟学法。该制度的落实得到浙江省、杭州

---

① 澎湃新闻：《法治浙江十五周年十大法治人物、十大法治事件、十大最佳实践公布》，https：//www. thepaper. cn/newsDetail_ forward_ 12348199。

市法制办领导高度肯定。在政府常务会议学法制度基础上，将学法制度推及全县各行政机关、各单位先后建立领导班子学法制度，全县上下形成了良好的领导干部带头学法、讲法的氛围。推行谁执法、谁讲法的制度，要求行政机关的一把手亲自为常务会议讲法，以讲法推学法，以讲法促执法。"十三五"期间，桐庐县实现了40个行政机关一把手常务会议讲法，将学法制度和执行情况纳入法治政府的考核。在政府主要领导班子的带动下，全面铺开学法用法制度。大力推行公务员学法，提升执法能力。全面推行领导干部任前法律知识考试制度。坚持"周四夜学"，组织"4·27"公务员学法日活动，以"让学习成为习惯"为目的和主题举办机关干部学习节，开展专题图书荐读、法律知识专题讲座、政府法制业务培训、行政执法资格培训、庭审旁听教育、廉政警示教育、学法用法征文比赛、机关干部法律知识团体赛和群众法律知识有奖竞赛等系列活动。编印了《行政执法案例汇编》两册，收录了近年来桐庐县及周边地区行政执法案例，进行详细分析，以案说法，以提高行政执法人员执法能力。

（二）强化程序规范，提升政府决策水平

1. 全面提升规范性文件管理水平

桐庐县被浙江省法制办选为规范性文件管理试点工作单位，为切实抓好试点工作的落实，桐庐出台创建浙江省行政规范性文件管理示范点工作方案，不断提升规范性文件管理水平。一是着力制度

建设。实施主体清单管理，制定并公布桐庐县行政规范性文件制定主体清单，明确清单之外的行政机关不得对外制定行政规范性文件。建立联审制度，建立了县法制办、县委法治科、人大法制内司工委、政协涉法委联合开展规范性文件合法性审查工作机制，整合力量，形成了规范性文件审查合力。强化备案管理。下发关于行政规范性文件审查和报备工作的通知，进一步明确和加强规范性文件报备和审查工作。建立决策评估和责任追究制度。出台《桐庐县重大行政决策后评估和责任追究实施办法》，明确了重大行政决策的执行评估范围、程序，以及责任追究原则、责任追究的情形，为行政机关及其工作人员执行重大决策实施效果评估、不断修正完善行政决策，以及实施行政决策终身问责提供了制度依据。二是着力程序规范。升级改造县政府办公系统，把法制办作为所有文件流转的必经环节，作为送办公室主任审核的前置程序。目前，县政府和政府办下发的文件，均经法制办合法性审查，并报杭州市法制办、县人大法制内司工委备案审查。同时，强化程序审查，县法制办提前介入政府常务会议研究的议题，积极参与政策的调研论证。在进行内容合法性前置审查的同时，审查认为对依法应当征求群众意见、依法应当组织专家论证的，提出公开征求意见、进行专家论证的建议；对依法应当进行风险评估的，提出进行风险评估的建议。

2. 建立法律顾问制度

2015 年年初，桐庐县组建了政府法律顾问团，以县法制办为主体，吸收法律界人士广泛参与，综合选定并聘任六位同志作为政府法律顾问，形成了既包括法制办工作人员，也有学术界的专家、实务界的代表；既有行政领域的先行者，也有民商事领域精英；既有杭州专家，也有本土代表的政府法律顾问团。同时，制定下发了全面推进政府法律顾问的实施意见，在全县各乡镇街道、各执法部门层面推行法律顾问工作。目前，桐庐县 14 个乡镇（街道）、商务区、开发区管委会及 24 个重点执法部门全部落实法律顾问制度。

（三）法治护航"最多跑一次"改革

法治是最好的营商环境，区域营商环境的改善，反映着投资者对区域良好法治环境的直观预期。进入新发展阶段，贯彻新发展理念，构建新发展格局，全面深化改革必须与法治双轮驱动开展治理。浙江省"最多跑一次"改革最早在 2016 年 12 月提出，2017 年 2 月在浙江全面推行，2018 年 1 月中央全面深化改革领导小组对改革工作予以肯定，同年 3 月"最多跑一次"改革被正式写入李克强总理的政府工作报告。早在 2017 年 7 月 28 日，经杭州市和桐庐县两级党委、人大、政府积极申请，浙江省人大选择桐庐县作为"最多跑一次"的基层试点，出台《关于推进和保障桐庐县深化"最多跑一次"改革的决定》，提出重点围绕审批制度改革中 20% 难点攻坚（企业投资项目等），探索可复制、可推广的基层改革样本，为桐庐县推进改革提供法律依据，这也是浙江省人大首次就一个县的某项具体工作专门出台决定。

2021 年 4 月，桐庐县捧回两大荣誉称号：全国法治政府建设示范地区和法治浙江（法治政府）示范单位。同月，县委书记方毅又荣获浙江省十大法治人物称号。党的十八大以来尤其是党的十八届四中全会以来，桐庐县在浙江省内领跑法治建设，开拓法治改革新领域，工作成效广受肯定，成绩卓著：2015 年以来，连续六年被评为浙江省法治政府建设先进单位，2019 年度和 2020 年度法治浙江（法治政府）建设考评连续两年全省县级排名第一。2020 年 8 月 21 日，国务院法制办公布了关于第一批全国法治政府建设示范地区和项目命名的决定，桐庐从全国申报的 1378 个县级政府中脱颖而出，成功创建"第一批全国法治政府建设示范地区"，是浙江省唯一获此殊荣的县级单位。

桐庐县配合浙江省"最多跑一次"改革，将法治建设同营造良好营商环境相结合，在改革中积累大量实际工作经验，使"最多跑一次"在原先"放管服"改革基础上向纵深方向推进。一是优化县域营商制度体系。开展法律法规检视专项行动，提出 12 张法律法规规范性文件问题清单，作为 68 条浙江建议提交中央深改委第三次会议审议通过，成为助力国家层面打通改革与法律法规衔接"绿色通道"的重要依据。二是构建"亲清"政商关系。开展行政审批服务"一件事"标准化建设，全面创建"无证明县"，取消证明事项 784 个，"一证通办"实现率 100%。三是打造公正执法环境。推广柔性执法、"首违不罚"，全面实行"双随机，一公开"掌上执法，打造"互联网＋监管"平台，促进严格规范公正文明执法。2019 年 10 月 31 日，桐庐县知识产权保护中心成立，这是全国首个县级知识产权保护中心，成立仅 5 个月时间，桐庐县发明专利申请达到 371 件，同比增长 27.9%。

桐庐县"最多跑一次"改革的一条重要经验就是，坚持以法为基"立规"，坚持在法治下推进改革、在改革中完善法治，注重从法律上解决改革发展中存在的根本性、全局性和长期性的问题，形成了法治与改革的双轮驱动。核心方法，则是以明确的问题意识、问题导向推进"最多跑一次"改革的完善。桐庐在如下方面着力，将法治建设融入"最多跑一次"改革当中。

第一，建设"改革与法律融合先行县"。助力国家层面打通改革与法律法规衔接"绿色通道"，确保政策稳定性和持续性，首轮梳理法律法规与"最多跑一次"改革冲突问题 68 条。第二轮梳理与"最多跑一次"改革不相适应的法律法规 23 部（件），为浙江省争取国家层面暂缓实施部分法律法规授权提供基层素材。在改革过程中，对于实践证明比较成熟的改革经验和行之有效的改革举措，及时将其上升为规范，或由浙江省上升为法律，为改革提供支持和保障。如桐庐商事便利化改革领域的"多证合一、一照一码、证照联办"、全程电子化登记和企业投资项目改革领域的"承诺制 + 高标准地"、联合中介、施工图联审等有关经验做法都被吸纳进了《浙江省保障"最多跑一次"改革规定》，予以立法确认。同时，桐庐县已形成《"最多跑一次"个体工商户简易自助登记服务规范》《政务办事 24 小时自助大厅服务规范》和《行政审批告知承诺制工作规范》三个地方标准，通过标准化来固化改革成果。

第二，推动法治护航改革深化。针对"最多跑一次"改革中产生的纠纷和争议，依托杭州市首个行政复议局，建立"一个部门化争议"机制。明确由县法制办（行政复议局）作为"最多跑一次"

改革过程中争议化解的主体，对改革过程中出现的"放不到位、管不严密、服务缺失"等问题严格纠正并从源头规范，对内主要对部门职责不清、职能交织引起的法律法规适用纠纷进行界定；对外充分发挥行政复议在定分止争方面的职能。按照权力法定原则，全面推进"一件事"标准化建设。以群众视角将跨部门办理事项作为"一件事"梳理重点，对审批事项名称、需要提交申请材料、办事流程、审批程序等进行全面梳理，编制"一件事"办理标准化清单，率先打造"一件事""最多跑一次"改革县级标准。凡是没有法律法规规章依据的材料、证明和盖章环节，一律取消；按照只跑一次原则，凡是需多个部门办理、需提供多套材料的，一律整合环节并精简为"一套材料"；坚持数据共享原则，凡是数据库中已有的信息或证照，一律通过数据库抓取。

第三，推动修法破除改革瓶颈。加大对改革不相适应的法律法规梳理步伐，助力法律的"废改立"。抽调部门业务骨干，成立专项攻坚小组，按照"一件事"的标准，将制约"最多跑一次"改革的法律法规问题，按照国家、省、市三个层面进行全面梳理，梳理出与"最多跑一次"改革不衔接的法律22部，行政法规33部，部门规章37部，省地方性法规21部，省政府规章8部，市地方性法规3部，市政府规章1部，省市部门规范性文件7件，并经论证后逐级上报，提出相应法律法规修改意见。与此同时，积极争取省市行政审批权限下放。截至2020年年底，浙江省政府批复同意下放13项省级审批权限，杭州市政府下放市级审批权限21项，涉及子项81项。

（四）完善监督机制，使权力在阳光下运行

权力在法治轨道上运行，更离不开对权力依法施行的多重监督。在以党委巡视带动行政监督、巩固人民代表大会制度、发挥政协参政议政功能的基础上，桐庐县推进了一系列特色做法，将法律监督规范化，将权力运行过程全方位置于阳光之下。

1. 推动行政执法规范化

第一，严格清理执法主体。按照浙江省、杭州市工作部署，开展行政执法证件清理工作，对全县具有行政执法职权的执法主体基本情况、单位性质、主体类别进行全面清查。通过清理，厘清了全县行政执法主体和行政执法人员底数，进一步规范了执法队伍。

第二，进一步规范执法制度。出台进一步规范行政执法工作的指导意见，为在全县范围内全面推进行政执法全过程记录、重大执法案件法制审核制度，以及规范行政执法人员行为提供了制度依据。召开了全面推进行政执法过程全记录工作现场会，全县各行政机关分管领导、法制人员参观了县公安局的执法全过程记录办案区、办案设备、办理流程，有利于促进行政机关严格、规范、公正、文明执法。各部门根据工作要求，纷纷建章立制，开展行政执法行为规范，编制行政执法制度汇编，环保、城管、人社等单位已采购现场执法设备，推行现场执法全过程记录。

第三，拓宽行政执法监督渠道。出台桐庐县人民政府特邀行政执法监督员工作规则，向社会公开发布选聘公告，通过个人自荐、

单位推荐、定向邀请等方式，从社区工作人员、新闻媒体工作者、法律工作者、企业从业人员中遴选确定，公开选聘16名市民代表为特邀行政执法监督员，参与行政执法监督活动。

2. 完善行政复议制度

行政复议制度是政府系统内部的自我纠错制度，是倒逼依法行政、加快建设法治政府的重要抓手。在浙江省、杭州市法制办的指导和支持下，桐庐县完成了行政复议体制改革、行政复议局筹建工作。以往桐庐人申请行政复议，必须向市级行政主管部门申请，2016年9月12日，桐庐县行政复议局正式挂牌运行，桐庐人得以直接在县内申请行政复议。这是杭州首个行政复议局，也是浙江省首批行政复议体制改革的两个试点单位之一。① 在此基础上，桐庐主要从三方面加强行政复议应诉工作。

第一，完善复议制度。根据复议体制改革的要求，桐庐县出台行政复议办案规程，完善行政复议办案程序规范，建立健全了行政复议立案审查、调查取证、听证质证、调解和解、集体讨论、错案追究、卷宗归档、复议决定公开等一系列办案制度。县法制办建立了工作人员每周一交流、每月一学习制度，推进行政复议规范化建设，提升复议能力。同时，加强和信访部门的衔接，建立行政复议和信访衔接制度与疑难案件分析论证制度，共同推进信访分类处置和疑难案件的依法化解。

第二，深化复议指导，充分发挥行政复议制度的监督作用。加

---

① 浙江新闻网：《桐庐成立杭州首个行政复议局 申请行政复议更便捷》，https://zj.zjol.com.cn/news/443877.html。

强案例研讨。推行行政一把手应诉制度，归根结底是要以积极应诉的姿态面对工作中存在的实际问题，促进行政机关的工作作风态度、方式方法、效率效能的实质性改进和提升。为此，桐庐县建立完善行政机关负责人出庭应诉情况通报和败诉案件分析制度。为推进复议应诉工作，县长亲自召集各相关部门行政负责人、分管领导以及法制科科长参加的行政复议、诉讼案件研讨会，逐一分析当年度行政复议、行政诉讼案件暴露的问题，提出整改和提升方案。县法制办对行政机关负责人出庭应诉情况按季度进行统计分析、汇总，并通过县政府网站进行通报。对败诉案件按照"谁败诉谁分析"的原则，要求败诉机关总结败诉原因，提出改进和完善的意见和建议，落实整改举措。强化府院联系。建立政府和法院联席会议制度，强化行政复议和行政诉讼衔接机制，定期通报分析行政复议和行政诉讼情况，共同研究解决行政执法中的共性问题以及行政管理领域中的重点难点问题。如违法建筑的处理和执行、违法建筑裁执分离问题、不动产登记案件民事和行政争议解决机制、国家赔偿法理解适用问题等法律问题，推进依法行政。

强化复议监督。为发挥行政复议定分止争的社会效果，在办理行政复议案件中，行政复议局一方面强化监督处理，对群众反映行政机关不作为的案件，虽尚不符合受理条件，行政复议局也进行登记，督促和指导行政机关积极作为；另一方面加强协调调解，对一些因行政机关协议行为或其他不当行为导致的行政争议，因时效、主体等原因无法进入行政复议渠道，行政复议局实施主动调解，协助行政机关化解行政争议。县行政复议局自成立以来，共审结案件

227件，经协调达成和解撤回申请66件，和解率达29.1%；监督协调化解非行政复议案件115件，真正做到了"定分止争、案结事了"，从根本上减少了社会不安定因素。

第三，加强行政应诉工作。健全行政机关负责人出庭应诉制度。新行政诉讼法出台后，桐庐县率先实行行政负责人出庭应诉制度，时任桐庐县长方毅是浙江省首位出庭应诉的县级政府行政负责人。方毅在担任县长期间，每年首个行政诉讼和重大复杂的行政诉讼案件，必定亲自出庭应诉，并专门安排了全县行政机关一把手旁听庭审，得到杭州市中院和浙江省高院的高度肯定。在县领导的示范带动下，各行政机关负责人纷纷落实出庭应诉制度。要求行政机关负责人出庭应诉全覆盖，其中一把手出庭不少于30%。

县长出庭应诉 化解纠纷矛盾

桐庐县桐君街道阆苑村委因对矿产资源补偿协议有关政策有误解，多次组织村民拦截车辆，扰乱桐庐南方水泥公司正常的生产秩序。桐庐县桐君街道虽多次协调，但该问题多年来一直得不到解决。2014年，阆苑村委以桐庐县政府为被告提起诉讼。县长亲自出庭，讲法理、讲道理、讲情理，讲村级营商环境建设，与村民进行了详细的沟通，解开了大家的心结。庭审结束后，该村干部当庭表示无论结果如何，都服从法院判决。县长出庭应诉彻底解决了这起村企矛盾，为持续5年之久的群访积案画上了圆满的句号。

3. 全面开展县域法治督察

2019 年，中共中央办公厅、国务院办公厅印发《法治政府建设与责任落实督察工作规定》，明确提出"充分发挥督察工作对法治政府建设与责任落实的督促推动作用"。浙江省委办公厅、省政府办公厅印发的《浙江省党政主要负责人履行推进法治建设第一责任人职责实施办法》明确要求"将法治建设情况纳入党委巡视巡察范围"。《2019 年法治浙江建设工作要点》将"探索将依法执政、依法行政情况纳入党委巡视巡察的工作机制"作为一项重点工作。桐庐县委紧扣"打造县域法治首善之区"的目标，于 2019 年两会期间召开县委依法治县委员会第一次会议暨全面依法治县大会，从县委依法治县委员会法治工作制度的高度，提出建立法治督察制度；2019 年 3 月，桐庐以成立县委依法治县委员会为契机，率先建立县域法治督察制度，积极探索党委巡察与法治督察有机结合，有效扎紧了依法执政、依法行政制度笼子。2020 年 7 月，桐庐县域法治督察被评为浙江省县乡法治政府建设最佳实践项目。县域法治督察从顶层设计、专业督察、结果运用三个环节入手，做好督查工作的事前、事中、事后全部流程。

第一，强化顶层设计，依托"三专"（专项制度、专项清单、专项组织）科学谋划督察制度。首先，出台全面依法治县督察制度和法治督察工作方案等专项制度，坚持党委巡察与法治督察统分结合的制度设计，强化对党政主要领导第一责任人职责履行监督，明确督察对象、方式和督察结果运用，建立督察工作组、排定督察计划等。建立督察建议书和督察建议整改反馈制度，强化督察结果运用。强化头雁带动作用，县委主要领导对督察制度亲自审定、督察工作亲自部署、督察报告亲自核阅，以"一把手"工程高标准督促推动法治督察工作。其次，制定专项清单。聚焦依法治县重要任务和中央督察、法治政府示范创建工作中存在的短板问题，区别党政机关和街道乡镇不同要求，制定督察清单，具体内容包括：党政主要负责人履行推进法治建设第一责任人职责情况，全面依法履行市场监管职能情况，依法行政制度建设和执行情况（如重大行政决策制度、规范性文件和合同管理制度、行政执法三项制度等），行政执法工作情况等 12 方面内容。最后，成立专项组织。法治督察由县委依法治县委员会办公室组织实施，设立 11 个督察小组分片、分部门负责法治督察具体工作。2019 年，桐庐县围绕综合执法改革和食品药品安全等问题，率先完成市场监管、农业农村、规划和自然资源、生态环境等 11 家重点执法单位法治督察。2020 年，继续覆盖其余 9 个镇街道和 17 个行政部门，两年内实现县域督察全覆盖。同年，在完成 37 个镇街部门法治督察基础上，率先将督察触角向县人民法院、经济开发区、县邮政管理局、党史研究室、县供销总社、县社科联等单位延伸，深入挖掘县域法治建设中存在的堵点和薄弱环节。

第二，强化专业督察，立足"三精"提高督察权威。一是督察队伍精干。督察小组由公、检、法、司、人大法工委、政协社法委负责人担任组长，抽调行政部门法制队伍业务骨干 74 人参与。同时，每组配备 1 名法治监督员，法治监督员队伍由人大代表、政协委员、律师、人民调解员、人民陪审员、企业家代表组成，从不同专业角度为督察工作带来有益补充，实现督察和工作交流学习相结合、内部监督与外部监督相结合、专业监督和民主监督相结合，提高督察实效。二是督察方式精细。开展党政主要负责人、分管领导和执法工作人员"三必谈"，并通过查阅案卷、实测函询、政务公开、复议线索监督检查等渠道获取信息，其中被督察单位需提供近两年行政处罚、行政许可类案卷各 20 卷，由督察小组进行逐件评查。同时，纪、检、法、司、信访等部门提供被督察单位相关工作人员违法犯罪信息、行政诉讼、检察建议、信访积案等相关问题线索，深度开展"法治体检"，保障督察实效。三是督察建议精准。建立督察建议审核制度，督察建议书经督察组集体讨论、县委法制办联合审核、县委法制办主任签发等程序，核实存在问题、明确工作标准、统一答复口径。向被督察单位单独发送整改问题清单，逐一明确整改问题、整改时限，提高督察的精准性和权威性。例如，督察小组完成对县规划资源部门督察后，发出督察建议书，列出督察中发现的 10 类 22 项问题，并要求其在规定时限内书面反馈整改情况。

第三，强化结果运用，聚焦"三环"放大督察效应。聚焦"整改"环节，促进责任压实。以"钉钉子"精神抓好督察"后半篇文章"，强化督察建议落实，将督察建议纳入巡察反馈报告，被督察单位应在 1 个月内提出整改方案，3 个月内完成整改，并将整改情况向县委依法治县委员会报告。加强督察整改"回头看"，对首批完成整改的 9 个单位组织整改情况抽查，确保督察整改落到实处。聚焦"考核"环节，强化激励鞭策。实施年度督察工作报告制度，将督察和整改情况报告提交县委法制办主任会议进行专题通报。对督察发现的问题，涉及政治纪律、廉洁纪律方面的，通过县委巡察组巡察意见反馈，实现督察整改情况与巡察整改挂钩、与年度综合考评挂钩、与执纪问责挂钩。聚焦"容错"环节，鼓励敢于担当。在全市率先探索容错免责事前备案审查和信访举报失实澄清正名制度，率先将容错免责从"事后补救"前移至"事前保护"，实现鼓励探索、允许失误、宽容失败、依法纠错的法治建设保障。

◇ 二　深化执法和司法体制改革，维护公平正义

行政执法与司法环节是群众与法治产生联结的最重要、最直观的环节。行政执法是否得当、司法是否秉持公平正义，将直接影响到群众对法治建设工作的满意程度，更事关美好生活的公平正义底线能否得到维持。桐庐在基层综合行政执法改革过程中强化问题导向，在司法改革中结合当前政务改革实际，为群众办好实事，为企业保驾护航，成为行政执法改革与司法改革的重要目标。

（一）"四化联动"布局基层综合行政执法改革

长久以来，县级政府"管得着看不见"与乡镇"看得见管不着"的问题交织存在，基层群众、营业者办事遭遇多部门推诿扯皮等问题，是基层治理工作中的沉疴痼疾。分水镇是桐庐县副中心、

首批中国特色小镇、浙江省首批小城市培育试点镇。2019 年 11 月
22 日，浙江省政府批复分水镇为全省首批基层综合行政执法改革试
点单位，正式承接 23 个领域 416 项行政处罚权。桐庐县认真贯彻落
实省委省政府关于基层综合执法改革要求，成立工作专班统筹推
进，县委常委会、县委依法治县委员会、县委改革委会议、片区常
委会专题研究 6 次，切实按照"职责清晰化、执法规范化、全程智
慧化、运行高效化"的要求，纵深推进基层综合行政执法改革，着
力破解"看得见的管不着""九龙治水、多头管理"的执法弊病，
取得了阶段性的良好成效。2020 年 7 月，分水镇综合行政执法改革
与桐庐县域法治督察一道，成为桐庐县入选浙江省县乡法治政府建

2019 年 6 月 3 日，分水镇综合行政执法队挂牌，

系浙江省首支乡镇综合行政执法队

设"最佳实践"项目的两大案例。

1. 厘清边界，实现职责清晰化

权责分明，是推进基层执法改革首先必须突破的改革要点。桐庐县以"一张清单""一项机制""一个机构"明晰管理边界，厘清管理责任，为综合行政执法改革奠定了制度基础。

一张清单明边界。分水镇编制综合行政执法赋权清单，按照监管难易程度，将416个下放事项分为简单易发现、非第一时间发现将造成严重后果、非现场发现将影响案件处理、专业性强、批后检查5类监管类别，进行分类管理，实现"一张清单"管到底。同时，建立县级职能部门向乡镇下沉职责准入退出制度，严禁部门以签订任务书、责任状等方式将监管责任转嫁基层，切实为基层减负。

一项机制强责任。建立首查责任制，由分水镇落实首查责任，确保违法行为、信访投诉等第一时间发现、第一时间核查、第一时间取证、第一时间立案，有效杜绝了部门因职责交叉、边界不清而造成的推诿扯皮现象。同时，与矛盾纠纷化解"最多跑一地"紧密结合，在乡镇综合执法队专设调解室，与乡镇矛盾化解中心无缝对接，切实将矛盾化解在基层和萌芽状态。

一个机构化争议。出台《桐庐县职权边界争议协调处理办法》，明确争议事项由县综合执法局受理协调。确因争议复杂难以达成一致意见的，则报县委依法治县委员会办公室通过协调会议、专家论证等途径协调解决。

2. 完善标准，实现执法规范化

统一场所设施。腾出2000平方米的独立办公场所，实行集中办公。建立办案区、工作区、档案区、综合执法指挥室、全程录音录像谈话室、调解室、物证档案室等"三区八室"，配备执法专用车、现场记录仪和无人机等录音录像设备，以高标准的场所和设施设备保障规范执法。

统一执法制度。整合16个部门执法制度和文书，构建立案、调查、处理、会审、决定、执行等全流程执法制度，汇编形成基层综合行政执法规范化制度14项、指导文书58份，有效破解执法制度和文书标准不一、复杂冗余等问题。全面落实行政执法公开、全过程记录、重大执法决定法制审核等"三项制度"，行政处罚决定作出之日起7日内在县门户网站统一公开，接受群众监督。

统一执法程序。构建执法检查全流程标准化体系，制定主体认定、事实调查、证据责任、法律适用、正当程序等执法规范化业务教程；制定受立案、调查取证、抽样取证、查封扣押等操作行为规范、完善执法程序指南、笔录制作规范，制作实操指导视频。同时，由司法所承担乡镇政府重大执法决定法制审核和执法监督职能，县级部门开展日常指导和组织案卷评查，确保执法程序规范有监督。

3. 数字赋能，实现全程智慧化

2021年2月18日，浙江省委召开开年第一次全省大会，部署全面推进数字化改革工作。从2017年的"最多跑一次"改革到政府数字化转型，再到2021年开年之际的全面推进数字化改革，浙江省立足新时代的发展要求与以往改革的宝贵经验，将提升政府效能的改革迈上了全新台阶。实际上，这三个环节绝不相互独立，依托技术手段，建立信息流的集成平台，大大提升办事效率和精度，本就是"最多跑一次"改革的应有之义；桐庐的"最多跑一次"改革亦是融合数字化系统提升办事效能的经典范例。

"一个网格"管巡查。将综合行政执法工作同基层网格相结合，全镇划为 77 个网格，配备网格巡查人员 77 人。所有巡查人员均安装"掌上基层"手机 APP，巡查发现的问题，通过手机 APP 直传执法人员。

"一个平台"管指挥。整合镇综合治理、社区治理、数字城管、区网融合等平台数字资源，建立乡镇综合指挥平台。通过指挥室无人机、执法队员执法记录仪、智能对讲机，实时接入综合执法队现场执法影像，实现实时监控、智慧发现、远程指挥。健全问题发现、流转交办、协调联动、研判预警等机制，依托平台对违法行为多发高发领域，组织数据分析，开展联合执法，实现执法指挥"一网运行"。

"一个系统"管处罚。加强综合执法平台应用，推动简易处罚"掌上办"、一般处罚"网上办"。所有违法行为线索均录入综合执法系统，所有案件核查、立案、审核、决定、执行和结案全程网上办理，实现全过程留痕。开发电子证据管理平台，实现执法视频自动传输、保存。实施罚没款扫码支付"跑零次"等便民举措。

在数字化、智能化办公日益发展和普及的今天，桐庐县在多个基层执法的重点领域推进基层综合执法智能化。一是智慧消防保障消防执法。针对分水镇制笔企业普遍存在的用电多、塑料制品多等火灾安全隐患，镇里自主开发了智慧消防系统，对辖区内消防重点企业实行智慧消防管理。这些消防前端感知设备全部接入镇综合信息指挥室，对企业消防进行实时跟踪预警，使火情全部得到及时控制。该系统提升了预警能力，也为消防执法提供了智能保障。二是智慧生活保障民生执法。组建便民服务"一张网"，将网格内人、事、物、场所等基础信息全部纳入信息系统，大力推进"智慧停车""雪亮工程""阳光厨房""数字城管"等智能化平台运行。重点通过网格员"爆料"，由综合信息指挥室分析研判，为执法队的后续处置提供精准信息证据保障，夯实各类事件从发现到交办的高效闭环办理体系。三是智慧生态保障环保执法。以垃圾分类工作为契机，引入垃圾分类智慧化管理系统，率先探索"智慧生态"课题，破解垃圾分类等环境保护管理难题。2020 年，桐庐在"雪亮工程"建设基础上，在主要河道、垃圾倾倒场所等区域增设高清监控，在 4 家省级重点排污电镀企业安装专业监测设备，全时监控监督环境状况。①

4. 职能集成，实现运行高效化

事项集成，一次检查全覆盖。整合部门和执法事项检查要求，除共性事项外，根据主要街道、村（社）、企业实际需求，建立巡查检查"一街一清单""一村一清单""一企一清单"。比如，将违法停车、出店经营、广告牌污损、渣土运输等 90 个事项纳入"一街一清单"；将破坏耕地、垃圾分类、违法采矿、违规养犬等 53 个事项纳入"一村一清单"；将公共卫生、安全生产、劳动保障、违

---

① 平安浙江网：《分水镇：深化综合执法改革 提升智慧执法水平》，http：//www. pazjw. gov. cn/zhuanti/2020tszz/202012/t20201230_ 21897510. shtml。

法排污等 209 个事项纳入"一企一清单"。通过事项集成，实现综合查一次、一次检查全覆盖，有效避免执法扰民、多头重复执法。

力量集成，一支队伍强能力。强化人员统筹，按照"县镇干部整合＋辅助人员配合＋网格力量参与"，整合执法人员、辅助执法人员、基层网格力量。制定季度评优考核机制，举行业务竞赛和大比武，开展法治理论、执法业务、现场模拟等专业培训，全面提升执法队员专业能力。

机制集成，第一时间快联动。建立联动处置机制，强化综合执法队与乡镇公安派出所、市场监管所、交通运管所、村（社）等的衔接联动，确保问题线索 15 分钟内快速响应、现场处置。建立"乡镇吹哨、部门报到"执法联动机制，强化综合执法队与部门的衔接联动，需部门支持配合执法的，通过乡镇综合指挥室发出指令，部门第一时间赶赴现场支持联合执法。在 2019 年中央法治督察、全国法治政府建设示范县创建实地评估中，分水镇综合行政执法改革代表桐庐县接受中央检验，获得高度肯定，为桐庐县创建首批全国法治政府建设示范县、法治浙江建设考评全省县级排名第一提供了强大助力。

（二）着力推进司法改革，维护司法权威与正义

党的十八届四中全会指出："公正是法治的生命线。司法公正对社会公正具有重要引领作用，司法不公对社会公正具有致命破坏作用。必须完善司法管理体制和司法权力运行机制，规范司法行

为，加强对司法活动的监督，努力让人民群众在每一个司法案件中感受到公平正义。"①

司法改革的重要目的，除保障人民安居乐业、营造公平正义的法治社会环境之外，还在于营造一流的营商环境。相较于地方政府的产业扶持优惠政策，企业更为看重的，是一个地方如何营造一个公开、公正、透明、稳定、可预期的地方法治环境。桐庐县委十四届六次全会作出了《关于进一步优化营商环境助推民营经济高质量发展的决定》，明确提出要打造民营经济营商环境最优县，其目的就是用法治手段规范市场行为、促进合理竞争、维护市场秩序，确保各类市场主体依法平等使用生产要素、公平参与市场竞争、同等受到法律保护。

维护司法权威，认真落实司法制度，强化公平正义司法保障。桐庐县将司法改革落实到如下方面。第一，县党政主要负责人坚持宪法法律至上，支持司法机关依法独立开展工作，以行政诉讼的开展为主线，支持法院依法受理行政案件，认真落实行政机关负责人出庭应诉制度，充分尊重并自觉执行法院作出的生效裁判。党委主要负责人支持本级人大、政府、政协、法院、检察院依法依章程履行职能、督促领导班子其他成员和下级党政主要负责人依法办事。政府主要负责人认真落实行政机关出庭应诉、支持法院受理行政案件、尊重并执行法院生效裁判的制度。第二，支持司法机制不断完善，桐庐县从以下几个方面着力推进：（1）探索完善执法司法公信

---

① 《中共中央关于全面推进依法治国若干重大问题的决定》，《人民日报》2014年10月29日第2版。

力评价制度，完善执法司法权运行机制和管理监督制约机制；深化司法体制综合配套改革，健全侦查权、检察权、审判权、执行权相互配合相互制约的运行机制，进一步提升司法质效和公信力。（2）全面落实司法责任制，贯彻落实权力清单和履职指引制度，强化院长、庭长监督管理职责，完善专业法官会议、检察官联席会议制度，加强类型化案件、重点领域案件法律适用指导和监督，保障司法裁判的统一性和稳定性。（3）完善案件监管全程留痕制度，健全司法权力运行管理监督机制。（4）健全执法司法对民营企业的平等保护机制，依法惩治侵犯民营企业投资者、管理者和从业人员合法权益的违法犯罪行为，保障民营企业家在协助纪检监察机关审查调查时的人身和财产合法权益，持续甄别纠正侵犯民营企业和企业家人身财产权的冤错案件。（5）做好民事诉讼程序繁简分流改革试点工作，深化"分调裁审"改革，推动扩大小额诉讼、独任制适用范围，优化司法确认程序、电子督促程序机制，推进民事案件繁简分流、轻重分离、快慢分道。（6）认真落实认罪认罚从宽制度，完善刑拘直诉工作机制，推进刑事案件繁简分流，保障和规范看守所律师会见工作。（7）加快打造治安防控体系升级版，纵深推进扫黑除恶专项斗争，完善司法办案标准，加大"打财断血""打网破伞"工作力度。（8）完善滥用诉权行为甄别与规制机制，加大对虚假诉讼、恶意诉讼、无理缠诉行为的惩治力度，引导当事人合理行使诉权。（9）加强执行难综合治理，制定关于加强综合治理从源头切实解决执行难问题的实施意见，健全执行工作部门协作联动机制，有效提升生效裁判自动履行率，从源头切实解决执行难问题。

（10）健全看守所、社区矫正和各级安置帮教机构对接机制，落实安置帮教政策，加强刑满释放人员过渡性安置帮教基地建设。（11）深化政法一体化办案系统建设和智慧法院建设，完善检察、公安智能辅助办案系统，推进"智慧司法"建设。（12）扎实推进跨域立案诉讼服务改革，推广"微法庭"工作经验，推进移动微法院迭代升级，推行"指尖诉讼、掌上办案"。

完善检察权，落实《中共浙江省委办公厅关于印发〈进一步加强检察机关法律监督工作的若干意见〉的通知》（浙委办发〔2019〕50 号），强化检察机关法律监督，做优刑事检察工作，做强民事检察工作，做实行政检察工作，做好公益诉讼检察工作。积极稳妥拓展公益诉讼案件范围，探索生态损害赔偿制度与检察公益诉讼的有效衔接，制定公益诉讼案件赔偿金管理制度，开展生态环境、食药安全等领域的公益诉讼专项行动。加强未成年人司法保护力度。

"微法庭"使矛盾纠纷化解在基层

2020 年 8 月，桐庐县人民法院接到孝门"微法庭"、富春江镇司法所发出的联动调解邀请，请求法院参与调解一起因安装电灯不慎坠落死亡的案件：廖某经建材店老板刘某安排，在给吴某经营的机电制造有限公司安装电灯时，不慎从十多米的横车上坠落，经医院抢救无效后死亡。

人命关天，没有法律的支撑，村里来调解只能是火上浇油，帮任何一方说话都会被另一方指着鼻子骂偏袒。法官参与进来就完全不一样了，在两次长达 10 多个小时的调解过程中，法官对死者、建材店、机电制造公司的责任做了解释、分析和梳理，引导当事人理性看待问题，加上村调解员、镇司法所工作人员的共同努力，当事人最终就赔偿金额及付款方式达成一致。[①]

◇ 三 以法治促善治，全面开展法治社会建设

"君子之为政，立善法于天下，则天下治；立善法于一国，则一国治。"（王安石《周公》）法治是实现社会善治的保障，而法治社会是构筑法治国家的基础，法治社会建设是实现国家治理体系和治理能力现代化的重要组成部分。建设信仰法治、公平正义、保障权利、守法诚信、充满活力、和谐有序的社会主义法治社会，是增强人民群众获得感、幸福感、安全感的重要举措。党的十九大把法治社会基本建成确立为到 2035 年基本实现社会主义现代化的重要目标之一，意义重大，影响深远，任务艰巨。

党的十八大以来，桐庐县努力在推动领导干部这个"关键少数"加强法治观念上下功夫，弘扬法治文化，普及法律知识。为打造"县域法治首善之区"提供有力支撑，更大程度上满足人民群众对于美好生活的需求。

---

① 余建华：《杭州："微法庭"联通基层治理最前沿》，《人民法院报》2020 年 9月 21 日第 8 版。

（一）以"关键少数"为重点，树立全社会法治观念

法治社会建设坚持思想先行。习近平总书记在 2015 年 2 月举行的省部级主要领导干部学习贯彻十八届四中全会精神全面推进依法治国专题研讨班上强调，各级领导干部在推进依法治国方面肩负着重要责任，全面依法治国必须抓住领导干部这个"关键少数"。领导干部要做尊法学法守法用法的模范，带动全党全国一起努力，在建设中国特色社会主义法治体系、建设社会主义法治国家上不断见到新成效。

建设法治社会，首先要增强领导干部这一"关键少数"群体的法治意识；法治观念要在社会上养成，首先要在执政者心中养成。强化法治意识、增强执政本领，让领导干部在认知、分析、处理问题时习惯性地运用法治方式，正是桐庐法治建设的着力点和突破口。不仅使党政领导干部这个"关键少数"牢固树立法治思维观念，并且以身作则，向人民群众传达法治意识的重要性。同时，大力开展普法，宣传法治文化，推动法治社会建设。

1. 积极探索政府常务会议学法制度

从 2014 年开始，桐庐县政府建立政府常务会议前学法制度，结合时政和热点问题、围绕会议研究讨论的重点议题展开学法活动，树立起"依法决策"的理念。截至 2021 年 5 月，桐庐县政府常务会议前累计学法 95 次，在全县上下营造了良好的尊法学法守法用法氛围。桐庐县还推出行政负责人讲法制度，按照"谁执法谁讲法"

"要讲法先学法"的要求，县政府部门、乡镇（街道）行政"一把手"在县政府常务会上讲法。

2. 建立全面立体的公务员法治意识提升机制

桐庐县组织实施新晋公务员、法治队伍、乡镇干部履职能力系统提升计划，坚持每年开展不少于 40 课时的系统法律知识更新轮训，全面加强公务员法制意识。组织新任领导干部法律知识考试，开展以案释法、公开旁听庭审活动，营造浓厚的法治氛围。建立全体公职人员宪法宣誓制度，建成杭州市首个大型户外宪法宣誓平台，组织"万人公开宣誓"。全面推行行政机关负责人出庭应诉，年度出庭应诉率 100%。推行行政机关负责人旁听庭审制度，引导和督促领导干部带头尊法、学法、守法、用法。建立村（社区）干部候选人任前测试、村干部任中培训、年终述法制度，增强村（社区）负责人法治意识。

2019 年 5 月 6 日，桐庐县委县政府在中心广场举办公职人员集体宪法宣誓

3. 长抓法治宣传教育，普及法治文化

"七五"普法以来，桐庐县认真贯彻落实习近平法治思想，紧紧围绕"四个全面"战略布局，按照深化"法治桐庐"建设要求，深入开展法治宣传教育，在全域立体式推进法治文化阵地建设，打造桐庐现代版法治文化"富春山居图"。[①] 制定了《关于推进桐庐县法治文化实体项目建设城乡全覆盖的实施意见》，桐庐县各乡镇（街道）按照"可听、可看、可体验"理念，坚持"主题鲜明、通俗易懂、因地制宜、注重特色"原则，开展"一村一品"法治文化实体项目建设。

开展"崇尚法典精神，共筑法治桐庐"主题宣传活动、"法与生活"服务月暨12·4"国家宪法日"宪法宣传周系列活动，发布了首批法治能力提升系列书籍，广泛开展"全民学宪法"、百场《民法典》讲座进单位、进企业、进学校、进社区（村）活动，受益群众数万人。持续推动"谁执法谁普法""谁主管谁普法"责任制落实落地，高质量完成"七五"普法考核验收，考核成绩位居杭州前列。打造"小桐普法"品牌，建设宪法文化公园、桐君"和"文化法治广场等法治文化阵地，着力丰富乡村法治文化。发挥"中国快递之乡"的优势，全省率先探索"快递＋普法"新通道，促进全社会形成自觉尊法、学法、守法、用法的良好氛围。推进民主法治村（社区）、善治示范村等创建，将法治融入美丽乡村、美丽庭院。建立乡村普法需求清单，开设乡村法治课程，强化村民契约意

---

① 桐庐新闻网：《推进法治文化建设 创新宣传教育阵地》，http://www. tl-news. com. cn/xwpd/tlxw/content/2019 – 12/05/content_ 8983066. htm。

识，把"签合同找律师""有纠纷找调委会""有疑难找司法所"的理念融入村民日常生活，让普法更鲜活、用法更接地气。

2020 年 11 月 13 日，桐庐县"小桐普法"志愿服务队
在江南镇樟坞村开展送法下乡活动

（二）以"最多跑一地"改革为中心，推进基层社会治理法治化

2021 年 3 月 7 日，习近平总书记在参加十三届全国人大四次会议青海代表团审议时指出，全面推进依法治国，推进国家治理体系和治理能力现代化，工作的基础在基层。要不断夯实基层基础，加强基层党的领导，引导群众积极参与，带动群众知法、尊法、守法。与此同时，"社会治理工作最坚实的力量支撑在基层，最突出

的矛盾和问题也在基层"①。推动基层治理法治化，是实现国家治理体系和治理能力现代化的内在要求。

近年来，桐庐县在构建完善、科学的体制机制上下功夫，以"最多跑一地"改革为抓手，以法治乡镇（街道）建设为中心，多管齐下，努力推动基层社会治理法治化。

1. 构建完善、科学的体制机制，夯实基层社会治理法治化的基础

"十三五"时期，桐庐县完善社会治理体制机制，为解决乡镇（街道）在基层治理中职责与权力不配套的问题，对乡镇（街道）及基层派驻机构各类管理服务资源进行重新配置整合。全面完成"四个平台"和乡镇（街道）综合信息指挥室建设，城管、市场监管、环保、司法、国土等部门人员下沉到位。进一步提高乡镇（街道）响应群众诉求和为民服务的能力，更好地承接和落实"放管服"各项改革。加强矩阵化管理在基层治理中的运用，强化信息化支撑，进一步落实信息系统、属地管理、全科网格、运行机制等各项保障措施，加快构建数字化背景下基层治理体系的基本架构。

在相关举措中，最为亮眼、成效最为显著的是以"最多跑一地"改革为中心构建矛盾调解机制，设立社会矛盾纠纷调处化解中心（简称"矛调中心"）。

---

① 张术平：《治理之道：切实提高基层社会治理成效》，《人民日报》2020 年 11 月 5 日第 9 版。

桐庐县社会矛盾纠纷调处化解中心

在桐庐县中心广场南侧，与县政府隔广场相望有一栋建筑，可以称得上是桐庐社会治理的"法治大厦"，这里集合了综治中心、基层治理综合信息指挥中心、人民来访（联合）接待中心、信访矛盾联合调处中心、矛盾纠纷大调解中心、公共法律服务中心、法律援助中心、社区矫正中心、行政复议局、劳动人事争议仲裁院、人民法院诉讼服务中心、行政争议调解中心等涉及司法、执法、诉讼、行政复议、矛盾调解的部门，它们合起来组成了社会矛盾纠纷调处化解中心（社会治理综合服务中心）。

按照浙江省政法委要求，桐庐县矛调中心建设属于第二类推进地区。但是桐庐县自加压力、提高标准，按照一类地区要求推进中心建设。在整合原有综治中心、人民来访联合接待中心、公共法律服务中心等15个中心，采用整体进驻（政法、信访、司法等）、集中常驻（人社、法院、纪检、心理咨询、检察、鉴定等）、按需入驻（住建、规划资源等）的基础上，积极推动县法院立案庭、公安信访室、12309检察服务中心等业务庭室入驻中心，并建设相关场所场地窗口。进一步明确中心职责任务，整合力量资源，推动"多中心"集成为"一中心"；做优一窗受理、健全窗口与入驻部门协调对接机制，实现社会矛盾纠纷化解"最多跑一地"，在全市率先建成高标准的运行集服务、管理和指挥三位一体的县级社会矛盾纠纷调处化解中心（综治中心）。

同时，桐庐秉持高标准全领域整合的理念，建立立体化矛盾纠纷化解机制。桐庐县推进县、乡镇（街道）、村（社区）三级矛调中心建设，构建了"1个县级中心大平台＋14个乡镇中心主阵地＋N个示范型村社综治工作站"的三级立体化体系的县域社会治理布局，实现矛盾纠纷"只进一扇门""最多跑一地"、化解在萌芽、解决在基层。高质量全覆盖推进，发挥镇街中心实效，整合乡镇（街道）政法、司法、行政、信访等资源力量，目前全县14个乡镇（街道）全覆盖建成矛调中心。

矛调中心建立后，积极完善运行机制，提升办理质效。建立了受办一体的即接即办机制，事心双解的教育疏导机制，协调联动的会商研判机制，上下对接的协调办事机制，阳光透明的公开监督机制，协同配合的考核管理机制。积极探索，集成多元手段，建立"矛盾纠纷调处—司法确认—诉讼引调—代理诉讼"的全链条机制，打造矛盾纠纷化解"联合调处"模式。创新开展乡镇（街道）星级综治中心（信访超市）的评定活动，强化乡镇（街道）"一中心、四平台、一网格"社会治理模式，真正实现三级联动，让三级矛调中心成为反映社情民意的主渠道、解决群众矛盾纠纷的主战场。

2020年，桐庐县出台了《关于深化新时代大调解工作的实施意见》，进一步推动调解协会实体化运作。针对矛盾纠纷调解中发现的社会问题，充分利用现有的工作基础、现成经验和便利条件，定性定量分析哪些地方矛盾纠纷比较多，哪些领域问题反映比较集中，哪些问题容易造成重复访、越级访，分析趋势变化、提出对策建议，以更高效的方式、更精细的手段推动问题快解决、真解决。桐庐县"最多跑一地"改革被评为杭州市改革创新最佳实践案例。2020年，依托行政争议化解中心实质上化解各类行政争议131起，实质化解率达49%。

"微法庭"也是完善基层治理法治化机制的重要创新。桐庐县大力推进诉源治理工作，不断完善社会调解优先，法院诉讼断后的矛盾纠纷递进分层过滤体系，努力将纠纷化解在诉前。仅2020年上半年，桐庐全县共设立村（社区）"微法庭"80家，行业性"微法庭"1家。2020年4月24日，桐庐县金融"微法庭"正式挂牌成立，实现了对县域内金融借款合同、信用卡等纠纷进行人民调解与司法调解相衔接的金融纠纷化解新模式，推动形成以"源头预防为先，非诉机制挺前，法院裁判终局"为核心的诉源治理新实践，切实解决银行与个人、企业以及其他组织之间的纠纷矛盾，是桐庐县范围内化解金融纠纷的新平台。2021年1月，杭州市公布全市示范"微法庭"，桐庐县芦茨"微法庭"、金融"微法庭"入选。

2. "以乡带村"整体谋划，推进基层法治建设

桐庐县以法治乡镇（街道）建设为中心，多管齐下，特别是围绕以法治乡村建设促进美丽乡村建设，全面夯实法治建设"最后一公里"，推动社会基层治理由法治到善治的跃升，满足人民群众美好生活需求。

乡村治，百姓安，桐庐从县域法治建设最末梢入手，坚持"大抓基层"工作导向，及时出台法治乡村建设实施意见，将法治乡村、数字乡村、艺术乡村、创业乡村、文明乡村等5个领域乡村建设，作为打造美丽乡村3.0版的核心内容，进行一体谋划、一体推进，实现从法治到善治的跃升。近年来，浙江桐庐县以桐君街道、分水镇、富春江镇3个镇街和富春江镇芦茨村、合村乡后溪村、分水镇后岩村3个行政村为试点，树立"以乡带村、乡村一体"理念，坚持法治乡镇（街道）和民主法治村一体推进，整体推进基层法治建设，取得了显著成效。从全力以赴抓村社干部、村级组织建设，到积极推进法治宣传教育阵地建设，桐庐县正全面统筹推进全县14个乡镇（街道）、203个村（社区）法治建设，为打造"县域法治首善之区"提供有力支撑。

桐庐县已经初步建立起以司法所工作人员为主，公职律师为补充，吸收社会律师、专家广泛参与的法律顾问制度，正扎实推进乡镇（街道）合法性审核全覆盖。纵深推进乡镇（街道）一支队伍管执法改革工作，分水镇综合执法改革被评为浙江省县乡法治政府建

设"最佳实践"项目。依法推进村干部换届选举，全面落实"一肩挑"，建立村（社区）干部候选人任前测试、村干部任中培训、年终述法制度。桐君街道、合村乡积极探索村社法治指导员制度，推行"法检联村、律师结村、协警驻村、部门援村"。民主法治村（社区）和善治示范村创建成果显著，南门社区、莪山民族村等6个村（社区）创成省级民主法治村（社区）；芦茨村创成全国民主法治示范村，实现桐庐县全国民主法治村"零"的突破。

全国民主法治示范村——芦茨村

近年来，芦茨村依托良好的山水自然资源和历史文化底蕴，以法治促发展，探索出一条以乡村治理促乡村振兴、建设美丽乡村的新路径。2019年，芦茨村成功创建"省级民主法治村"，2020年又被评选为"全国民主法治示范村"。芦茨村始终坚持以全域旅游为中心，旅游产业与民主法治建设互动发展，逐渐塑造出了芦茨独有的"旅游型"民主法治氛围。

芦茨村设有文化礼堂，定期演出村民自导自演的基层民主法治节目；开设法治讲堂，对村民生活中常见的法律问题如宅基地纠纷、赡养老人、遗嘱公证等进行讲解；建立善治广场，围绕"中国梦"将德治、法治、自治等元素融入各类雕塑、景观中。这些都成为法治宣传教育的新平台、新阵地。

在抓好法治宣传教育工作的同时，芦茨村也不忘强化依法依规治村。落实村法律顾问定期坐班制度，严格村务合法性审查，引导村民间协议也要经法治审核并向村委会报备，提升法律风险防范意识。①

　　法治指导员制度也是桐庐县加强基层法治的一项重要举措。截至 2020 年年底，桐庐县桐君街道 6 个村和 7 个社区都有了法治指导员，桐君街道在桐庐率先实现了法治指导员全覆盖，合村乡更是按照"一村一员"的原则配备法治指导员。担任法治指导员的多是具备一定法律知识和协调能力的政法机关退休干部，在日常工作中，派驻法治指导员会走村入户了解村民法律需求，解决村民法律诉求。同时，根据村庄实际情况，派驻法治指导员以"法检联村、协警驻村、律师援村、部门结村"方式面向基层服务群众，当好矛盾纠纷调解员、为民便民服务员、法治规范审核员、法治建设督导员，更好满足基层群众在法律援助、法务咨询、信访矛盾等方面的实际需求。②

　　除了向村社派驻法治指导员，桐庐还全面强化面向基层的法律服务保障，建立法律顾问制度，让人民群众的美好生活有了法律保障。依法并不只体现在政府决策审议等"大事情"上，同样体现在乡村治理"小事情"上。桐庐严格落实乡、村两级合法性审核，建立以司法所为主、公职律师为补充、社会律师、专家参与的法律顾

---

　　①　央广网：《"沉浸式"普法　浙江桐庐以法治护航美丽乡村》，http://zj. cnr. cn/hzbb/20210126/t20210126_ 525400220. shtml。

　　②　杭州网：《打通法治乡村"最后一米"　桐庐合村乡村村都有法治指导员了》，https://county. hangzhou. com. cn/content/2020－11/26/content_ 7861653. html。

问制度，落实司法所列席镇街班子重大决策集体审议环节，把好基层法治关。2020 年，桐庐县司法顾问制度开始向乡镇、街道下沉，支撑基层善治，乡镇司法所的相关工作人员直接参与政府重大决策事项、合同审核等关键流程。① 加强村级"微制度"建设，依法审慎处理村民利益保护和集体利益平衡的关系，推进村规民约备案审查，对村民之间合同订立、纠纷处理等实施源头把控，最大限度预防法律风险，保障村民社员权利，努力发挥着法治固本夯基、保障乡村善治的基础作用。

法治护航乡村发展

梅蓉村位于富春江畔，"十里洋滩九里洲"的自然风光让这里一直是当地全域旅游的金名片。不少文旅投资者也看中了梅蓉村的优势，希望通过土地流转进行开发。在招商引资过程中，一些项目推进很快，但是却因为合同不规范等问题，给村里留下了法律隐患。拆迁、土地流转都关系到村民百姓最切身的利益，处理不好容易产生矛盾，有的甚至会演化为民事、行政诉讼。2020 年，桐庐县司法顾问制度开始向乡镇、街道下沉，支撑基层善治。桐君街道司法所和法律服务团的工作人员，直接参与政府重大决策事项、合同审核等关键流程。解决了以往基层缺乏法律指导的问题，对于与村社相关的经济合同进行把关审核。在审核梅蓉村土地流转合同的过

① 吴帅帅、黄筱：《浙江桐庐以法治政府建设推动"依法治县"》，《新华每日电讯》2020 年 11 月 20 日第 3 版。

程中，司法所工作人员发现了几处隐患：土地承包经营权证记载的剩余年限不足20年，但村里签订的流转合同明确流转期限为30年；证载的主体是经济合作社，签订合同主体是村民委员会；等等。经过司法人员参与，村社与投资商的经济合作得到规范，保证不遗留法律隐患。把问题防范在前端，最终为项目的规范化操作提供便利。①

◇ 四　持续擦亮法治金名片，为建设
美丽桐庐提供法治保障

桐庐秉持"一张蓝图绘到底"的精神，持续推进法治桐庐建设。2019年，桐庐制定实施《关于加快推进全面依法治县的意见》，明确了全面依法治县和法治桐庐建设的总体要求和目标，在全国范围内最先吹响全面依法治县号角。《意见》指出，坚持以"干在实处永无止境、走在前列要谋新篇、勇立潮头方显担当"为职责使命，加强党对全面依法治县工作领导，深入贯彻中国特色社会主义法治理论，坚持依法治县、法治政府和法治社会一体建设，推进决策依法、严格执法、公正司法、全民守法，奋力打造县域法治首善之区，逐步形成科学规范的县域制度体系、高效公正的法律

---

① 吴帅帅、黄筱：《浙江桐庐以法治政府建设推动"依法治县"》，《新华每日电讯》2020年11月20日第3版。

执行体系、严密有效的法治监督体系、支撑有力的法治保障体系，把法治建设转化为桐庐经济社会发展的核心竞争力，为建设山清水秀民富县强的美丽中国桐庐样本提供坚实的法治保障。

法治建设不仅需要干在实处，更需要高瞻远瞩、总体擘画。利民为本、法治为基、整体智治、高效协同，这是桐庐未来的发展理念，明确了法治在整体发展中的基础性地位。《桐庐县国民经济和社会发展第十四个五年规划和二〇三五年远景目标纲要》为未来五年乃至十五年桐庐法治建设绘制了精美蓝图，明确了法治优势充分彰显、各领域法治化水平全面提升、营商环境进一步优化、建成县域法治首善之区的"十四五"发展目标，并将法治桐庐建设实现更高质量、达到更高水平，作为2035年远景目标之一。

（一）坚持"1＋1＋N"工作路线，全方位推进法治桐庐建设

围绕打造"县域法治首善之区"目标，一体推进法治桐庐、法治政府、法治社会建设，加快构建依法执政、依法行政、公正司法、全民守法的全域法治格局，创成"法治浙江建设示范区"，着力夯基固本、实践创新，进一步扩大领先优势，提升各领域法治化水平，当好法治先锋。

桐庐对未来法治建设有着清晰的思路，提出了"1＋1＋N"的工作路线，着力深化法治桐庐建设，持续擦亮法治金名片。第一个"1"，就是要全面建设美丽幸福的社会主义现代化示范县，这是桐

庐"十四五"发展的总目标，要让法治成为桐庐美丽的基石、幸福的源泉。第二个"1"，就是打造"县域法治首善之区"，这是桐庐法治建设的总目标。所谓"N"，就是深入推进法治桐庐建设的若干个重点领域。（1）数字法治改革领域。着力构建政法一体化办案、综合行政执法、社会矛盾纠纷调处化解"三大体系"，加快法治场景应用，让人民群众真真切切感受到数字化改革带来的红利。（2）基层法治领域。法治的根基在基层，乡、村两级是法治建设的"最后一公里"，法治水平直接关系到群众对公平正义的感受。秉持"问题出现在哪里，法治就延伸至哪里"的治理思路，紧盯基层突出问题，推动基层依法高效治理。把法治乡村建设纳入美丽乡村3.0版建设大体系，开展乡镇（街道）法治化改革等专项攻坚，力争2025年实现民主法治村（社区）创建全覆盖。开展营商环境"善治"行动，加强诚信政府建设，打造有利于市场公平准入、自由竞争、良性发展的营商环境。（3）法治社会领域。法治建设是政府的事，更是全社会的事。要在全社会树立起对法治的信仰，让遵纪守法者扬眉吐气、违法失德者寸步难行，建设诚信践诺的法治社会。①

（二）推进依法治县，构建法治政府

东西南北中，党是领导一切的，法治建设也不例外。强化党组

---

① 参见浙江经视一套《新闻深呼吸》特别节目《法治浙江建设十五周年县（市、区）委书记访谈录》对中共桐庐县委书记方毅的采访，2021年3月29日。

织的领导核心作用，健全全面依法治县推进机制，充分发挥县委依法治县委员会及"一办四组"职能，加强全面依法治县的规划设计、总体布局、统筹协调、整体推进、督促落实。推动坚持党的领导入制度、入章程、入村规民约。实施法治意识和法治能力提升工程，常态化开展各级党委（党组）中心组学法，深化县乡两级政府向人大汇报法治建设工作、县乡两级主要负责人年终述法试点工作，强化领导干部的法治意识。持续深化法治督察制度，推进党委巡察和法治督察有机结合，有力压实党领导法治建设主体责任。完善党委（党组）依法决策机制，健全议事规则和决策程序，全面落实党内重大决策的合法合规性审查制度，加强党务公开，营造更为优良的法治生态。把加强党的领导同人大、政府、政协、监察机关、审判机关、检察机关依法履行职能、开展工作统一起来，领导和支持人民团体和社会组织在全面推进依法治县中发挥作用。

构建法治政府是法治建设伟大工程的关键。推进重大行政决策规范化，扎实落实重大行政决策公众参与、专家论证、合法性审查、风险评估、集体讨论等程序制度，推进行政决策的科学化、民主化、法治化。深化政府决策事项数字化网络建设，实现县乡两级重大决策、合同、规范性文件合法性审查、备案审查全程网上运转，全程数字归档。深入推进依法行政，持续开展"行政执法、行政执法监督、行政复议、政务公开"四个规范化建设，全面推进完善行政执法"三项制度"。加快推进省级县域综合行政执法改革试点，率先构建"大综合一体化"行政执法体系。推进行政复议体制改革。以行政执法监督规范化建设省级试点为契机，创新行政执法监督。健全执纪监督、监察监督、巡视监督、派驻监督联动机制，推进审计监督全覆盖，构建全方位权力监督格局。深入推进乡镇（街道）法治政府建设，实施基层法治化改革，开展乡镇（街道）法治示范创建。

（三）构建安全、稳定、平等、温暖的法治社会

法治社会建设，关乎人民群众的幸福感，关乎美好生活的品质，是实现治理之美的基石。未来桐庐将以人民为中心，全面推进"八五"普法，做优"小桐普法"志愿者品牌，深化"快递＋普法"品牌，打造办事依法、遇事找法、解决问题用法、化解矛盾靠法的法治环境。以法治满意度提升为载体，探索法治宣传社会化模式，推进普法教育主体多元化、资源集约化，实现政府主导型普法向社会化普法转变。加强法治文化阵地建设，加大国家级、省级民主法治村培育力度，推动实现民主法治村创建全覆盖，推动全社会尊法、学法、守法、用法。加强社会法治力量建设，持续实施乡村"法治带头人""法律明白人""学法守法示范户"培育工程，发挥律师队伍、人民调解员（法治指导员）队伍、村（社区）带头人作用。

以综治工作中心建设为龙头，建立集矛盾多元化解、诉讼服务、信息指挥为一体的社会治理综合服务中心。加快构建多层次多领域的多元纠纷化解机制。深化信访投诉请求法定途径分类处

理，提高法定渠道解决矛盾纠纷的比率。强化重大争议纠纷协同化解、法律适用研判机制。依法及时处置进京扰序等违法上访行为，规范信访秩序。建立以初信初访化解能力为导向的考核评价机制。探索信访代理和信访法律援助制度。深化行政复议体制机制建设，加快推进复议标准化、规范化，提升行政复议公信力。继续推动人民调解、行政调解和司法调解的大调解机制整合。加强行业性专业性人民调解组织和专职人民调解员队伍建设。推广"楼下书记"经验做法，深化"无讼无访"村（社区）创建，鼓励有条件、有意愿的社会组织参与人民调解工作，持续推进基层社会治理创新。

推进多层次多领域依法治理。深入实施民主法治村（社区）建设三年行动计划，着力创建若干在全市、全省，乃至全国有一定影响的民主法治村（社区）。深入推进村级宅基地、山林权、村级资产、村级收益等小微权力清单运行制度化、规范化、长效化，落实"五民主三公开"制度，推进依法治理。坚持依法治网，构建网络综合治理体系，营造网络清朗空间。

从近年来的法治实践中，桐庐县委县政府总结出老百姓最期待的法治环境应至少包括四个方面：第一，是安全。让百姓感觉到平安，人身权、财产权受到保护不受侵犯。第二，是稳定。社会稳定，老百姓才感觉到踏实。政府是诚信守法，不是朝令夕改的，执法者是谦抑的，而不是肆意妄为的，这样才不会让老百姓感到无所适从，甚至焦虑、恐慌。第三，是平等。法律面前人人平等，法治应当保障每一个人平等发展的权利，在每一个机会面前被公平对待，在每一个案件中感受到公平正义，每一个人对美好生活的努力追求都被充分尊重。第四，是温暖。法律不是冷冰冰的，而是在理性中贯穿着温情，在规则间传递着价值。未来桐庐将努力打造能够回应百姓关切，促进人的全面发展，不断增进人民群众获得感、幸福感的法治环境，满足人民群众美好生活需求。

第 五 章

以文化人，成就潇洒桐庐

　　文化是一个国家、一个民族的血脉，是人民的精神家园。党的十九届五中全会提出，要"繁荣发展文化事业和文化产业，提高国家文化软实力"，促进满足人民文化需求和增强人民精神力量相统一，推进社会主义文化强国建设，此点亦被写入《中共中央关于制定国民经济和社会发展第十四个五年规划和二〇三五年远景目标的建议》（以下简称"十四五"规划）。桐庐拥有丰厚的传统文化底蕴，即诗词文化、药祖文化、隐逸文化组成的"三大文化"，在社会主义现代化建设过程中，又构筑了以南堡精神和快递精神即"两大精神"为核心的社会主义先进文化。近年来桐庐传承三大文化、弘扬两大精神，提供更高水平公共文化服务，满足人民群众更高文化需求，以文化人、以文惠民、以文兴业，传统文化与现代文明相得益彰，共筑美好精神家园。

◇ 一　在传承中创新，激活"三大文化"基因

　　当代桐庐被称为"山水间的生态文明诗，现代版的富春山居

图"，是基于其丰厚的传统文化资源，即"三大文化"而言的。唯美典雅的诗词文化积淀了中华文明的精华，陶冶了桐庐人的高雅情操；以悬壶济世的桐君老人为内核的药祖文化是桐庐的根与魂，并被当代桐庐人继承为蓬勃发展的中医药产业和养生药膳美食；以严子陵为代表的历代隐士形成隐逸文化，用山高水长之风教化、影响着世人。"三大文化"共同构成了桐庐人独特的精神底蕴，并在传承中创新发展，焕发出新的活力。

（一）诗词文化陶冶人文情怀

桐庐诗歌，始于南北朝、盛于唐朝、丰于宋元、集大成于明清。历史上，历朝历代1000多位文人雅士来到桐庐，留下许多诗文，成为中华古诗词县级城市之翘楚，《桐庐古诗词大集》（浙江工商大学出版社2019年版）辑录了1900多位诗人7100多首诗词，这是桐庐的文化瑰宝。2017年桐庐开展了诗歌村创建，有8个村成为诗歌村，2018年桐庐被授予"中国诗歌之乡"的称号，这是浙江省唯一的。古诗词文化成了桐庐的一大特色文化品牌，诗词与书法相结合，在城镇建设和美丽乡村建设均得到体现，如县城中心广场、江滨公园和3.0版的美丽乡村，都留下了许多诗词为神、书法为形的公共文化空间布景，也形成了最亮丽的城市名片。

2015年，浙江省诗词与楹联学会在桐庐举行了"唐诗西路"授牌仪式，这意味着钱塘江——富春江——新安江这条线，正式拥有

"唐诗西路"的命名，而其中最精彩的一段，就是唐朝诗人涉足最多、留下诗作最多的桐庐。桐庐已成为"诗画浙江"大花园建设中钱塘江诗路文化带上的一颗明珠。唐朝诗人韦庄曾形容富春江下游桐庐这段为："钱塘江尽到桐庐，水碧山青画不如。"可以想见，即使是元代黄公望的名作《富春山居图》那样的"峰峦浑厚、草木华滋"，也未能尽其之美。

桐庐天下独绝的山水风光、得天独厚的交通优势和历史悠久的钓台胜迹，吸引了历朝历代的文人雅士来到此地。"孤城一片水云间""青山如画绕孤城""县在群峰翠霭间"，这些美妙的诗句道出了古往今来途经桐庐的文人雅士共同的观感。单是严子陵钓台碑林处伫立的那一尊尊来过桐庐的名士立像，就能让人念出一个个掷地有声的名字：谢灵运、李白、杜牧、孟浩然、王维、白居易、孟郊、苏轼、范仲淹、王安石、陆游、柳永、司马光、李清照、汤显祖、朱熹、黄公望、纪晓岚、康有为，等等，历朝历代的文人雅士驻足于此，留下很多描绘桐庐山水风光、风土人情的诗词。

历朝历代游历过桐庐的名士举隅

姓名	生卒年	所属朝代	留下的诗句列举
谢灵运	385—433	南北朝	《初往新安至桐庐口诗》：既及泠风善，又即秋水驶。江山共开旷，云日相照媚。景夕群物清，对玩咸可憙
李白	701—762	唐	《翰林读书言怀，呈集贤诸学士》：严光桐庐溪，谢客临海峤。功成谢人间，从此一投钓
孟浩然	689—740	唐	《宿桐庐江寄广陵旧游》：山暝听猿愁，沧江急夜流。风鸣两岸叶，月照一孤舟

续表

姓名	生卒年	所属朝代	留下的诗句列举
白居易	772—846	唐	《凭李睦州访徐凝山人》：郡守轻诗客，乡人薄钓翁。解怜徐处士，唯有李郎中
孟郊	751—814	唐	《桐庐山中赠李明府》：静境无浊氛，清雨零碧云。千山不隐响，一叶动亦闻
方干	836—888（桐庐人）	唐	《思桐庐旧居便送鉴上人》：绿树绕村含细雨，寒潮背郭卷平沙。闻师却到乡中去，为我殷勤谢酒家
范仲淹	989—1052	宋	《出守桐庐道中十绝》：素心爱云水，此日东南行。笑解尘缨处，沧浪无限清
苏轼	1037—1101	宋	《送江公著知吉州》：三吴行尽千山水，犹道桐庐更清美
陆游	1125—1210	宋	《桐庐县泛舟东归》：宦游何啻路九折，归卧恨无山万重。醉里试吹苍玉笛，为君中夜舞鱼龙
李清照	1084—1155	宋	《钓台》：巨舰只缘因利往，扁舟亦是为名来。往来有愧先生德，特地通宵过钓台
朱熹	1130—1200	宋	《桐庐舟中见山寺》：一山云水拥禅居，万里江楼绕屋除。行色匆匆吾正尔，春风处处子何如
汤显祖	1550—1616	明	《分水县访桃溪潘公仲春，出桐庐，秉烛游仙洞，香袭人衣，十余里不绝》：分水悬帆就索居，沾巾信宿下桐庐。青山晚棹桃溪远，红楼秋灯草阁虚
袁枚	1716—1798	清	《随园诗话》：贫归故里生无计，卧病他乡死亦难。放眼古今多少恨，可怜身后识方干
纪晓岚	1724—1805	清	《富春至严陵山水甚佳四首》之二：浓似春云淡似烟，参差绿到大江边。斜阳流水推篷坐，翠色随人欲上船

　　综观古往今来文人墨客写桐庐的大量诗词，主要表达的内容有三。一是赞颂富春江的美妙风光。如宋代文豪苏东坡来到桐庐，连连称赞："三吴行尽千山水，犹道桐庐更清美。"诗人杜牧曾赋诗赞誉桐庐"有家皆掩映，无处不潺湲"。北宋名臣范仲淹在这里一气呵成的《潇洒桐庐郡十绝》，用整整十首五言诗来盛赞桐庐因"秀

美"而"潇洒",传为千古佳话。尤其是其中表达富春山水的胜景（如"日日面青山""千家起画楼"）的诗句，今日读来依旧酣畅淋漓、大气磅礴。二是表达途经此地时的追古之思。如宋代诗人戴复古的《桐庐舟中》："吴山青未了，桐江绿相迎。扁舟问何之，往访岩子陵。高风凛千古，卧蹴万乘主。富贵直浮云，羊裘钓烟雨。"借严子陵表达自己追慕古人，视富贵如浮云的思想。三是表达人在此景中的舒适闲逸，以及人与自然的山水和谐。例如，借由范仲淹的"潇洒桐庐"十首诗，"潇洒"成了桐庐的专属名词，"潇洒桐庐"就成了桐庐的独特气质，它的原意是形容人的清高洒脱、不同凡俗，用在桐庐的山水人文景象中，则表现出桐庐的自然与人文和谐相处的一种状态和意境。如表现光武帝的气量（"江山如不胜，光武肯教来"）、严子陵的高风亮节（"使君无一事，心共白云空"），自然和美的生态观（"相呼采莲去，笑上木兰舟"）等。

如今，诗词文化早已融入桐庐人的日常生活。在桐庐县城，叶浅予公园、城隍庙遗址公园等融入了各式各样的古诗词内容，就连广场的灯箱柱也刻上了古诗词，让人身处其中，能够静静领略桐庐传统文化的美好。在桐庐农村，如柏山、梅蓉、金牛等诗歌村各有特色，举办的诗歌大会精彩纷呈，普及诗词知识，提高诗词鉴赏水平，美丽乡村的诗歌氛围越来越浓厚。在桐庐企业中，诗歌大讲堂、书法写诗歌大巡展、诗歌朗诵献职工等活动形式多样，丰富员工业余生活的同时，诗词也是塑造企业文化的最好资源；在桐庐的媒体上，"桐庐好诗天天学""每月一诗""吟诵桐庐经典"等专栏各有侧重，翻开报纸、打开广播、登录手机 APP，总会有一篇篇优

美诗文，让桐庐人在工作和生活中
得到慰藉。

严子陵钓台的汤显祖像

"中华优秀传统文化是中华民
族的精神命脉，是涵养社会主义核
心价值观的重要源泉，也是我们在
世界文化激荡中站稳脚跟的坚实根
基。增强文化自觉和文化自信，是
坚定道路自信、理论自信、制度自
信的题中应有之义。"① 诗词文化作
为中华优秀传统文化的典型形式，
还在教育中，在提升国民素养、增
强文化自信方面发挥着独特而重要
的作用。它连结过去和未来，"加
强对中华优秀传统文化的挖掘和阐发"，能够"使中华民族最基本
的文化基因与当代文化相适应、与现代社会相协调，把跨越时空、
超越国界、富有永恒魅力、具有当代价值的文化精神弘扬起来"②。
总之，传统诗词的生命力在当代桐庐正在被激活，它从厚重的历史
中徐徐走来，与桐庐人的生活频频相遇，绽放出新时代的独特
魅力。

---

① 习近平：《在文艺工作座谈会上的讲话》，人民出版社 2015 年版，第 25 页。
② 习近平：《在哲学社会科学工作座谈会上的讲话》，人民出版社 2016 年版，第
17 页。

（二）药祖文化滋养健康养生理念

1. 桐庐的药祖文化传统

"北有神农、南有桐君"，传说在遥远的黄帝时代，一位老人在富春江边结庐采药、治病救人、分文不收。有人问其姓名，他笑而不语，只是指指身边的桐树。后人怀念这位悬壶济世的老人，尊称他为"桐君"，将其结庐采药的地方称为"桐庐"。桐君老人的故事，不仅流传在桐庐民间的口口相传中，也记载在历史文献典籍中。后世追慕这位上古先贤，尊桐君为"中药鼻祖"，称其地为"药祖圣地"。源远流长的传说和记载让桐庐拥有了深厚的药祖文化。

如果说桐君山是桐庐人的情怀所在，那么桐君老人简直就是桐庐人心中自己的精神图腾。桐君老人是中国历史上最早的中医药学家，著有世界上第一本医药学专著《桐君采药录》。

桐君及《桐君采药录》

《方舆胜览》（中国古代地理总志丛刊）中，对桐庐地名的追溯为："有人采药结庐桐木下，人问其姓，指桐木示之，江山因以桐名，郡曰桐庐。"这位在桐木下结庐采药的先贤，便被人们称为"桐君"。桐君被富春江畔丰富的药材吸引，在此辨别草木之味，编撰存世《桐君采药录》，就药物的采收时间、采药部位以及早期的加工方法、炮制方法，再到后期对药物四气五味的描述、药效的总结、质量好差的评论，甚至一些药理的研究都涵盖其中。在书中，桐君老人缔造了中药处方格式，君（主药）、臣（辅药）、佐（佐药）、使（引药），沿用至今。同时他也是药物三品（上、中、下三品）的定制者。正是这些处方某种程度上奠定了今天中药学与方剂学的基础。

在《桐君采药录》中，大部分人关注的，"可能只是采药动作，其实药物的采集、采收时间、采药部位以及早期的加工方法、炮制方法再到后期对药物四气五味的描述、药效的总结、质量好差的评论，甚至一些药理的研究都涵盖其中，这些统称为'采药'，它算得上是中国、也是世界上最早的制药学专书"①。

为弘扬"悬壶为世人，良药济苍生"的桐君文化，桐庐民间自发和政府组织的活动层出不穷。从 20 世纪 80 年代末 90 年代初开始，桐庐县政府举办"华夏中药节"，以中药鼻祖桐君为主题，展示"药祖圣地"浓厚的文化底蕴，一直持续到今。2020 年 10 月 31 日，第八届药祖桐君中医药文化节开幕式在桐君山举行。11 月 1 日，近 120 名来自上海、湖北、浙江等地的中医药及相关行业专家、学者、企业家代表和从业人员共聚桐庐，召开"药祖桐君·中药传承与创新高端论坛"，共谋中医药传承创新发展之路。文化节的一系列活动诸如"浙产名药"展览、第四届"桐君堂"杯中药材真伪鉴别全国大赛、中药发酵技术与创新交流峰会等让桐庐的中医药文

---

① 《第八届药祖桐君中医药文化节在桐庐开幕》，2020 年 10 月 31 日，中国报道网 http：//jjcsj. chinareports. org. cn/zt/20201031/9788. html。

化得到更广泛的传播。

桐君山风景

2. 药祖文化的当代传承

桐君老人不仅将名字赋予了桐庐这块土地，也将自己悬壶救世、治病救人的精神，传承给了这块土地上的人们，并缔造出深厚的桐庐药祖文化。

这几年，桐庐先后获得了"华夏养生福地""中国养生保健基地""中国长寿之乡""世界养生基地"等多项荣誉。其中，以桐君文化和理念为载体的桐君堂，就是药祖的一个传承代表。富春江南岸的桐君堂，是一座占地近100亩、建筑面积5.7万平方米的智慧中药产业园，它彰显着现代科技的创新基因，而其承载的千年中药历史也露出一角。

桐君堂的历史和现在

明朝洪武十七年（1384），富春人氏在桐庐创立惠民药局，开桐庐中药产业发展先端。后字号不断传沿，经改制和发展，桐庐医药药材公司成立。2015 年，更名为桐君堂药业有限公司，简称桐君堂。经过不断传承发展，如今，桐君堂已是药香飘远的浙江省金牌老字号，是具备灿烂历史的浙江省非物质文化遗产保护单位，还是国内第一家以桐君药祖为主题的桐君中医药文化博物馆所在地。它循着产业链布局、发展，开设近 100 家桐君堂分号，遍布大街小巷，深入边远乡村。

"绿水青山就是金山银山"，近年来，桐庐以药祖立名，以药祖文化为依托，在大健康视域下传承药祖文化，实现了中医药服务体系全覆盖，富春山健康城、富春江科技城等产业主平台不断夯实，中医药饮片、中医药制剂、中医药养生等中医药产业粗具规模。与此同时，桐庐还推出了桐君中医药养生游、古道徒步养肺游等旅游项目。内容为登高桐君山，拜祭桐君老人，走进桐君堂中医药文化博物馆、桐君堂本草园，享受专业养生项目，品味博大精深的中医药文化。桐庐年平均负氧离子浓度每立方厘米为 2868.4 个，是真正的"天然氧吧"。对户外运动者来说，古道风景"媲美黄山"，这里有列入浙江十大经典古道的马岭古道，山涧小溪，秋色宜人，抬头便可以与"美女峰"相望，还有瑶琳国家森林公园、大奇山、白云源、云湖森林公园等多个国家级、省级森林公园。充分融入大健康等时代新题材，突出打造"悠闲养生"乡野生活，勾勒出现代都市人渴求的"山水梦境、心灵家园"。

总之，药祖文化在当代，不仅仅给予现代中药产业或生物医疗器械产业以文化滋养，更在人文环境上将桐庐打造为一个有大健康视域的宜居养生福地。千年的药祖文化，从古老的历史走向自动化的现代制药，从一家传承文化的桐君堂到一座享誉国际的健康城，从单一的中医药文化慢慢扩展为内涵丰富的"大健康"理念。"药祖桐君悬壶济世"的理念、治病救人的情怀固然是应该承继的优良传统，而以大健康为目标，让桐庐人在桐庐这块宝地能够幸福生活，安居乐业亦是桐君药祖文化的传承和发扬。

（三）隐逸文化涵养慢生活方式

以简单朴素及内心平和为追求目标，不寻求认同为"隐"，自得其乐为"逸"。隐逸是针对世俗文化而言的。世俗文化以功名利禄和荣华富贵作为追求目标，而隐逸则代表了放弃名利，只追求人生的精神境界。

严子陵，即严光（前39—41年），少有高名，与东汉光武帝刘秀一同游学，亦为好友。刘秀即位后，多次延请严光出山辅佐大业，但他隐姓埋名，退居富春山，每日在江边垂钓，后卒于家。严子陵这种不慕富贵，不图名利的思想品格，一直受到后世的称誉。

范仲淹撰《严先生祠堂记》，有"云山苍苍，江水泱泱。先生之风，山高水长"的赞语，使严光以高风亮节闻名天下，现在的桐庐"严子陵钓台"即为当地最著名的胜景，也是国内十大钓台之冠。

严子陵钓台风景

　　一个地方的明山秀水能成就一个人，一个人的高风亮节也能成就一个地方。桐庐富春江的奇异山水吸引了严子陵放弃世俗的荣辱来此隐居，因人而名的严子陵钓台更吸引了历代文人留下无数的诗章。例如，"风鸣两岸叶，月照一孤舟"（孟浩然《宿桐庐江寄广陵旧游》）；"试把渔竿都掉了，百种千般拘束。两岸烟林，半溪山影，此处无荣辱"（范成大《酌江月·严子陵钓台》）；"不见严夫子，寂寞富春山。空余千丈危石，高插暮云端"（朱熹《水调歌头》）；等等。

　　后代文人因严子陵而来，惊叹于富春江畔的美景，一方面极言造化对于富春江的厚爱，另一方面则在对美景的描绘中多有特殊的寄寓：因为此处远离世俗，没有争竞，无谓荣辱，只有山水美景相伴，山高水长，正是向往的生活。

　　严子陵的高士之风让富春江畔的这座小城成为古往今来隐逸之士的首选之地。众多的隐逸之士心仪于富春江畔，因为这片清逸脱俗的山水，更缘于追慕先贤。晚唐处士方干、大历诗人严维、唐末隐者罗甫、儒道隐者施肩吾等，还有桐庐最著名的采药老者桐君，都是桐庐的隐逸之人。明代诗人孙纲的《桐君》一诗便为采药老者桐君所作。诗云："以桐为姓以庐名，世世代代是隐君。夺得一江风月处，至今不许别人分。"这位悬壶济世的大隐大德之人和桐庐的青山秀水一样，都是桐庐的独特瑰宝。

　　宋代词人柳永在《满江红》中描述过一个"暮雨初收"的傍晚，可以作为富春江古时美景及其蕴意的写照。词人坐的扁舟随意漂在江上，江面宁静，苇叶飘荡，随着村落中零零星星灯火燃起，江面上本就不多的渔家也都回去了，渔人可回归温暖的家庭，而柳永的船依然在随波逐流。彼时柳永年过五旬，仕途蹭蹬，游宦已倦，由此产生了归隐思想。而当他绕过严陵滩时，触景感慨，发出了"桐江好，烟漠漠。波似染，山如削。绕严陵滩畔，鹭飞鱼跃。游宦区区成底事，平生况有云泉约"的感叹。"云泉约"明显表示了作者希图隐逸之强烈愿望。一方面是景色之美，"烟漠漠，波似染"，另一方面却是羁旅行役之苦，而两者却在严子陵钓台处，在桐江之上，追古思今，浑然一体。这大概就是桐庐隐逸文化传统的独特魅力。

大量的隐逸故事、隐士诗词，为桐庐文化繁荣、旅游开发留下了取之不尽的精神和物质财富，同样也为桐庐人文研究增添了新的内涵。在桐庐人引以为傲的"三大文化"中，隐逸文化是重要的组成部分。当代桐庐的美景、美食、艺术乡村以及山间的民宿，吸引了大量城市里的人逃离喧器，让心灵重新回归大自然，来此体验安逸的隐者生活。隐逸文化和怡人美景也孕育了桐庐人慢节奏的生活理念。

桐庐也借机将此作为未来经济、旅游发展的重要规划，在富春江畔设立了富春江慢生活体验区，2020 年，美国《国家地理》杂志评选出的 25 个 "2021 年全球最佳旅行目的地"，桐庐作为中国唯一入选目的地备受瞩目；《小康》杂志社联合多个国家权威部门和专业机构发布的 "2020 中国最具幸福感百佳县市" 榜单中，桐庐县荣登榜首。这些宜居的证明不仅因为桐庐有绿水青山，更在于山水间有自古以来隐逸高士的精神寄托，在于从古到今美景背后丰厚的文化意蕴。

◇ 二 守好"红色根脉"，弘扬"两大精神"

人无精神则不立，国无精神则不强。在桐庐，一直与"三大文化"并称的就是"两大精神"。即，20 世纪60—70 年代的南堡精神和90 年代以来的快递精神。无论是南堡精神还是快递精神，其中蕴含的苦干实干、开拓进取的雄心壮志都与桐庐这片土地上的红色文化传统一脉相承，守好"红色根脉"，才能更好地弘扬"两大精神"，使之在新的实践中坚持和发扬，在新的探索中丰富和发展，绽放出新的时代光芒，为推动桐庐经济社会各方面的发展提供强大精神动力。

（一）红色文化哺育革命初心

南堡精神诞生于桐庐县分水镇南堡村，而桐庐县的第一个党组织就是1927 年8 月在分水城北东梓坞成立的，隶属中共浙江省委的中共分水支部。支部成立后开展反压迫、反土豪劣绅的斗争，提出"耕者有其田"。而后桐庐还发生过党领导的毕浦农民暴动、中国工农红军北上抗日先遣队的分水之战，钟山吴宅之战等重要事件和战斗，由此有了这片土地上的红色精神谱系。桐庐还产生了一批重要人物，如开国少将叶长庚、革命斗士殷铁飞、战功赫赫的炮兵司令王大田等，修建了一批红色场馆，如桐庐县革命烈士纪念馆，金萧支队纪念馆、遗址群，新民乡抗日民主政府旧址等，红色精神代代弘扬。

中国工农红军北上抗日先遣队分水之战

1934年7月，由红七军团组成的北上抗日先遣队北上抗日。11月29日，红十九师3000余人，在师长寻淮洲率领下，从淳安梅口出发，过岔口，翻探汉岭，东向袭击分水。国民党王耀武部补充第一旅约6000人在分水了山脚下、富家金紫山、笔架山和大墓山对红军进行狙击围截。敌我双方激战一昼两夜，红军以少胜多，杀出重围，进入皖南。当时红军指挥部设在分水百岁坊何一文家。

1962年，桐庐县政府将富家金紫山红军墓列为县级文保单位。1996年，对红军墓进行重修，并建有纪念碑。

进入新时代，桐庐一以贯之地传承红色文化，与时俱进地弘扬南堡精神。南堡精神内涵丰富，但其核心要义就是坚持党的领导和坚定理想信念。现在的桐庐人以习近平新时代中国特色社会主义思想为根本遵循，从南堡精神中汲取信仰的磅礴伟力，在真学真信中坚定理想信念，在学思践悟中牢记初心使命。党的十九大明确指出，要把坚定理想信念作为党的思想建设的首要任务。坚定理想信念始终是我们的立身之本，只有树立坚定理想信念，才能提高站位、开阔心胸，才能让红色文化成为激励现代桐庐发展的动力，才能做到不仅困难年月"泰山压顶不弯腰"，平稳时期也能"风雨不动安如山"。

（二）南堡精神孕育创业雄心

桐庐南堡自古以来就是江南美丽的"鱼米之乡"，1969 年 7 月 5 日，一场突如其来的特大洪水将整个南堡村淹没，良田被冲毁，房屋建筑损毁殆尽。这样的困难面前，南堡人在党的领导下，苦干实干，受灾当年就实现了粮食自给，不到三年的时间就重建了新南堡，创造了人间奇迹。南堡人民的英雄事迹被 1970 年 6 月 3 日的《人民日报》头版头条报道，标题就是"泰山压顶不弯腰——南堡大队用毛泽东思想战胜特大洪灾的英雄事迹"，而这种面对大灾大难毫不畏惧、自力更生、艰苦奋斗的精神，就被概括为"南堡精神"，成为教育、激励人民战胜困难、创建实绩的强大精神力量。

如今，"泰山压顶不弯腰"，"艰苦奋斗""自力更生"的"南堡精神"已经深深根植于桐庐大地，流淌在桐庐儿女的血脉中，成为激励桐庐人民坚定理想信念、战胜一切困难、在

《人民日报》1970 年 6 月 3 日对南堡精神的报道

前进道路上夺取一个又一个胜利的力量源泉。例如，南堡精神一直激励着南堡所在的分水镇的发展。分水镇的制笔业从最早零敲碎打性质的小竹笔杆加工，到现如今产值达到68亿元。从无到有、从有到优，现在的分水镇已成为中国制笔之乡，甚至拓展了"一带一路"市场，以自主品牌在国内国外市场中赢得优势。

与南堡精神具有同样内核的还有梅蓉精神。桐君街道梅蓉村，是一个由泥沙沉积而成的沙洲，长约九里，也叫九里洲。历史上，由于梅蓉村地形、地质的原因，富春江洪水泛滥，村民们贫困不堪，甚至还有民谣曰"米缸一年空到头，有女不嫁九里洲"。20世纪六七十年代，全村男女老少齐上阵，自力更生、修渠引水、改田造地，让沙地变成了水田，荒滩变成了果园，书写了"敢叫荒滩变绿洲"的奋斗神话。《人民日报》《解放日报》等争相报道，中央电视台还专门拍摄了纪录片《访梅蓉大队》。20世纪90年代，村民人均纯收入已率先达千余元，成为展现社会主义建设成果的窗口；如今，在乡村振兴的历史机遇和使命下，美丽的梅蓉村抓住机遇，大力发展文旅融合项目，梅蓉人再次展现了当代的"敢叫荒滩变绿洲"的梅蓉精神，争做新时代展现社会主义制度优越性的新窗口，实现从"从窗口到窗口"的演进与升华。

（三）快递精神培育竞争决心

南堡精神不仅在分水当地生根发芽，更是持久地成为当代桐庐人的自强不息的精神资源。一直以来，快递产业是桐庐的一张金名片，也是桐庐人的骄傲。桐庐独特的快递产业蓬勃发展，其中蕴含的当代桐庐人敢想、敢拼、敢干的精神，自强不息、实干争先的力量和通达天下的豪情，也是南堡精神的一种当代延续。

中国快递之乡

　　桐庐民营快递企业在发展过程中曾提出"艰苦奋斗、坚韧不拔、勇于拼搏、团结爱乡"的 16 字共同价值追求，是为快递人的精神。20—21 世纪之交，淳朴勤劳的桐庐人大胆试、勇敢闯，凭借着几辆自行车，发扬着"白天当老板，晚上睡地板"的创业精神，硬是踏出了申通、圆通、中通、韵达等"通达系"快递企业，市值已超 2000 亿元，快递业务量位居我国快递物流产业排行前四强，占全国配送总量 55% 以上。"三通一达"创始人都来自桐庐，由桐庐籍企业家创办和管理的快递企业有 2500 余家，分布在全国各地的配送网点有 2 万余个。如今，桐庐的民营快递行业占据着全国半壁江山，"民营快递之乡"的名号已享誉中外，桐庐也因此成为"中国快递之乡"。

今天，桐庐的快递精神在传承、发展中又有了许多新的内涵。

其一，快递精神包含了敏锐的市场意识和嗅觉。桐庐民营快递创始人在只有几辆自行车的时候，就感受到了快递的市场需求，而在创立企业的过程中，又不停根据新的市场需求调整战略，不断适应经济形势的需要，这才有了后来的企业的发展。

其二，快递精神蕴含了学习意识和市场竞争意识。快递从无到有的创业史，很长一段时间是在"夹缝"当中，只有不畏困难，敢于竞争，才能真正发展壮大。这种竞争用申通公司董事长陈德军的话说，是勇往直前的、与时俱进的："每一个人不可能判断他的明天可能发生什么，理想会随着你的事业发展而变化。最初之所以能全力以赴闯天下，不是因为我有多了不起的梦想，而是我们这一帮从山里走出去的年轻人出去做事情是没有退路的。如果我们身处安逸之境，做事情永远想到退路是不可能成功的。"[1]

其三，注重履行社会责任。"三通一达"之所以都发源于桐庐，一个重要原因就是企业的发展依赖家人、家族和同乡的助力，这也使得四大公司的创始人有一个共同的特点，即产业做大后不忘乡情，反哺乡村发展，热衷慈善事业，履行社会责任。这也是以快递

---

[1] 《申通旗手——陈德军访谈录》，浙江工商大学出版社 2020 年版，第 7 页。

精神为代表的一批桐商，将产业和家族、家乡形成一个双向赋能、回报家乡的方式。中通快递集团董事长赖梅松曾说："中国快递业，我认为它其实是一个农民的创业创新史，它有非常浓烈的乡情、亲情和友情，它带来了传统的勤劳、善良、肯吃苦，本质是信任的力量。"① 快递业的发展，除了契合了时代发展的大背景外，它的模式既是一种创新的形式，又是一种传统宗族文化作用的结果。其中蕴含的共同发展理念和协同合作意识，都是值得深入研究的课题。如今桐庐的快递回归项目已经落地，富春未来城也在建设当中，快递得以回归，正是桐庐快递精神的独特表现。

其四，通达天下的豪情和魄力。近年来，快递事实上改变了中国人的生活方式，也改变了产业模式。2014—2015 年，中央先后把物流和快递定性为国民经济的基础性工程，国务院公布了《关于促进快递业发展的若干意见》（国发〔2015〕61 号）等文件。国家的大力推动、新的国内外经济形势也对中国民营快递之乡的快递业提出了新的要求，在国内快递业蓬勃发展的同时，桐庐民营企业也开始放眼国际市场，目前中通快递在部署的国际快递专营业务就是为适应新形势做的新部署。同时，桐庐还是中国（杭州）国际快递业大会永久会址，至今已连续举办三届大会。

2015 年 5 月，习近平总书记在考察浙江时，对浙江工作提出了"干在实处永无止境，走在前列要谋新篇"的要求，这其中蕴含的实干、务实、创新的因素，既是对"浙江精神"的生动总结，亦是

---

① 《"南堡精神"永不褪色》，《杭州日报》2019 年 10 月 14 日。

对浙江未来发展的要求。桐庐的快递精神与之是非常契合的。桐庐人素有潇洒的风度，通达天下的闯劲，但是又有内敛务实的特质。这些满怀激情和勇气的快递创始人，践行着新时代的奋斗精神，对桐庐的南堡精神做了新时代的继承和发扬，充分体现了改革开放以来桐庐人通达天下的气魄。在今后的发展规划中，桐庐人要把桐庐的"快递人之乡"变成"快递产业之乡"，打造高端快递产业链集群，实现高质量发展。快递是新兴产业，它传承了桐庐精神中敢为人先、勤奋务实、百折不挠的内涵，与时俱进地弘扬"南堡精神"，能够为桐庐的高质量发展提供持续的、强大的精神动力。

◇ 三 拓展文化空间，提升文明程度

文化兴则国运兴，文化强则民族强。党的十八大以来，习近平总书记就中国特色社会主义文化建设提出了一系列富有时代性、原创性、民族性的重大理论观点。2020年，在全国教育文化卫生体育领域专家代表座谈会上，习近平总书记指出，推动高质量发展，文化是"重要支点"；满足人民日益增长的美好生活需要，文化是"重要因素"；战胜前进道路上各种风险挑战，文化是重要"力量源泉"。为进一步落实习近平总书记的讲话精神，浙江省、杭州市守正创新，全面推进实施文化兴盛行动，建设展示新时代中国特色社会主义重要窗口。桐庐县也在2007年开始了县域品牌的建设，努力将桐庐打造成为一个文化生活品质之城，创建国家级文明城市。

《中共中央关于制定国民经济和社会发展第十四个五年规划和二○三五年远景目标的建议》提出，要繁荣发展社会主义先进文化，提升国家文化软实力，必须"提升公共文化服务水平"（第33点），"健全现代文化产业体系"（第34点）。前者要求建设好公共文化空间，推进城乡公共文化服务体系一体建设，创新实施文化惠民工程，广泛开展群众性文化活动，建设如图书馆、文化馆、美术馆、博物馆等，提倡全民阅读；后者强调走文旅融合发展之路，要守正创新，打造一批文化特色鲜明的国家级旅游休闲城市和街区，发展红色旅游和乡村旅游。桐庐在文旅融合方面优势明显，目前发展势头良好，未来可期，这主要表现在以下几点。

（一）文旅融合多元发展

2017年，浙江省公布4A景区名单，杭州市共有6处，而桐庐县城也作为"醉美县城景区"赫然上榜。2020年，受新冠肺炎疫情冲击，在全球旅游业遭遇重挫的情况下，桐庐旅游业依然实现了正增长，被评为"中国旅游百强县"；美国《国家地理》杂志评选出的25个"2021年全球最佳旅行目的地"，桐庐是中国唯一入选目的地。

目前，文旅融合已经成为全域旅游建设的一种共识，所谓融合，不是产业的机械叠加，而是要互为补充、共同求新。桐庐就"以文化提炼品牌，以体育打造形象，以旅游落地发展，以体验融合创新"，深挖桐庐县地方特色，不断探秘文旅体融合新场景，以打造旅游产业发展的新引擎。具体表现在，借助国内外媒体，推动高端民宿落地桐庐，并举办各种文旅融合活动。例如，举办"第八届药祖桐君中医药文化节"，开展"药祖桐君朝圣典礼"等7项子活动，推出"桐君"中药养生包。打造"全民艺术节""全民运动节""全民旅游节"三大品牌活动，举办中国（桐庐）第四届抢渡富春江挑战赛、全国文旅摄影大赛、富春江开渔节暨"百县千碗·桐庐味道"品鉴会等大型文旅活动，推动文旅产业消费，促进文旅高质量融合发展。

又如，2019年桐庐举办了国际半程马拉松赛。这一赛事以"跑进诗乡画城·乐享潇洒桐庐"为主题内容，6000余名来自中国、美国、澳大利亚等19个国家及地区的跑友沿着风光绝佳的富春江畔，穿过县城大街小巷激情开跑，跑进了现代版的《富春山居图》画卷中。马拉松赛能够很好地展示桐庐良好的人文地理环境、城市文化、精神风貌，塑造了桐庐城市品牌，打响了桐庐城市知名度和美誉度，加快了旅游、体育等产业的融合发展。

（二）艺术乡村建设方兴未艾

在新时代乡村振兴潮流中，桐庐积极作为。例如，2020年以来，梅蓉村以"大地艺术节"项目计划为契机，将艺术与村庄建设、功能完善、产业导入、村民生活等相融合，为历史文化底蕴深厚的诗画田园再添艺术气息。大地艺术节是目前世界上最有影响力的艺术节，聚集了大量世界知名艺术节的作品。梅蓉得天独厚的地理环境孕育艺术气质。梅蓉村由泥沙淤积而成，素有"十里洋滩九里洲"之称，是一片"水生土长"的魅力土地。千年江水流过，造就了梅蓉村"山田村树江"次第排开、层次分明的独特风土，称得上是"富春江畔最美的田园诗画"。古时梅洲遍种梅树，入春便可见九里梅花，自古文人墨客留下诗文千余篇。现今，村口处水杉大道，俊秀挺拔，四季色彩变幻，江边上烟树掩映，春江秋色，引人流连，一向是远来宾客、近旁市民亲近乡野，体验田园生活的绝佳美地。梅蓉承办大地艺术节，可以使来旅游的人对当地的传统、文化有更深入的了解，也是全球范围内以艺术带动乡村振兴的范本。

艺术乡村（拍摄者：周俊）

（三）公共文化空间建设成绩斐然

桐庐的文化礼堂建设已比较成熟，文化礼堂可以用作戏曲演出、各式晚会节目表演场所，亦是村民们"新村夜话"的主要场地。"新村夜话"立足于"时时可讲、处处可办"，讨论的都是村民们关注的身边事，其使用公共文化空间的主要场景有"庭院夜话"和"礼堂夜话"。

"庭院夜话"

以农家庭院、农村公园、亭台长廊、休闲广场等室外场所为平台，组织新时代文明实践志愿者、各行业模范代表、党政机关代表、民宿业主代表、乡贤代表、本地土专家、普通农户等开展互动式宣讲和交流活动。

"礼堂夜话"

以文化礼堂（新时代文明实践站）为主要平台，一方面邀请院士、专家、记者、作家等各类高层次的人物走进农村，开展各种主题性"夜话"宣讲活动。另一方面请农民走上讲台，用身边事教育身边人，用家乡话传播新理论、好声音。对于部分层次高、受众广的"礼堂夜话"，采取5G技术在线直播、隔屏互动，进一步扩大"新村夜话"效果。

同时，桐庐的公共文化服务在浙江省一直名列前茅，建有体育特色村，打造文体综合空间，实现"人人会游泳"；在图书馆实行总馆分馆制，而分馆以乡镇的文体综合站为主，目前建有分馆12个，农家书屋186个。建成百姓健身房和大型综合体育广场服务市民。同时，在农村的礼堂、广场进行公益电影放映、戏剧演出，由此桐庐县电影发行放映有限公司被评为第八届全国服务农民、服务基层文化建设先进集体。召开全县清廉文化品牌建设推进会，举办"《论语》中的清廉文化和小康梦"廉政书法比赛，等等。

自2018年列入全国首批新时代文明实践中心建设试点县以来，桐庐的新时代文明实践中心，一直是深入宣传习近平新时代中国特色社会主义思想的一个重要载体，中心着眼于凝聚群众、引导群众，以文化人、成风化俗，动员和激励广大农村群众积极投身社会

深奥悦空间

主义现代化建设，这些年来，通过大力弘扬文明之美，桐庐县城变美变干净了，道路交通畅通有序，2020 年，桐庐以全国第九、全省第一的优异成绩通过全国文明城市复评，并获得中央文明办通报表扬，桐庐始终把文化文明作为城市的"根"与"魂"，使得传统文化和现代文明相得益彰，共同促进、共同发展。

桐庐县的"十四五"规划中，"美丽经济"主要就是要发展"1 + 3"主导产业，"1"是快递。"3"就是大制造、大旅游、大健康。桐庐要打造"五个全国样板"：高水平生态文明全国样板；高质量绿色经济全国样板；高颜值美丽城乡全国样板；高品质美好生活全国样板；高效能县域治理全国样板。这其中，"大旅游"和"大健康"都离不开特色公共文化空间的打造和城市文明程度的提升，只有充分彰显"文化桐庐"的独特性，才能真正地"看最美风景，品桐庐味道，过向往生活"。

◇ 四　诗意栖居，日常生活审美化

潇洒桐庐，山清水秀，历史悠久，底蕴深厚。传统的"三大文化"，现代的"两大精神"，丰富的红色文化资源，都潜移默化地影响着桐庐人的日常生活。随着经济社会的发展，人民生活水平的提高，桐庐人民对美好生活有了新的追求，桐庐的文艺赋能也有自己的独特性。近年来，桐庐努力完成"三大文化""两大精神"的新时代转化，先后成功创建了"中国剪纸之乡"（2003）、"中国故事之乡"（2013）、"中国书法之乡"（2016）、"中国诗歌之乡"
（2018），拥有了四张国字号文艺金名片。一方面，爱好剪纸、故
事、书法和诗歌的人越来越多（协会会员数和国省级会员数不断增
加）；另一方面，剪纸、书法等作品进入机关、社区、公园、农村、
家庭、学校、景区等公共空间景观，又为艺术乡村建设、戏曲演
出、茶道表演、花道传播、古街区设计、民俗旅游等活动增色，桐
庐瑰丽多姿的文化艺术最大的特点就是与生活的结合，艺术丰富了
桐庐人的日常生活，融入桐庐人民的日常工作和生活当中，成为不
可或缺的重要内容。

（一）桐庐传统艺术形式

1. 桐庐故事声名远扬

桐庐故事无论是在创作上，还是在讲演上，都是声名远扬，人
才辈出。代表人物有吴文昶，他能写会讲，有"江南故事大王"之
称，他的徒弟也很有成就，桐庐本土的有"山花奖"获得者方赛
群，"映山红奖"获得者潘晓炜等。2013 年，桐庐被授予"中国故
事之乡"的称号。目前，桐庐故事语言培训机构有 7 家，每年培训
近千人次，深受学生（幼儿）喜爱，特别是少儿故事成为桐庐故事
的一大亮点。2020 年，面对突如其来的新冠肺炎疫情，桐庐创作故
事 32 个，全部上了省级以上自媒体，10 篇上了"学习强国"平台。
讲故事是舆论传播的通行方法，也是社会沟通的有效办法。故事是
一种"世界语言"，历史故事引起当下的共鸣，好故事的审美价值、

教化作用胜过千言万语。从国家层面说，新时代如何让世人认识当代中国？如何让国人增强"四个自信"？这需要国外之人全面客观地认识，更需要国内之人生动准确地诉说。讲故事是好办法，故事中有哲理、有文化、有味道，一个故事胜过一打道理。习近平总书记在党的十九大报告中指出，"讲好中国故事，展现真实、立体、全面的中国，提高国家文化软实力"，为我们指明了努力方向。桐庐故事勾连了历史与当下，传统与现代，在新时代"讲好中国故事，传播中国声音"的要求中能够发挥积极的作用。

2. 桐庐剪纸历史悠久，源远流长

桐庐剪纸已有一千多年的历史，明清时期曾出现了家家户户剪窗花、贴门神的民俗盛景，通过近现代的传承发展，逐渐形成了桐庐山水剪纸特色，是中国南方剪纸的典型代表之一。著名的剪纸艺术家有胡家芝、谢玉霞等。胡家芝114岁高龄谢世（1897—2010），著名美术史论家王伯敏晚年定居桐庐，编写了《中国民间剪纸史》，2003年桐庐被授予"中国民间艺术剪纸之乡"。目前，桐庐设有胡家芝故居、王伯敏故居，对外开放。

3. 桐庐越剧文化积淀深厚，演出层出不穷

越剧是桐庐人民日常生活的重要组成部分，不少享誉海内外的越剧名角都来自富春江畔。桐庐越剧团（即杭州越剧院二团）。前身是建于1950年9月的桐庐民艺越剧团，历来有"江南戏曲舞台上的一颗明珠"之称。近年来，桐庐县高度重视越剧传承与发展，深入弘扬地方越剧文化，越剧演出层出不穷，打造了一批如《春江月》《桐江雨》《月亮湖》《残情》等精品剧目。桐庐的富春江镇芝

厦村被称为"越剧村",戏曲氛围极为浓厚,一旦当地文化礼堂有越剧演出,就会呈现人头攒动,越韵悠扬的景象。

2019 年 4 月 7 日晚的桐庐剧院,五位梅花奖得主谢群英、单仰萍、陈晓红、王杭娟、陈雪萍一一登台,带来了"梅红春江"越剧折子戏专场演出

4. 桐庐书法异军突起,作品迭出

桐庐书法已形成了浙江书法的"桐庐现象",2016 年,桐庐被授予"中国书法之乡"的称号。目前,桐庐书法家协会有省级和国家级协会会员 470 人,是桐庐会员人数和国家级会员人数最多的协会。在认真开展书法培训、学习交流、作品展览的同时,积极推进书法村创建,省级 1 个,市级 4 个,县级 3 个。在桐庐,无论是在城市公园、美丽乡村,还是机关单位办公室、寻常百姓人家,都能

看到桐庐书法家的作品，每年春节前夕，开展送春联、送福活动，大受欢迎。现在，桐庐书协提出更高目标，努力从浙江书法"桐庐现象"向中国书法"桐庐样本"迈进。

此外，桐庐古诗词为全国县级翘楚，亦是浙江省唯一的"中国诗歌之乡"，具体见本章第一节，此处不赘。

（二）桐庐的生活美学

1. 桐庐美食资源丰富

桐庐优越的地理环境也使得美食蜚声国内外，例如富春江的江鲜。唐代李郢甚至以王孙相送而艳羡的情境表达过鲈鱼之美："桐庐县前洲渚平，桐庐江上晚潮生。莫言独有山川秀，过日仍闻官长清。麦陇虚凉当水店，鲈鱼鲜美称莼羹。王孙客棹残春去，相送河桥羡此行。"宋代词人范仲淹亦有"分符江外去，人笑似骚人。不道鲈鱼美，还堪养病身"之句；老饕苏东坡则除了对桐庐自然美景的歌咏，还不忘对品鲥鱼的赞叹："芽姜紫醋炙鲥鱼，雪碗擎来二尺余；南有桃花春气在，此中风味胜莼鲈。"可见江鲜之美对文人雅士来说不啻为一种巨大的吸引力。现如今，富春江中的白鲈鱼肉质细腻，味美鲜嫩，与鲥鱼、鳊鱼、潮鱼、子陵鱼、江鳗等一同成为桐庐美食和风物的代表。

除此之外，桐庐还有各式本土小吃，米粿、酒酿馒头、油沸果、钟山蜜梨、白果糕，等等。

桐庐小吃

油沸馒头夹臭豆腐：桐庐传统小吃之一。馒头用米酒的甜酒酿发酵而制成。一个碗口大的馒头，松软甜香，能握在手心里捏紧即可还原其蓬松之态。将馒头放入油里煎成金黄色，趁热剪开，中间抹上一层桐庐特制的辣椒酱，再加一两块油沸的臭豆腐，香里带辣，让人垂涎欲滴。

油沸果：将以特殊配比调好的稀面盛入铁勺里，先油沸成半个面壳后加馅，再用稀面封好外壳，炸至金黄色后倒出一个半锥体的油沸果。从前物质生活水平不发达时，油沸果中间主要夹咸菜或南瓜丝等馅料。而今它的馅料可以很讲究，多为应季的春笋（冬笋）加上豆干、酸菜等炒制而成，使得油沸果外皮脆香，油而不腻，内馅咸鲜，美味可口。

与桐庐的江鲜和小吃匹配的，是桐庐的茶。"潇洒桐庐郡，春山半是茶。"（范仲淹《潇洒桐庐郡十绝》）桐庐早在唐朝就设有茶馆，借富春江和分水江两江交通之便，桐庐县城历来是浙西地区交通枢纽和商贸中心。茶馆茶肆均有悠久历史，桐庐主要出产的绿茶有"雪水云绿"，红茶有"芦茨红"等，都曾出现在文人墨客的笔下，近代名家叶浅予先生就写过多篇文章讲述故乡茶事，画过多幅画作呈现茶人，而他以三年时间，精心绘就的《富春山居新图》中，采茶，是这幅山水画长卷中最重要的人文风物。总之，优质的食材、得天独厚的美景和源远流长的美食传统，为桐庐的美食增添了丰富的内涵。

2. 日常生活审美化

中国是一个非常爱美的国度，文学只是语言审美化的一个展现，而一个民族在社会经济发展到一定阶段后，各方面的美的复兴、美的需求都会成为一种刚需，也会走向日常化。从这个层面上说，桐庐丰富的艺术资源使得桐庐人的日常生活逐渐审美化，同时也说明了桐庐的经济发展已经到了一个相对成熟的阶段，才会有这些审美方面的需求和践行。

桐庐的特色民宿

20 世纪 90 年代以来，随着消费时代的来临和大众文化的崛起，艺术与日常生活的边界日益模糊，学界对日常生活审美化的讨论持久而热烈，引发了广泛的关注。伴随着日常生活的审美化，还有审美生活日常化：一方面是生活逐渐变得艺术化，另一方面是当代艺术与生活之间的界限消失。有学者认为，这可以概括为"生活美学"①，并且是全球美学研究的最新发展方向。对生活美学的践行正是通过提高个体的精神境界和文化素养得到美好生活。

美好生活是美的生活和好的生活，生活美学不只是美的生活，也一定是好的生活，应该是中国人的整体追求。在这个生活美学中，必然带有中国传统文化的复兴，中国的美学是中国传统文化中最美最精华的部分，在当代桐庐它得到了延续和发展。在全球化的背景下，如果只是学习或者模仿国外的文化艺术，是不能够走出去到国际上的，更无法实现真正的文化自信。桐庐的山水、诗画、剪纸、书法、茶道等艺术形式与日常生活息息相关，对应着桐庐的美包括了天、地、人、食、物、居、游等，桐庐，之所以是"美好生活的样本"，正说明了美从来不是少数文人生活的专利，民间的审美文化在中国传统文化中的分量是不可小觑的。中国应该以生活美学建立最核心的推动力，以此建立中国人的文化自信。同时，文化强国，生活美学必然是其中应有之义。

党的十七届六中全会通过的《中共中央关于深化文化体制改革、推动社会主义文化大发展大繁荣若干重大问题的决定》提出，文化是民族的血脉，是人民的精神家园，在我国5000多年文明发展历程中，各族人民紧密团结、自强不息，共同创造出源远流长、博大精深的中华文化，为中华民族发展壮大提供了强大精神力量，为

---

① 参见刘悦笛《生活美学与当代艺术》，中国文联出版社2018年版。

人类文明进步作出了不可磨灭的重大贡献。这是中国共产党对文化的本质和根本作用的最清醒、最深刻的认识。①

桐庐县的《"十四五"发展纲要》中，第九部分明确提出："坚持文化文明相得益彰，彰显'文化桐庐'独特魅力。"桐庐已历经数千年的风雨洗礼和历史沉淀，以"药祖文化、隐逸文化、诗词文化"为代表的桐庐三大传统文化源远流长、绵延发展，成为桐庐宝贵的文化财富。同时，桐庐又是全国首批县级文明城市、首批新时代文明实践中心试点县，这些年来桐庐抓文明、兴文明、共同呵护文明，可以说"文明有礼"已然成为桐庐的城市品牌。《"十四五"发展纲要》要求桐庐县在未来的发展中，一方面进一步深入践行社会主义核心价值观，深化"文化名县"工程建设，挖掘保护传承利用特色文化资源，彰显"潇洒桐庐"文化魅力，进一步提升桐庐发展软实力。另一方面，也提供了桐庐能够成为"美好生活"的全国样本、"县域治理样本"的答案：只有将传统文化与现代文明相结合，从传统文化生发，落脚到现代文明，以传统文化为桐庐人的精神底蕴，以现代文明为社会生活的基础，相得益彰，才能通向诗意栖居、美好生活。

---

① 《中共中央关于深化文化体制改革、推动社会主义文化大发展大繁荣若干重大问题的决定》。

第 六 章

多元参与，融合推进社会治理现代化

桐庐县紧紧围绕推进国家治理体系和治理能力现代化总目标，探索健全党组织领导的自治、法治、德治、智治融合的城乡基层治理体系，完善基层民主协商制度，推进县域社会治理现代化，切实提升维护社会大局稳定、促进社会公平正义、保障人民安居乐业的能力水平。结合基层社会治理机制创新改革试点县建设，以打造县域治理现代化示范县为目标，做深做实"大党建引领、大联动治理、大融合推进"文章，取得了良好成效，树立了县域法治建设、平安建设和基层治理新标杆，全面提升了县域治理现代化水平，彰显了"治理之美"。

◇ 一　完善新时代县域社会治理现代化体系

桐庐县高度重视基层治理工作，坚持法治思维，直面矛盾和问题，加强平台建设、创新工作方法，将基层治理中的矛盾纠纷化解、安全秩序守护、公共服务供给作为重点任务，满足群众对美好生活的需求。

（一）深入推进法治桐庐、平安桐庐建设

桐庐县委十四届六次全会以来，明确提出把"依法治县"作为三大保障之一加以推进，吹响了全面依法治县"冲锋号"，努力朝着县域法治首善之区目标不断迈进。全域法治大格局加速构建，成功创建全国首批法治政府建设示范地区。县域法治督察、分水镇"一支队伍管执法"被评为浙江省县乡法治政府建设最佳实践项目。积极探索全域集成综合行政执法体制改革，相关做法得到中央肯定。打赢了平安桐庐建设攻坚战，一体推进法治乡村、平安村（社区）创建，全面完成扫黑除恶"六清"行动，实现平安建设"十六连创"，荣获浙江省首批"一星平安金鼎"。健全新时代县域社会治理现代化体系，重点包括：

1. 紧抓顶层设计

设立县基层办，畅通基层群众与党委政府沟通渠道。着力构建党建领导"桥头堡"，14 个乡镇（街道）全覆盖建成投用党群服务中心、社会治理综合服务中心（信访超市）、社会组织参与社会治理培育中心，181 个行政村全覆盖建成综治工作站。落实"一网格一支部、一支部多网格"，把党组织的服务管理触角延伸到社会治理的末梢。

2. 坚持改革创新

将"最多跑一次"改革所蕴含的理念、方法、作风运用到基层

治理领域，推动群众反映诉求、化解矛盾纠纷"只进一扇门""最多跑一地"改革，高标准建成运行县乡两级社会矛盾纠纷调处化解中心（信访超市），组织代办员主动下沉到基层，万人成讼率从2018年的53.50%降到2019年的32.49%。建立"县委书记大接访"、县领导"365"坐班接访、一线常委会大接访等机制，县领导包案化解信访突出问题化解率达96.67%，创成浙江省"无信访积案县"。

3. 坚持基层导向

桐庐县作为杭州市试点，全域推进基层整合审批服务执法力量改革，构建一面党旗管引领、一个窗口管审批、一支队伍管执法、一个中心管治理、一个平台管指挥的"1+3+1"工作格局，相关做法在浙江省机构改革总结大会上作经验交流。开展基层综合执法体制改革，在分水镇率先设立浙江省首个乡镇综合执法队并推广至全县，相关做法在浙江省法治政府建设暨综合行政执法改革推进会上作经验交流。

4. 坚持三治融合

以自治激发基层活力。推进"合意庭"议事会、"天井圆桌会"等基层自治载体建设，打造"楼下书记""红色网格业委会"等特色品牌，组建"两师一员"服务团、"乡贤帮帮团"推动各类家庭、社会矛盾纠纷就地化解。以法治筑牢底线根基。加强法治示范乡镇以及民主法治村（社区）、无讼无访村（社区）建设，全面推行村规民约、社区公约修订，推进宪法广场等法治阵地建设。以德治聚心聚力。深入推进新时代文明实践中心试点建设，有效整合志愿者、全科网格、文明创建三支队伍，以"智慧治理＋文明实践"为主要方式，以志愿服务为基本形式，推动县、乡镇（街道）、行政村三级中心（所、站）建设，巩固全国文明城市创建成果，相关经验做法得到中宣部肯定。

2020 年 4 月 25 日，县新时代文明实践助力垃圾分类"十百千万"
行动暨垃圾分类志愿服务"项目赛、达人赛、示范赛"活动启动仪式上，
来自全县各单位和社区、社会组织志愿者代表为十大项目（十支队伍）
志愿者代表授旗

5. 坚持深化矛盾调解中心建设，改进县级矛调中心体制机制

县级矛调中心设立专门的管理机构，加强各部门资源整合，完善诉调、警调、检调、仲调、专调、访调等多种模式联合运作体

系，优化一站式接收、一揽子调处、全链条解决的全闭环运行机制，真正实现百姓矛盾纠纷解决"最多跑一地"。提升乡镇（街道）"一中心，四平台"实战实效功能，形成把矛盾化解在基层、解决在萌芽状态的工作格局。

6. 坚持数字赋能，发挥整体智治效能

建设城市大脑基层应用和建设县域社会治理数字化系统，积极推动城市大脑在基层治理中的应用，构建城市大脑·县域社会治理数字化系统，积极推进"一中心四平台一网格""雪亮工程""智安小区""统一地址库"等智能化建设。以"一图"强动态管控，从命案、电信诈骗、交通亡人、信访、黄赌毒、偷盗、纠纷警情、火警等"八个维度"，以红、橙、黄、蓝、绿"五色图"，按季排名、动态反映全县 14 个乡镇街道的社会治理情况。以"一码"筑"智能塔基"，规范划分镇街、村社、网格、楼栋边界，融合人、房、企、事件等社会治理要素，赋予每一户楼栋、户室及户外标志物一个统一地址编码，形成完整数据库，为数据治理实现"一键可知"、做到"心中有数"提供支撑。以"一指数"评治理质效，每月定期发布"六和"治理指数，以数字化反映平安创建和社会治理实际效能，推动各地运用智能化成果加强社会治理的过程管控。

（二）多措并举鼓励社会组织参与社会治理

社会治理植根于社会，活力来自社会。党的十九届四中全会提出，要构建起"人人有责、人人尽责、人人享有的社会治理共同体"，这离不开社会组织、市场主体、社会工作者和志愿者等的积极参与。进入新时代，桐庐县社会组织服务内容不断丰富、社会资源有效整合，社会力量不断参与到社会建设和治理中，社会组织在社会服务、基层管理、民主自治、社会文明等方面发挥着"大社会"的作用，构建起良性互动的共治共建共享局面。

1. 支持社会组织参与社会治理平台建设

开展县、乡镇（街道）、村（社区）三级枢纽型、支持型社会组织建设，搭建培育孵化基层社会组织平台，在 14 个乡镇（街道）和 22 个城市社区社会组织服务中心全覆盖的基础上，实现 181 个行政村社会组织服务中心全覆盖。截至 2020 年年底，桐庐县共有正式登记社会组织 875 家，其中社会团体 245 家，民办非企业单位 623 家，基金会 7 家；村（社区）公益类、平安类、文体类等备案类社会组织 2190 家，其中平安类社会组织 570 家，覆盖全县所有村（社区）。

2. 党建引领社会组织积极发挥作用

2018 年，桐庐县成立社会组织综合党委，目前已成立 7 个党支部，全县社会组织党组织覆盖率达 100%。各支部结合专业特长，以党建引领社会组织积极发挥作用，如彩虹公益党支部"焕新乐园"助力困境家庭孩子改善居住环境；急速户外救援党支部党员救援始终冲在第一线；雅苑工疗党支部打造精神智力残疾人"心灵港湾""爱的家园"等。

3. 提升社会组织参与社会治理能力

建立社会组织培育发展扶持资金，开展公益创投项目实施，提高社会组织创新能力，促进社会组织健康发展。通过建立公共财政对社会组织的扶持机制，县财政每年在县级福利彩票公益金安排100万元，重点用于社会组织培育发展、社会组织公共服务平台建设、公益创投项目、社会组织评估、品牌建设以及社会组织工作先进典型的宣传等。2016—2020年共实施85个社会组织公益创投项目，资助资金267万元。由桐庐县民政局举办社会组织能力提升培训班，在社会组织如何整合社会资源及精准对接社会需求等方面进行有针对性的辅导。通过培育和扶持，2019年，有2家社会组织分别获得杭州市市级成长型品牌社会组织和品牌公益服务项目，12家社会组织被杭州市民政局初评为AAA级以上社会组织，达到历史性突破；2020年，7家社会组织被评为AAA级以上社会组织，其中2家为AAAAA级社会组织。

4. 营造社会组织良好发展的外部环境，深化落实社会组织税收优惠政策

不断完善社会组织监督管理体系。健全退出机制，引导活动不正常、运作能力弱和社会认可度低的社会组织进行合并或注销，对不符合年检要求的实行有序退出。通过规范、监管和扶持、培育两个层面的努力，优化布局结构，促进社会组织可持续发展。同时，进一步完善社会组织税收优惠政策，鼓励企业和个人将更多的资金投入到公益事业中来，扶持社会组织发展壮大。

5. 完善社会组织评价激励机制

引入第三方评估机制，把社会组织参与社会治理工作列入社会组织等级评估的重要内容，对获得AAA以上等级或杭州市品牌社会

组织称号的社会组织，优先作为政府向社会组织转移职能、购买服务或公益项目招标的对象，并享有相应的优惠政策。

6. 积极宣传社会组织参与社会治理先进典型

一是推广村级商会助力乡村振兴。桐庐县登记或备案的村级商会有63家，村级商会有序参与村庄事务管理，形成合作共治的新格局，成为基层自治的重要力量。积极参与村庄"小微权力"以及村级事务规范化运行，参与修订完善各类乡村会议规则和村规民约，商会成员有效引导农村矛盾纠纷的法治化解决，助守"法治"底线。村级商会通过慈善救济、道德评选等多种举措，发挥道德教化功能，从精神层面提升村民素质，提高"德治"水平。二是深化基层民主协商水平，发展城乡基层协商机制，积极探索城乡社区协商民主的个性化应用和推广，深化和培育出多个基层民主协商品牌。三是引导村级商会助推乡村治理。培育白云村"斗笠议事会"、旧县街道"鸡毛换糖"等具有代表性的基层治理"金名片"，利用商会成员社会影响，通过慈善救济、道德评选、助学助贫、矛盾调解等活动，参与到社会治理中，形成"善治＋自治＋共治"局面。

7. 培育社会组织品牌，共同打造"温暖之城"

大力弘扬公益精神，引导志愿者队伍主动参与社区活动，打造了一批特色志愿者队伍，发挥居民自治作用。同时，培育先进社会组织和先进人物，传递正能量，使桐庐成为一座"温暖之城"。近年来，有多家社会组织和个人获得了市级以上荣誉，如：扶手文化助残公益服务中心被中国助残志愿者协会评为"五星级文化助盲志愿服务团队"、桐庐县制笔行业协会被杭州市民政局评为"社会组织助力东西部脱贫攻坚行动先进单位"、雅苑工疗站被评为杭州市"成长型品牌社会组织"、彩虹公益服务中心被杭州市志愿服务工作委员会评为杭州市优秀志愿服务集体，该中心负责人吴代福还被杭州市民政局评为"杭州市首届最美公益人"等。

2020 年 2 月 19 日，在县新时代文明实践中心一楼大厅，
志愿者理发师为抗疫一线的工作人员免费理发

◇ 二　建立形式多样的民主议事制度，
打造基层治理特色品牌

党的十九届四中全会提出，拓宽人民群众反映意见和建议的渠

道，着力推进基层民主制度化、规范化、程序化。桐庐将社会治理重心向基层下移，全域推行基层民主协商，灵活创新工作方式方法，积极畅通多种途径，实现共建共治共享。近年来，打造了"请你来协商""花厅议事会""合意庭""诸葛亮议事会""斗笠议事会"等一系列基层治理特色品牌。

（一）桐君街道多种模式探索推进基层民主协商工作

2020 年以来，桐君街道在街道层面建立"桐君议事会"的基础上，积极探索村（社区）协商民主的个性化应用和常态化推广，着力破解"党员干部一头热、广大百姓冷眼看"的现象，打造出了"花厅议事会""天井圆桌会""餐厅议事吧"等多个基层民主协商品牌，成功发动广大群众共商共治共建共享，聚焦社会治理痛点难点，实现由"政府说了算"向"大家商量办"转变。该街道已开展民主协商议事 30 余场，实现村社组织换届顺利完成、无违创建走在前列、文明创建高度评价、党的十九大精神宣传学习基层组织全覆盖等明显成效。议事经验获《人民日报》《新华每日电讯》《人民政协报》《浙江日报》等多家媒体专题报道。

1. 推行政府引导的"花厅议事会"模式

关系群众切身利益的重大事项，由桐君街道协商民主工作领导小组组织实施，把握协商内容、参与范围、基本程序、协商保障等重要环节，保证程序合理、环节完整。由村两委召集村民代表，全体村民旁听共同商议，议事地点设置于村口大樟树下、廊桥边，以开放的议事环境，民主协商的方式破解基层难题。如2020年在推进无违创建工作中，桐君街道阆苑村村民对拆违工作有较大抵触情绪，环境综合整治工作进展缓慢，该街道抓住大部分违章建筑拆除，村庄空间拓展，利用价值显现的时机，召开"花厅议事会"。由街道负责人主持，村两委负责人和村民围绕拆除违法建筑怎么看、拆后土地该如何有效利用等问题共同商议，达成共识，拆违进度明显加快，全村79处房屋（含辅房），除21处保留以外，仅半个月实现违建清零。"花厅议事会"模式推广后，桐君街道拆违进度名列全县前茅。

2. 探索干群互动的"天井圆桌会"模式

基层治理中需要群策群力的事项，利用社区规范的组织架构，在工作人员、楼道长、志愿者等社区工作日常参与者的基础上，召集居民代表、企业工作者共同讨论参与社区治理工作。并根据不同议题邀请相关部门负责人和技术专业人员作为顾问指导，议事人员涵盖社区建设的各个层面，议事地点设置于居民集中的宿舍楼下，广泛听取意见建议，在互动中达成最大共识。如全国文明城市创建过程中，桐君街道迎春社区多次召集居民参与议事，邀请共建单位参与，动员大家一起来想、一起来干，激发居民的荣誉感和参与感，主动提供有效治理意见建议近百条，兴起了文明创建的高潮，社区面貌得到极大改善。在民生实事项目征集过程中，坚持群众协商确定，做到重大事项群众决策、执行、监督、评议全方位参与。

2021 年 2 月 19 日，桐庐县合村乡合村村党员干部群众在
"合意庭"开展"我为合村发展献一计"民主议事活动

（二）南门社区"餐厅议事吧"："有事好商量，众人的事情众人商量"

为进一步完善基层民主自治制度，提升科学化决策水平和居民自我管理、自我教育、自我提升、自我监督的能力，桐庐县桐君街道南门社区建立了"餐厅议事吧"，作为党委政府与居民"请你来协商"的协商议事平台，将民主协商嵌入社会治理的方方面面，从而有效促进基层社会治理现代化。

南门社区"餐厅议事吧"成立于 2017 年 5 月，为社区民主协商议事平台，主要目的是发挥辖区内政协委员联系广泛和智力优势以及为群众代言作用，鼓励居民共同参与、共同协商社区建设，为社区发展献计献策，为营造更好的居住环境和提升居住品质提供有效建议。因协商议事场所设在"南门老年之家"（老年自助餐厅），故名"餐厅议事吧"。2019年年初，在桐庐县政协和桐君街道政协工委的指导下，"餐厅议事吧"作为社区"请你来协商"平台，进一步完善了协商议事制度和程序，目前有固定的协商议事成员17人，其中政协委员3名。

协商议事成员的产生方式包括组织推荐、群众举荐、个人自荐，经社区居委会审批并投票无异议，报街道党工委备案后，正式成为"餐厅议事吧"协商议事成员，其中辖区的政协委员为固定参加成员。针对利益涉及的具体群体代表和专业事项的特殊要求的专家，则由社区党委、居委会报街道党工委、办事处同意后进行特邀。协商议事的范围包括南门社区的年度工作计划和规划、社区财务预决算及其他重要决策；政府重大政策和决策部署在本社区的执行落实方案；社区自治章程、村规民约等居民自治规章制度的变更；涉及南门社区居民切身利益的社会保障、文化教育、医疗卫生、交通优化、治安管理、城乡建设、便民服务、文明创建、空气治理、优质教育打造、集体经济资源使用等方面的政策措施的制定和调整；南门社区居民普遍关注或反映强烈的重要事项等。

（三）仁智村"天井议事厅"："大家的事大家商量着办"

隶属桐庐县城南街道的仁智村，总面积13.1平方公里，下辖8

个自然村，共有农户 962 户，在册总人口 2898 人。此前，仁智村因党建引领不强、产业发展滞后、社会治理欠佳等原因，被列入软弱涣散村党组织。近年来，仁智村凝心聚力打赢美丽建设、产业振兴、社会治理、文化文明四大攻坚战，以民主议事为重要抓手整改社会治理，多管齐下，使得村庄旧貌换新颜。

仁智村建立了"光明顶"调解室仁智服务站，整合老书记、老党员、老娘舅、驻村律师、两代表一委员等资源力量，加强矛盾纠纷排查与调处，力争实现"村事村了"。创建了"天井议事厅""乡贤议事厅"等协商议事平台，让"大家的事大家商量着办"，实现三治融合的基层治理现代化。

仁智村的"天井议事厅"设在村里的天井坞驿站，于 2017 年年底修建完成。村民在茶余饭后便会来到天井坞坐坐，围坐在一起聊聊村里的一些事，如庭院整治工作进度偏慢、村民务工工资公示不及时等，村干部了解到村民们在给村里的建设提意见建议，便也会常去坐坐，在听取收集了村民的意见建议后，在村委周例会上进行汇报。后来，村党委书记每月 10 日定期到天井坞听取村民意见建议，形成了"天井议事会"制度。此后，每月 10 日都会在天井坞召开会议，村干部们认真听取村民就村庄建设、环境卫生、文化娱乐等方面提出的问题和建议，以及村民关心的各类情况，同时宣传党的理论和路线方针政策，通过"有事大家议、理论大家学"的方式，为仁智村整村建设发展创造了更佳条件和更好氛围。

（四）后岩村三治融合：乡村治理的有益实践

位于分水江上游的后岩村，由 4 个村民小组组成，现有 204 户，常住人口 546 人。后岩村积极探索，将法治、德治、自治有机融合，展开了乡村治理的有益实践。

结合新时代文明实践活动，后岩村充分利用文化礼堂等阵地，成立 6 支志愿服务队，积极开展普法和学法宣传，弘扬"传家训、立家规、扬家风"活动，做到户户家风家训全部上墙。村党委还建立了网格群、法治群、清廉驿站等渠道，多途径进行法治宣传。同时，后岩村以德治为抓手，以"三评"（评选"最美人物""最美庭院""文明示范"）为载体，每年召开户长会，对村规民约进行及时修订和完善。每年村里开展道德模范评选活动，评选"最美后岩人"，以榜样的力量鼓励、鞭策全村。建立"美家美德"文明微积分制，村民可以通过美丽庭院建设、垃圾分类、保护公共环境卫生、积极参加村里组织的各项文明实践志愿服务活动、文明举办红白事、对本村老年人或困难户献爱心等方式获得不同积分，用积分兑换相应奖励。此外，后岩村还充分发挥"党建＋"基层治理作用，建立"乡邻乡亲"议事会，推出美丽基金会和红白理事会自治制度，坚持"百姓事事好商量，众人事事众商量"的原则，凝聚全村智慧与力量投入到乡村治理中来。这些做法深得民心，后岩村已经连续几年无讼无访。2018 年，后岩村荣获浙江省"民主法治村"称号。

（五）"楼下书记"：南门社区亮丽名片和人民群众的贴心人

南门社区位于桐庐县城老城区中心区域，面积 0.6 平方公里。随着社区人口老龄化加速和流动人口、"空巢家庭"逐渐增多，基层社会治理压力也随之增加。南门社区党委于 2011 年建立"党支部书记轮流值班制度"，在社区一楼设立党员会客厅，精心挑选 5 名党支部书记、1 名党支部委员轮流义务值班，接待服务居民群众。他们都是企业退休党员干部，平均年龄 72 岁，平均党龄 38 年。他们党性强、威信高、群众工作经验丰富，积极为居民群众排忧解难，被居民群众亲切地称为"楼下书记"。

"楼下书记"每人包干联系 15—20 户家庭，每月走访一遍，全面掌握目前 100 余名社区矫正对象、500 余名企业退休人员、1300 余名 60 岁以上老年人的信息，建立了一户一档服务管理台账。同时，配合派出所民警开展出租房屋调查登记，人户一致率达 90%，流动人口办证登记率达 95%。

如今，"家长里短烦心事，有事您和'书记'聊"，已成为南门社区居民的一句"口头禅"。近三年来，"楼下书记"累计在"楼下"义务值守超过 1.5 万个小时，接待来访居民 1.6 万余人次，收集社情民意 1200 余件；调解纠纷成功的案例有 300 余件；帮助居民解决 200 余起消费纠纷，为居民挽回经济损失 100 余万元；为居民代办服务 1500 余次，探望慰问困难群众 1000 余人次。

2019 年以来，"楼下书记"又牵头组建"银龄互助"老年食堂志愿服务队，负责老年食堂菜品检查、价格核对、餐具清洁、端盘送菜、打卡充值、场地打扫等除烹饪以外的所有环节，并吸引了30名热心市民参与，极大增强了社区的凝聚力，让老人们真正感受到家一般的便利与温暖，获得归属感。"银龄互助"项目也被评为"桐庐县十大志愿服务品牌项目"。

2021年春节，浙江省委省政府提倡就地过年，"楼下书记"团队挨家挨户上门宣传政策，劝导超过100名省外人员选择就地过年，为疫情防控做出了积极贡献，他们的事迹被《人民日报》、新华社、《光明日报》报道。

"楼下书记"先后获得了"浙江省闪亮言行月度之星""桐庐县道德模范提名奖""最美桐君人"等荣誉，成为桐庐县基层社会治理工作的一张亮丽名片和知名品牌。

"楼下书记"参与"银龄互助"服务

◇ 三　智慧赋能，提高社会治理精准化智能化水平

科技是提升社会治理现代化水平不可或缺的重要支撑。桐庐创新治理体系，走出了一条符合当地实际的善治之路，既从基层自治入手，又着力完善智慧治理平台建设，提升治理精细化水平，从而确保政治更安全、社会更安定、人民更安宁，打造更高效能的平安桐庐。

（一）探索创新新时代基层治理区网融合模式

桐庐探索创新新时代基层治理区网融合模式，由县公安局牵头，将公安警务防区与基层全科网格相结合，让区网融合成为"枫桥经验"在桐庐的最佳展现。

桐庐县是浙江省唯一"基层治理机制创新"试点县，基层治理"四平台"（综治工作、市场监管、综合执法、便民服务）建设起步早、体系完整。县级"大联动"平台统领区网融合各项工作，明确"网格是基础、平台是抓手、联动是手段"。县智慧治理信息中心是"四平台"中枢大脑，通过"县级—镇街—村社"三级体系，构建起综治线上 877 个具有"整合联动治理"功能的全科网格，将基层治理事务"一网打尽"。"四平台"依托"网格"运转，全科网格提升"四平台"能力。全科网格底子好、功能全，信息化程度高，

"一长三员"职责清晰、队伍强壮，作为基层治理新生力量生机勃勃。

桐庐县公安局创新发展新时代"枫桥经验"，抓住全县推进乡镇"四平台"和全科网格建设契机，推动公安警务防区与政府全科网格深度融合，充分借力全网专兼职网格员，服务公安信息采集、基础管控、隐患排查、纠纷化解，积极构建"权责清晰、功能集成、扁平一体、运行高效"的区网融合机制，并在城南街道、富春江镇完成试点基础上进行全县推广，实现公安基层基础工作资源整合、优势互补、基层减负，做到了情报信息更灵敏、问题发现更及时、矛盾化解更有效、基础管控更扎实。

区网融合机制将新时代"枫桥经验"的核心要义"矛盾不上交、平安不出事、服务不缺位"作为目标，立足桐庐县实际统筹谋划，积极落实基层治理的大政方针、制度安排和决策部署，打造基层治理"最小作战单元"，实现"上级任务能下沉到一线、基层需求能反馈到顶层"，将风险隐患化解在萌芽、矛盾纠纷解决在初始，形成信息顺畅、管理通畅的善治格局。

区网融合机制注重"联动融合、开放共治"，引入综治力量参与警务工作。设置了3个主要岗位，即网格警长、网格长、专职网格员，与全科网格"一长三员"互补，其中网格长、专职网格员双边供职，成为重要的衔接元素。网格警长负责专职网格员公安类业务的培训和指导，下达任务并督导考核；网格长协助网格警长，带领专兼职网格员履职，履行沟通联络、信息采集、隐患排查、纠纷调处等，对网格负总责；专职网格员对网格警长和网格长负责，开展警务工作，履行信息采录、隐患排摸、治安巡防、矛盾调解、"最多跑一次"服务等。网格警长还可向网格指导员、兼职网格员派遣任务。

区网融合中，网格是基础，信息从网格中来、工作到网格去做。具体包括两个工作流程：一是"自下而上"，网格员收集信息、处理事务，难题筛选后报至网格长，棘手之事再上报镇街"四平台"，积极处置化解，极少问题再流转至县级"智慧治理信息中心"，通过层层解决的闭环管理机制，实现了"矛盾不上交"；二是"自上而下"，专项任务从县级层面按照区域、职能划分到镇街"四平台"，涉及区网融合内容的项目由网格警长认领并下沉到一线，高效落地执行。

区网融合工作的办公场所设置在镇街"四平台"的信息指挥室内，命名为"网格管理中心"，根据治安复杂程度下设"网格管理站"和"网格服务点"。管理站可与既有的警务室合署，也可跟新增的综合警务站合一，降低行政成本，视需要管理站可下设"网格服务点"，实现警务功能全覆盖无死角。充分使用"四平台"现有设备，积极对接数据库、嫁接"智慧治理信息中心"平台，形成"云上公安、智能防控"基层治理模式。

作为智慧治理的重要平台，区网融合提供了强大的数据支撑，成为提高社会综治水平的重要保障。区网融合机制以网格为工作单元，校准现有信息、收集最新信息、补全缺陷信息、更新变动信息。警务防区人员使用"警务通"、全科网格人员使用"平安通"移动终端，实现巡防与采录同步。区网融合实现了便捷的信息共享。由区网融合串联起了"全科网格""基层党建""智慧治理"等原本存在但孤立的综合体。网格警长与"一长三员"常态化清洗"数据池"，唤醒沉睡中的信息，建立公安内部信息资源目录，明确共享数据的提供方和使用责任方，以及种类、方式、范围、权限等，减少人为信息封锁。建立"常采常新"机制，针对错误数据、重复数据、碎片化信息进行纠错、替换、关联，理顺数据结构，优化信息存储，提高共享数据的质效。区网融合使得信息利用更准确。区网融合机制将各种数据梳理、归类、存档、建模，形成综治工作类、综合执法类、市场监管类、便民服务类等数据信息，在信息利用方面，根据事件的构成要素和职能管辖，分解成区网融合中各职能部门的子事件，形成解决该事项的临时专门小组，提高了处置事件的效率。借助区网融合，每个子事件办结的部门还将处置情况及时汇总到自己系统内的上级部门，为下次同类事件的处置提供参考。

区网融合机制将"大走访、大排查、大化解"专项行动与基础工作、治安整治、矛盾化解等工作相结合，民警与网格员以"访民情、察民意、解民忧"为重点，常态化开展入户走访工作，建立矛盾纠纷调解信息共享、情报研判、线索传递、移送查处等协作机制。通过网格员入网，主动发现网格中的治安隐患，提前介入矛盾纠纷化解，并以农村警务室、综治调解室、村级网格站等为据点，与网格警长联合开展矛盾纠纷调解，就地化解调处，培育了民间治安力量，推动安全防范和平安共创意识深入人心。

区网融合以精细网格管理、统一指挥流转、跨平台协同处理为主线，兼顾已有的综治平台和公安平台，统一对接整合了全科网格职责，通过平安巡防、网上办事、区域联动、资源共享等方式，极大盘活了基层治理各要素，构建起基层治理的"数据大脑""智慧大脑"，让数据鲜活、应用高效，让科技深入基层助推社会精准治理。网格警长、网格员的每日"脚步丈量民情"，重点群体稳控及时、高效。区网融合促使人力下沉、财力下沉、权力下沉，它是基层系统治理"神经末梢"的优化升级，做到了制度与技术、线上与线下、网络与网格的相互促进，是数字化背景下基层治理的新模式，使信息获取更加全面、隐患排查更加及时、处置化解更加高效。

人民群众的平安需求、社会的发展需求，是区网融合科学实践的工作目标。当前，流动人口管理、出租房屋管理、乡村旅游发展、民宿业态兴起等情况成为常态，为基层治理带来隐患。区网融合以平安建设为切入点，以网格为最小单元，摸清治理之道、顺应发展大势，始终突出人民群众的主体地位，坚持以人民为中心，构建起了党委领导、政府负责、社会协同、公众参与、法治保障的社会治理模式，以公安警务活动为媒介，推动基层治理理念从"大包大揽"向"联动共治"转变，治理方式从"自上而下"向"上下互动"转变，治理格局从"单打独斗"向"协同作战"转变，促进基层治理系统更加完善和成熟。区网融合绑定的是整个综治力量，充分吸纳平安志愿者、综治工作者、村民情报员，在网格警长的调度派遣下，围绕违法犯罪开展前期工作。区网融合机制的生命力在于，它将社会治理大联动和现有警务资源有效嫁接并攥紧成拳，实现了治理为了群众、治理依靠群众、治理成果由群众共享。

（二）智慧安防：创新建立安评准入机制

2017 年，桐庐县政府出台了政府投资项目安评工作机制，凡是政府投资基础设施类项目，在立项后建设前必先实施由公安主导、各部门参与的安评程序，明确应同步配建的监控、MAC、智能卡口等一系列治安、交通、消防等安防设施。相关费用由建设经费同步保障，实施由建设主体同步负责，安评办负责方案评审和竣工验收，资源统一接入县智慧治理信息中心，实现共享共联。该机制构建了智能防控顶层制度设计，使智能防控建设工作步入常态化、制度化、规范化轨道，有效解决了标准不一、各自不联，多头建设、资金浪费，滞后建设、二次开挖等问题。已累计完成90 余个项目的安评工作，整合县域各类监控 1.2 万个，治安视频监控达到 6200 个、人脸识别 1200 个，建成智安小区 45 家，智能防控网络进一步织严织密。

（三）探索非警务警情分流机制，让群众矛盾回归专业调解

一直以来，公安机关都在推进警情分流工作，实践也充分证明，大量矛盾纠纷警情更需要的是专业调解，而非公安机关介入，出警行为往往会引起非报警方当事人的反感。但实际工作中，为避免矛盾纠纷激化升级，公安机关往往顾不上是否属于自己的职责范

围，一律出警处置；加之部分群众苦于求助无门，明知不属于公安管辖却依然选择报警求助，使得原本应该分流出去的矛盾纠纷类警情重新回到公安机关。为破解大量警力消耗在矛盾纠纷调处化解的尴尬困境，桐庐县着手开展了一些尝试和探索，着力搭建矛盾纠纷联动联调平台，汇聚相关职能部门合力共同参与非紧急非警务矛盾纠纷的化解机制。以县、乡两级矛盾调解中心规范提升建设为契机，加大资源整合力度和指挥协调力度，实行公安机关与矛调中心两级联勤联动运作模式。以平安村社创建为抓手，重点增强属地街道、乡镇党委政府的工作敏感性，明晰职责，赋能赋权，压实党委政府属地责任。规范设置村社平安创建"过程性"和"结果性"指标，用好考核指挥棒，真正让村社干部回归治理主业。完善社会应急联动机制，推进非警务警情分流，派员常驻县乡两级矛调中心，全面对接协调非警务警情的受理研判、流转下达、处置反馈、跟踪评估等工作，闭环管理避免倒灌回流。推动建立县、乡、村、网格矛盾纠纷调处四级架构，构建以司法调解、行政调解、行业调解、村社治保、网格员等调解力量为主的多元化矛盾纠纷调解体系，完善警调衔接机制，打造矛盾纠纷调处全链条式闭环。

◇◇ 四　强化矛盾纠纷大调解体系建设

社会矛盾纠纷调处化解，就是为了让老百姓遇到问题能有地方"找个说法"，切实把矛盾解决在萌芽状态、化解在基层。矛盾纠纷化解，强调的是社会矛盾化解的能力建设。只有不断增强纠纷化解能力，才能公正高效地定分止争，实现"小事不出村、大事不出镇、矛盾不上交"。近年来，桐庐县始终践行以人民为中心的发展思想，健全完善新时代大调解体系，高标准建设县级矛盾纠纷调处化解中心，规范提升县乡村三级矛调中心，同步抓经济、平安两张报表，全力打造平安桐庐综合体，有力推动了全国首批县级文明城市、全国首批法治政府建设示范县的成功创建和县域社会治理现代化建设，创成浙江省"无信访积案县""无欠薪县"，"最具幸福感县级城市"的平安底板越夯越实，群众满意度大幅提升。

（一）顶层设计，形成闭环模式

1. 机制保障完善

建立以桐庐县矛盾纠纷调处化解中心为中枢，乡镇（街道）"四平台"为支撑，村（社区）"三治融合"齐推进的"143"工作格局，在矛盾调解中心建立受办一体的即接即办机制、事心双解的教育疏导机制、协调联动的会商研判机制、上下对接的协调办事机制、阳光透明的公开监督机制、协同配合的考核管理机制，形成"矛盾纠纷调处—司法确认—诉讼引调—代理诉讼"的全链条机制，实现人民群众在"一地"进行矛盾纠纷的申诉、回应、解决。建好首席调解员、法治指导员队伍，推进重点领域社会矛盾集中治理和源头治理。

2. 县领导亲自接访落实责任

以县领导接访、下访促进全县矛盾纠纷化解责任落实，每日一名县领导到县矛盾纠纷调处化解中心坐班"随机＋预约"接访，对县领导包案实行"季述年评"，县委书记每季点评。每月有"县委书记大接访"活动，整合便民服务热线967000、12345，在县矛盾纠纷调处化解中心开通县委书记接访预约电话，经审核后，疑难问题由县委书记亲自接访，一般问题严格按照"交办—处置—报告—反馈"闭环办理。全体县委常委每季度轮流到乡镇（街道）面对面约访群众。

3. 数字赋能

突出面向群众的"前端"和面向部门协同优化的"后端"，用智慧手段实现两端同赋能，"前端"运用"移动微法庭""一码解纠纷"等平台，用科技手段简化矛盾纠纷受理、流转、调解时间，实现全过程在线展示，提升透明度。"后端"注重加强资源整合应用，推进流程再造，实现矛盾纠纷统一受理、流转、处置、反馈、考核闭环。

（二）中端合力，提升治理协同度

1. 职能设置整合度高

县级矛盾纠纷调处化解中心整合政法、信访、司法等部门整体入驻，融合15个部门囊括调解、仲裁、行政裁决、行政复议等30余项职能。设置无差别受理窗口，同步可预约登记县领导接访，开设14个接待窗口、24个接谈调解室，2个速裁（仲裁）庭，形成矛盾纠纷化解的中心平台。

2. 聚焦上下贯通

围绕"一中心四平台一网格"的县域社会治理新模式，实施全域综合执法改革助推"四平台"提能升级，调整专职网格员向"专职专业"升级。政法委书记每月召集乡镇集中研判，分级处置矛盾纠纷，全流程闭环管理。推行村（社区）法治指导员全覆盖，450名政法干警、53名律师担任法治指导员组团进村，充分发挥矛盾纠纷调解员、为民便民服务员、法治规范审核员、法治建设督导员和政策法律宣传员的"五大员"作用。

3. 实现多方参与

在调解组织横向到边、纵向到底的基础上，由县人大常委会副主任兼县人民调解协会会长入驻中心，强力整合党政和专业力量提供多元社会治理服务。强化信访和矛盾纠纷调处化解的社会联动，3067个社会组织分级分类纳入大调解体系，打造社会组织参与乡村治理组织协和、功能组合、机制复合、效能融合、品牌凝合的"五合集治"品牌。

（三）末端落实，提升群众满意度

1. 深化平安创建

将平安乡村作为美丽乡村 3.0 版建设的重要内容，由县级矛盾纠纷调处化解中心牵头、乡镇矛调中心负责，开展平安村社创建活动，深入平安创建的神经末梢，以红黄黑三色（好、警示、差）定义村社的平安现状，每月排序排位、登报发榜。

2. 推进基层治理

坚持共建共治共享，县乡矛调中心坚持不懈抓基层治理，涌现出一批典型示范案例，积极发挥协商议事功能，90％小区创成无讼无访无案单位；"物管协调站"有效破解无物管小区治理难问题。

3. 推动整体智治

坚持智慧引领，以数字化转型推动县乡矛盾调解中心风险研判和事件处置功能做大做强，归集"平安钉""12345""967000""维稳""一码解纠纷""公安非警务事件""三源治理"等平台系统数据建立云上数据中心，智能分析研判化生成平安日报表、月报表，推动平安建设整体发力。实现治理从被动处置向主动发现转变、从单项整治向综合治理转变、从突击整治向长效管理转变、从经验判断向数据分析转变。

从平安桐庐、法治桐庐建设，到社会组织、社会力量积极投身

2021 年 6 月 3 日，浙江省副省长徐文光接待来访群众

社会治理，再到基层民主自治品牌的蓬勃发展，以及智能化治理水平的提高和社会矛盾纠纷调处化解工作体制的完善，桐庐走出了一条符合地方实际、满足人民群众需求的善治之路。县域长治久安，社会和谐发展，人民群众的安全感、获得感不断提升，为实现建成高效能县域治理的全国样板的目标，探索建设人人有责、人人尽责、人人享有的社会治理共同体打下了坚实基础。

第 七 章

增进民生福祉，推进共同富裕

共同富裕，是社会主义的本质要求，是人民群众的共同期盼。①党的十九届五中全会通过的《中共中央关于制定国民经济和社会发展第十四个五年规划和二〇三五年远景目标的建议》，擘画了到2035 年实现"全体人民共同富裕取得更为明显的实质性进展"的美好图景。2021 年 6 月 10 日，中共中央、国务院正式发布《关于支持浙江高质量发展建设共同富裕示范区的意见》。

浙江深入实施"八八战略"的实践历程，就是加快推动共同富裕的奋斗历程。桐庐县争先对标中央战略和浙江省要求，坚持以人民为中心，发展成果由人民共享，努力探索在更高水平上实现幼有所育、学有所教、劳有所得、病有所医、老有所养、住有所居、弱有所扶，加强民生保障，确保公共服务和惠民政策覆盖到每一个人，同时，持续缩小城乡差距，保增收促就业，不断增进百姓福祉，群众获得感、幸福感、归属感持续增强。2020 年，

---

① 《中共中央国务院关于支持浙江高质量发展建设共同富裕示范区的意见》，中华人民共和国中央人民政府网站，2021 年 6 月 10 日，http：//www.gov.cn/zhengce/2021-06/10/content_ 5616833. htm？trs＝1。

桐庐县荣登"2020 中国最具幸福感百佳县市"榜首,被评为"2020 年度中国全面小康十大示范县市",为推进共同富裕、共享美好生活提供了新时代的新样本,成就了百姓的"幸福之美"。

◇ 一　聚焦社会关切,持续增进重点领域民生保障

持续推动养老、医疗卫生、住房等重点民生领域的发展,不断创新体制机制、工作方法,努力完善人的全生命周期民生服务,从而让桐庐的发展更有温度、百姓的生活更加幸福。

(一) 分层次多举措解决养老难题,创新农村微型养老模式

桐庐有"中国长寿之乡"的称号。截至 2020 年年底,桐庐县60 岁以上老年人 10.46 万人,占总人口的 24.94%。其中,65 岁以上老年人 7.56 万人、70 岁以上 4.56 万人、80 岁以上 1.52 万人。① 数据表明,桐庐已进入深度老龄化阶段,呈现出老年人口规模大、增速快、趋高龄化的特点。由于家庭微型化及外出务工等因素,独居、空巢老人的养老保障及生活照料等问题也日益显现。

----

① 数据来源:桐庐县民政局。

1. 推进全县各级社会养老服务体系建设

近年来，桐庐县委县政府把养老服务体系建设纳入社会经济发展规划，把加快养老服务业发展作为改善民生、构建和谐社会的重要着力点，推进"以居家养老为基础、社区养老为依托、机构养老为支撑"的社会养老服务体系建设。

首先，健全养老事业发展政策体系。一是积极落实惠老优待政策，县财政每年安排1300万元专项养老服务体系建设经费用于养老事业。二是完善高龄津贴制度。实现80岁以上老年人高龄津贴全覆盖，2011年起，连续10年为全县1.5万余名80岁以上老年人发放长寿津贴1.086亿元。三是推行长期护理保险制度。桐庐县作为浙江省长护险试点，按居家护理540元/月，养老机构护理1500元/月的标准，解决失能人员的生活和医疗护理难题。四是实施银龄安康工程。2015年起连续6年为全县60岁以上老年人投保意外险，投保总额1000万元。至2020年年底，老年人获意外险理赔1695万元。

其次，积极培育各类养老机构发展。截至2020年年底，全县已有养老机构37家，其中公办养老机构10家（公建民营5家），民办养老机构27家。养老机构床位3358张，照料中心床位4383张，每千名老人拥有床位数73张。全县建有居家养老服务照料中心216个，老年食堂188个，镇街级示范型居家养老服务中心21家，构建了"一刻钟养老服务圈"。

最后，不断深化形式多样的养老服务。一是政府购买养老服务。全县分三个标段由三家中标服务公司为3701名老年人提供居家养老服务，人均服务5小时/月，年均提供服务20万个小时，标准为 15 元/小时，全年购买服务经费 300 余万元。二是医养护一体化服务。全县 65 岁以上老年人签约 6.6 万人，接受服务 4.6 万人，签约责任医生为老年人提供诊疗和健康咨询服务，每年为 65 岁以上老年人提供健康检查 1 次，对 70 岁以上老年人接种流感疫苗提供全额补贴，对患有高血压、糖尿病的困难老年人，配用 14 种基础药物的费用全额补贴，设置家庭病床 178 张。三是智慧养老。建立老年人数据库，建设视频监控系统，实现视频信息调看、查询、管理。在富春江镇、桐君街道东门社区，探索以居家老年人服务为核心的智慧养老服务，引入爱宁养老等为老服务商户，为老年人提供"救助、关爱、健康、家政"等便捷养老服务，加快互联网与养老服务深度融合，满足老年人个性化需求。四是康养试点。桐庐县作为浙江省康养体系建设首批试点单位，选取桐君街道、城南街道、百江镇、分水镇等 4 个镇街探索个性化康养联合体建设，在桐庐安养医院、怡生堂、社会福利中心、颐养老年公寓、阳光养老服务中心分别开展以物理康复、中医理疗康复、医养结合、示范型居家养老服务、农村微型养老机构为主的特色为老康复服务。五是夕阳红供餐全覆盖。"夕阳红"供餐服务全覆盖是桐庐百姓日"惠民七条"政策之一，桐庐县依托中心村老年食堂、集中供餐点和餐饮企业等，为 1800 余名困难老年人提供配送餐服务，让老年人既能"吃得上饭"，又能"吃得好饭"。

2. 引导社会力量参与养老服务

桐庐县重视社会力量进入养老领域，通过深化养老服务领域"最多跑一次"改革，对社会力量利用闲置资源举办养老服务机构的项目，依法依规简化手续，对民办机构进行备案登记。县政府出台扶持政策，对民办养老机构实施床位一次性 3000（租赁）—4000（自建）元建设补助和 100—400 元每人每月的床位运营补助。鼓励养老机构投保各项社会保险，对养老机构参加政策性责任保险的，县财政按保险金额 1/3 给予补助；实行贷款贴息扶持，对入住率达 50% 以上的养老机构，以每床 1 万元，最高贷款额不超过 50 万元，给予 50% 贷款利息的贴息；积极输送培养养老护理员队伍，对引入精英型养老护理员的，给予每人每年 1 万元的人才补助。通过政策引导和培育，桐庐县目前已有民办养老机构 27 家，成为公办养老机构的有益补充。

3. 首创农村微型养老模式，实现"家门口"的幸福养老

"垂暮不离亲，养老不离家"是桐庐县在 2016 年首创的理念，如今，桐庐的微型养老已经做到了全国领先。微型养老打破了养老院城兴乡衰的格局，成功打造了"老百姓身边的养老机构"。

桐庐全县 60 岁以上老年人中，农村老人占 7 成。随着"老龄化、高龄化、失能化、空巢化"问题的日益加剧，传统家庭养老功能弱化、未富先老、城乡养老机构发展不平衡不充分成为农村养老最大的难点和痛点。于是，一些农村女性或者从居家照顾自家老人积累了经验，或者通过参加养老护理员培训，进而利用家里闲置房，萌生出邻里互助型养老的最初雏形。面对上述养老难题和在民间破土而出的新生养老模式，桐庐县民政局创造性提出"家院一体"模式，着力打造"养老不离家"的微型养老服务机构。2015 年，分水镇阳光养老服务中心领取了第一张农村微型养老院设立许

可证，标志着"家院一体"微型养老模式在桐庐的制度化局面开启。此后，县民政局联合10部门出台《关于进一步优化部门服务促微型养老机构规范发展的指导意见》，从微型机构设立条件、消防审验、房屋产权等方面出台系列配套政策，为规范化发展桐庐微型养老机构破解了政策壁垒，大力简化证照审批手续，做到"降规模不降标准"，为微型养老机构的普及提供了有力的政策保障。

在实践中，微型养老机构一般拥有10—30张床位，本质是嵌入农村社区的规模较小、成本较低，具有独立法人资格，兼有居家养老和照料服务功能的小型服务机构，使老年人既能实现就近养老，又能满足居家养老服务的需求。在"家院一体"微型养老模式下，县民政局将多种资源有效整合高效利用，如将残联残疾人之家、医保长护险、卫健签约医生等资源融入微机构，并探索出"微机构＋村建民营、连锁运营、慈善基金、志愿服务"等模式，从而提升微机构生命力。近五年来，全县培育微机构14家，覆盖10个乡镇（街道）。现有床位436张，护理型床位418张，其中在运营机构床位336张，入住老人276人，护理员78人，在运营微机构入住率达到82%，护理员与入住老人的比例为1：3.5。已有5家微机构升级为镇街级居家养老服务中心，将养老服务辐射向周边村社。

在发展过程中，涌现出许多"1＋X"的延伸性创新举措。如百江镇联盟村"微型机构＋慈善基金"，引导社会力量捐赠200万元成立慈善基金，每年收益用于补助机构养老。桐庐颐养老年公寓"微型机构＋村建民营"，采用村居家养老服务照料中心资源，引入第三方运营，实现村建民营市场化运作。桐庐阳光养老服务中心

"微型机构＋养老服务"，建立区域性示范型居家养老服务中心，将养老服务辐射周边村（社区），提供生活服务、康复护理、家庭支持、社会工作、器具租赁等功能。还有"微型机构＋签约服务、长护险定点、连锁运营"等系列举措，打造了一批具有桐庐特色的养老服务品牌。

"家院一体"式微型养老，一方面破解了传统养老观念中的老年人离家难题，让农村老人对进入养老院不再排斥，归属感更强；另一方面，消除了家庭照护不专业的问题，特别是失能老人，进入机构后可以得到专业的日常照料、健康指导、个人护理、康复训练等服务，有效提升晚年生活质量，幸福感更强；更重要的是，大大降低了老年人获得养老服务的价格，减轻家庭负担，获得感更强。数据显示，微机构入住率达到82％，超过全县平均入住率50个百分点，"养老不离家"得到了农村老年人的拥护。

桐庐的农村微型养老模式引起了民政部、智库及研究机构、全国老龄协会等的高度关注，并在全国人口发展战略研讨会上推介做法经验，央视及各大媒体予以多次专题报道，向全国展示了农村养老的桐庐样本。

（二）深化"三医联动""六医统筹"集成改革，全面推进健康桐庐建设

桐庐县推进医联体和县域医共体建设，强化医疗卫生应急体系建设，争创浙江省卫健事业集成改革先行区。

阳光养老机构是桐庐第一家微型养老机构

在顶层设计方面，第一，强化制度支持，加大财政投入力度。桐庐县委县政府制定出台《关于促进卫生健康事业高质量发展的实施意见》《推进卫生健康事业高质量发展行动计划（2020—2022年)》等文件，要求三年总投入不少于30亿元支持医疗卫生基础设施建设，投入5000万元支持卫生健康信息化建设，投入3000万元支持县第一人民医院做大做强，投入1000万元支持县域医共体建设；每年投入2000万元卫生事业发展专项资金用于学科建设、设备配置、人才培养、医院合作等。同时，县财政安排1000万元补助新冠肺炎疫情期间公立医院的经营亏损。

第二，强化机制保障。设立县深化医药卫生体制改革联席会议，由县委县政府主要领导任双召集人。实行联席会议办公室专题会议制度，协调解决有关医改重要问题；调整优化健康桐庐建设领导小组，建立定期研究部署卫生健康工作机制；聘请中国科学院院士尚永丰、中国工程院院士宁光等 5 位专家为卫生健康事业发展顾问，与杭州市卫健委全面开展"委县合作"，凝聚起共同推进卫生健康事业高质量发展的强大合力。

第三，强化氛围营造。召开全县卫生健康事业高质量发展大会，邀请省市卫健部门、上海瑞金医院、杭州师范大学等单位领导及权威专家，县乡村各级公立医疗卫生机构医务人员共同参加，并以视频形式将会议开到乡镇基层一线。弘扬"大医精诚、代代相传"的医者精神，营造了全县尊医重卫的良好氛围。

在优化举措方面，第一，深入推进医联体和县域医共体建设。持续深化与上海瑞金医院、杭州市第一人民医院联合办医，成功打造神经内科、呼吸内科等省级龙头学科 2 个，泌尿外科、肿瘤外科等市级重点学科 6 个，建成国家标准化代谢性疾病管理中心和智慧化高血压诊疗中心"两个慢病"管理中心，以及县域统一的影像、病理、检验中心和医共体心电、消毒供应分中心等五大中心，并实现资源共享，影像中心累计会诊病例 1.5 万余例；检验中心覆盖全县所有卫生院，让老百姓不出村就能进行检测，一般项目当天可取报告；病理中心一年可完成组织学诊断 2 万例、细胞学诊断 1 万多例，服务能力明显增强。2020 年，桐庐县 2 家基层医疗机构在"优质服务基层行"活动中获国家卫健委、国家中医药管理局通报表扬。制定医共体模式下"两个慢病"分级诊疗机制。2020 年，成员单位上转人次数同比上升 153%，牵头单位下转人次数同比上升 55%。实施基层单位综合服务区建设，全县 100% 基层医疗机构开设夜间门急诊和门诊手术，实现中医综合服务区全覆盖，推广 10 类 30 项中医药适宜技术。县域就诊率达 81.36%，同比上升 1.34%。启动县中医院医共体桐君院区"名中医对接"工程，启用横村院区综合病房，开设岈山畲医畲药馆，筹建江南院区血透室。基层医疗机构新增诊疗病种 40 个，新增手术种类 12 个。基层医疗机构门诊人数达 273 万余人次，人民群众在基层就诊率同比上升 2.57%。

第二，在医疗卫生领域深入推进"最多跑一次"改革。建立健康大数据中心，归集各类诊疗数据，实现在"浙里办"APP 开放。结合新冠肺炎疫情防控工作，创新优化业务流程，在杭州市率先开通新冠病毒检测线上开单结算服务。全面推进医事服务"一窗办理、一站式服务、一章管理"，全力做好"出生一件事""用血费用一站式减免"等"多证联办"服务。

第三，聚焦人才培养，实现队伍建设良性循环。坚持"人才强卫"战略，把人才队伍建设作为提升卫健事业的基础性工程。设立医学人才奖励基金，县财政安排 1000 万元作为启动资金，专项用于引进高端紧缺型人才、鼓励和支持广大医务人员开展科技创新。近五年连续三次提高政策力度，全县医疗系统累计引进高层次、紧缺型人才 200 余名。实施《人才引进培养三年计划》，建立优秀临床专业人才评先评优机制，开展"桐君奖""青年英才""最美医生""德艺双馨"等评选。建立医共体内部业务骨干能上能下机制，选派优秀医务人员驻点基层卫生院，选派 25 名基层新生力量至医共体总院定点培养。

第四，聚焦疾病防控，应急体系更加健全，医疗救治能力有效加强。制定《桐庐县突发重大传染病疫情应急处置方案》，明确突发重大传染病卫生应急流程、部门职责和特别重大应急响应处置全过程样本；实施公共卫生百日攻坚行动，3 家发热门诊定点医院完成 PCR 实验室建设，提升应急检测能力，日检测量可达 11000 人份/天，7 天可完成最大乡镇常住人口全覆盖检测。强化院前急救体系建设，在高铁站、大型购物场所、公共游乐场所、学校等公共场所配置 AED（自动体外除颤器）100 个，完成县妇保院等多个急救站点建设，配置抢救监护型救护车 17 辆，其中负压救护车 6 辆，超额完成"每 3 万常住人口至少配备一辆救护车，县级负压救护车配备比例不低于 20%"的目标。

第五，聚焦中医中药，实现品牌特色最大化。调整中医药事业发展专项基金，从每年 100 万元增加至 300 万元。充分发挥名中医的示范引领作用，建设国家级名中医王坤根工作室和浙江省名中医过建春工作室，做强桐君药祖国医馆。探索基层中医药服务新模式，中医药适宜技术推广桐庐基地顺利通过省级验收，提前 1 年实现"100% 的社区卫生服务中心、乡镇卫生院能提供 6 类以上中医药技术服务；100% 的社区卫生服务站和 80% 以上的村卫生室能提供 4 类以上中医药技术服务"建设目标。

2020 年以来，全县深化医改成效初显。第一，县乡村固有分割层级被打破，医共体牵头医院与成员单位共同建设高血压、糖尿病

等全（专）科联合门诊 14 个，建设率 100%，实现医共体管理扁平化和业务垂直化。县域就诊率 81.32%，同比提高 1.30%；基层就诊率 62.29%，同比提高了 1.87%，实现了县域患者逐步回流，老百姓到杭州看病比例降低。第二，基层医疗服务水平持续提升，各医共体差异化发展，如县第一人民医院医共体根据各乡镇患者发病状况和现有卫生院的基础情况定位各院区发展方向：凤川院区开展肿瘤晚期临终关怀；江南院区筹建血透分中心；富春江院区建设心肺康复病房；新合院区着重提升急救能力和全科医学。同时，100% 成员单位都开设夜间门急诊服务、提供慢性病长处方和门诊

手术服务。第三，上下转诊双向渠道更加畅通，基层首诊、县级下转和不轻易外转病种目录进一步完善，出现了下转人次大于上转人次的良好态势，说明基层诊疗水平明显提高。第四，数字转型令医疗健康精准治理水平大幅提升。360 全息视图让医生在诊间即可调取病人在公立医院的影像、心电、检验等原始图像数据，同时实现在"浙里办" APP 开放，患者亦可实时查询。全县实现总院和分院无缝对接，依托总院优势，对基层医疗机构进行线上处方点评，合理用药等指导，同时在分院即可预约总院的各类检查和床位，患者在医疗机构间转诊通道便捷顺畅。慢病管理平台可以实现短信提醒患者本人和家庭签约医生，进行提醒随访和跟踪管理。利用医保大数据制作的桐庐"疾病谱"，可以针对性指导推动重点学科建设，实现高血压、糖尿病等慢性常见病病人的回归和管理。方方面面的改善，切实为全县人民群众提供了强有力的健康医疗保障。

（三）扎实推进农村危旧房屋改造

近年来，桐庐全面做好农村危房常态化治理改造工作。2020 年5 月，浙江省下发《关于决战决胜脱贫攻坚　高水平做好农村困难群众危房改造工作的通知》（以下简称《通知》），根据该《通知》要求，桐庐围绕农村困难家庭"一户不落、动态清零"的目标，立足全局，因地制宜，高效推进改造工作，创新农村危房改造新模式。

为切实帮助农村困难家庭危房改造，建立长效管理机制，根据省市相关要求，桐庐出台了《桐庐县农村困难群众住房即时救助工作实施意见》（以下简称《实施意见》），明确救助对象、救助程序、改造方式以及救助标准等。①

根据《实施意见》要求，按照"发现一户、改造一户"的原则，对县民政局和县残联提供的4类救助对象中的危房户、无房户和住房困难户实施危房改造即时救助。做到即时发现、即时救助，切实保障低收入人群基本住房条件。桐庐县同时符合下列条件的农村家庭，均可申请农村困难家庭危房改造救助：（1）原有住房鉴定为C、D级危房；（2）符合县民政局、县残联等部门认定的农村低保户、分散供养特困人员、低保边缘户和困难残疾户等4类农村困难家庭。各乡镇（街道）列出救助对象后，落实乡镇（街道）、村两级公示制度，广泛听取和征求群众意见，符合条件且公示无异议的，乡镇（街道）及时组织救助对象填写《农村困难群众住房救助申请表》并签订《桐庐县农村困难家庭接受救助承诺书》，同时给予办理农民建房审批手续。各乡镇（街道）依据困难家庭的困难程度、行为能力不同，实施分类救助，具体采取新建、修缮、置换以及提供公租房等类型实施改造。

资金补助标准分为两类：（1）县级以上补助资金：低保户、分散供养特困人员新建和置换按42000元/户补助，修缮户按37000元/户补助；低保边缘户新建和置换按32000元/户补助，修缮户按27000

---

① 《桐庐县农村困难群众住房即时救助工作实施意见》，桐庐县人民政府网站，2021年1月29日，http://www.tonglu.gov.cn/art/2021/1/29/art_1229267917_1718775.html。

元/户补助；长期租用按 17500 元/户补助；（2）乡镇（街道）配套资金：乡镇（街道）对于新建、修缮和置换户统一按 13000 元/户进行配套补助，长期租用按 2500 元/户配套补助。2020 年，农村困难家庭危房鉴定及费用由县住建局统一安排，鉴定费用纳入农村困难家庭危房改造专项资金内；2021 年起，农村困难家庭危房鉴定费用由县财政按 1000 元/户/次补助乡镇（街道），由乡镇（街道）自行委托符合资质的鉴定机构开展鉴定工作，鉴定补助费用与农村困难家庭危房改造补助资金一并拨付。

2020 年，桐庐深入排摸全县 8238 户四类困难家庭，安排专项资金，邀请第三方鉴定机构，对 173 户疑似危旧房进行排查鉴定，鉴定出 B 级房屋 7 户、C 级危房 154 户、D 级危房 13 户。对 D 级危房立刻采取腾空措施，先实现解危，确保不让一户、一个困难群众继续住在危房中。改造过程中，重点关注独居困难孤寡老人、残疾人等群体，确保解决其危房改造问题。

在除危改造建设中，通过在改造现场架设监控系统，对农村困难家庭危房改造过程全方位、多角度、全天候的动态视频监管，形成以人工巡查、视频监管相结合的"云监督"新模式，确保改造后的住房达到规定的质量安全要求和使用功能要求，以及基本居住面积标准。在改造完成后，为困难家庭提供宽带和电视免费使用政策。[①] 实施危旧房改造工程是推进城乡住房保障体系建设的重要组成部分。桐庐还试点推广了智慧农房建管系统，扎紧危房改造智控

---

① 《桐庐县扎紧农房改造智控网　全力打好脱贫攻坚战》，新蓝网，2020 年 6 月 18 日，https：//mini. eastday. com/a/200618094813367. html。

网，已有分水镇盛村村、瑶琳镇东琳村等地开展困难群众"智慧农房"项目试点。危旧房屋改造切切实实解决了农村困难群众的住房隐患，确保了每个困难家庭都能够住有所居。

农村困难家庭"危房换新颜"

桐庐县合村乡合村村聋哑人残保户王毛阿和他的妻子逢人便兴奋地比画着，用手语告诉人们：他们夫妻终于不用再在危房里整日担惊受怕了，政府主动帮忙，让他们住上了宽敞明亮的新房子。王毛阿夫妇的房子原先一直是村里的老旧房，房屋矮小昏暗，整体结构严重老化开裂，属于 C 级危房。由于夫妻俩都是残疾人，家庭经济拮据，长期以来修缮房屋连想都不敢想。

为真正解除困难家庭的后顾之忧，各级工作人员还在创新危房改造模式上动足了脑子。桐庐县分水镇三溪村的周年友听力一级残疾，家庭条件较差，全家三口人挤在年久失修的 C 级危房里。可是，修缮房屋是大事，一家人生活尚且困难，修缮房屋从何谈起呢？正在这时，镇村干部为他们送来了危房改造的政策，动员他们参与改造。

"可以试试装配式建筑。"镇干部孙东奇见周年友犹豫不决，知道他的难处，就提出了自己的想法。"可能你们不太了解。这种装配式建筑速度很快，质量也不错，弄好了与传统的钢筋水泥房没什么两样。"听说有这么好的新式建筑，周年友父子立刻高兴起来，在镇村干部的帮助下，周年友家的危房改造工程很快就启动了，而且进展十分顺利：2020 年 6 月开工，8 月主体工程已经竣工。眼看

下半年就能入住新房了，周年友虽然听不到声音，但欣喜之情溢于言表……①

◇ 二　着眼于人的全面发展，健全均衡普惠公共服务体系

教育与就业，是实现人的全面发展和社会全面进步的重要组成部分。桐庐县健全优质教育资源统筹共享机制，缩小城乡教育差距，优化普惠服务，拓展教育内容，健全职业技能培训制度，同时，出台各项稳就业政策，持续优化就业、创业环境。

（一）坚持教育高质量发展，全面建设美好普惠均衡教育

近年来，聚焦"办好人民满意的教育"这一主题，围绕"凝聚人心、完善人格、开发人力、培育人才、造福人民"的新时期教育工作目标，桐庐县始终坚持教育优先发展，着力抓公平促普惠、抓内涵提质量、抓改革激活力，实现优质均衡，教育质量有了很大的提升。不仅重视教育主要指标的领先，而且着力推动教育软硬件的整体提升，切实深化对"人即人才"的认识，牢固树立全员人才理念，实现人的德智体美劳全面发展，促进思想道德素质、科学文化

---

① 参见《危房改造 167 户农村困难家庭危房实现全面解危》，搜狐网，2020 年 9 月 11 日，https：//www. sohu. com/a/417684765_ 162758。

素质和健康素质全面提升。"十三五"以来，先后成功创建"全国义务教育发展基本均衡县""浙江省教育基本现代化县""全国艺术教育实验县""全国农村职业教育和成人教育示范县"。

美好教育的本质是优质和均衡。桐庐县实施学前教育补短提升、义务教育提质强校、高中教育多元发展工程，支持和规范民办学校发展，支持名校集团化办学，加强名优教师外引内育。为切实提高教育发展水平，县财政持续加大教育投入力度。近年来，年度预算内财政收入1/4以上用作教育；全县1/2以上的事业编制用在了教师队伍上。从软硬件配套、提升教师队伍待遇等各方面加强投入，做好保障。具体举措包括：

（1）加快校园硬件建设，让孩子上好学。加大财政投入加快校舍建设，"十三五"期间，县财政投入近12亿元新建、迁建、改扩建学校项目25个，已完成15个，其中新建幼儿园7所，小学3所。全县公办入园率达到72%，普惠入园率达到89%。投入2.4亿元实施维修改造及美丽校园建设项目200余项。

（2）加快设施设备软件改造。县财政投入1000余万元全面建设中小学录播教室，实现全县中小学"互联网＋同步课堂"全覆盖。投入1200余万元开展智慧校园建设，创建杭州市智慧教育示范校16所，新建学科教室、创新实验室19个，智慧阳光食堂15个，一体化智慧图书馆4个。实施"送清凉"空调安装民生项目，实现中小学校教室空调全覆盖，加强体育设施建设。

（3）通过整合教育资源，将小规模农村学校整合到乡镇，成立新学校，改善了办学条件，整合了教师资源，令新学校的软硬件较过去有了全方位提升。

2017 年 5 月 28 日，桐庐县学府小学开展"互联网＋"
模式的数学课"小数除以整数"

（4）加强教师队伍建设，让教师教好书。让教师在岗位上有幸福感、事业上有成就感、社会上有荣誉感。第一，让教师有更好的待遇。健全教师与公务员工资收入调整联动机制，在出台公务员奖金政策时，同时间、同幅度考虑中小学（幼儿园）教师，实现中小学教师平均工资收入水平不低于当地公务员平均工资收入水平。健全绩效工资分配机制，加大对一线骨干教师、班主任和乡村教师的倾斜力度，特级教师每年给予工作经费补助，完善民办学校（幼儿园）教师社会保障体系。落实专项经费支持学校利用闲置校舍改造教师宿舍，规划建设青年教师廉租保障房，努力解决教师住房难问题。第二，让教师有更高的荣誉。强化优秀教师激励措施，做好杰出教师、优秀教师等表彰奖励，每年评选一批县级优秀教师、优秀教育工作者，适时对在教书育人工作中取得突出成绩的优秀教师给予行政奖励。第三，让教师有更大的发展空间。制定实施特级教师和名师名校长培养、引进计划，深化"名师名校长工程"建设，通过研修培训、学术交流、挂职锻炼等方式，加快构建"县骨干教师—县学科带头人—县名师—市名优教师—特级教师"梯度推进的成长模式，畅通教师职称晋升通道。形成优秀人才争相从教、教师人人尽展其才、好教师不断涌现的良好局面。

（5）积极推进城乡教育一体化，瞄准农村教育短板，提升入学率，保障特殊人群享受良好教育的权利。学前三年等级入园率99.1%，普惠入园率89%，省一省二优质资源入园率80%，乡镇公办中心幼儿园覆盖率达100%；推进普高教育特色发展；成人教育学校省标准化率达100%；实施《桐庐县特殊教育提升计划》，建立贫困家庭学生、外来务工人员子女、残障少年儿童受教育权利保障机制。

（6）完善育人模式，五育并举。切实转变育人方式，全面提升学生综合能力，解决应试教育导向中存在的"少于体、弱于美、缺于劳"问题。实施学生综合素质评价，加强体育艺术劳动教育全面发展，体艺科技教育成绩突出。近年来，桐庐县高中毕业生在浙江省高校新生体质抽测中一直名列前茅；在杭州全市县中小学生艺术素养抽测中，桐庐的音乐、美术等测试均名列前茅，桐庐的中小学生还多次取得全国各类青少年比赛的优异成绩。树立健康第一的教育理念，广泛开展阳光体育运动，"让每一位学生都有两项运动专长、一门艺术特长"。城南小学的学生，每天上学时一个肩膀背着书包、一个肩膀背着足球。成立体育基金会，提升孩子的健康素质，让每个桐庐的孩子都能找到一项自己喜欢的运动。通过培训锻炼，进一步提高技能素质、锤炼意志品质、培养进取精神，并让有特长的孩子找到自己的舞台。

特别值得一提的是，为贯彻习近平总书记"广泛开展全民健身运动，加快推进体育强国建设"要求，深入实施《健康中国行动（2019—2030）》，桐庐县在杭州市率先实施4—9年级学段学生"人人会游泳"培育计划，在提升游泳技能的同时提高学生身体素质，培养健康娃娃。2020年已向杭州陈经纶体校输送游泳运动员2名，实现桐庐"本土"游泳运动员"零"的突破。自2019年7月启动培育计划以来，共计6610名学生通过培训掌握旅游技能，合格率达100%，家长满意度100%。计划至2021年年底，实现全县9年级学段前的学生100%掌握游泳技能。2020年12月21日，《人民日报》撰文点赞这项"造福每个桐庐孩子"的举措。

（7）推进教育教学改革，构建国家、地方、校本三级课程体系，开展课改培育基地、课改示范学校评比，并取得一定成效。已获评省级精品课程11门、市级精品课程65门、县级精品课程318门。倡导以学生为本，分层教学，要求每所学校形成"基本式＋变式"的校本课堂教学模式。

（8）深入实施提质强校工程。县内9所义务教育学校与全国教育局长研究联盟开展提质强校实验学校项目合作，2所初中被确定为杭州市公办初中提质强校试点学校，6所学校与杭州市区名校开展集团化合作办学，2所学校与浙师大、华师大开展合作办学。

（9）坚持面向全体，积极推进教育均衡发展。开展学前教育普及普惠县、义务教育优质均衡县创建活动，切实保障教育公平均衡发展。保障师资均衡，实行城乡教师交流制度、教师"县管校聘"制度，近五年来，先后有200多位教师、校长从城镇交流到农村。开展城乡学校互助共同体建设，促进以强带弱，共同发展。实施"互联网＋义务教育"民生实事工程，所有农村学校学生可以通过互联网实时参与县城学校教师的同步课堂，相关做法受到浙江省、杭州市的推荐与媒体报道。

（10）桐庐全社会形成高度重视和关心教育事业发展的良好氛围。在首届"桐庐人大会"上，"三通一达"捐资4000万元成立公益基金，其中2000万元专项用于教育。一些乡贤企业家代表源源不断捐资教育，目前桐庐教育基金突破5000万元，充足的资金有益于优质教育资源的进一步引入。

通过上述系列举措，桐庐美好教育建设取得一些成绩：

（1）学校发展品质更优。全县幼儿园省等级园比率达到100％，省优质园入园率达到80％，浙江省义务教育标准化学校达标率为100％，普通高中全面创成省级特色示范高中，职成教育进入全国农村职成教育示范县行列，特殊教育体系不断完善。创建杭州市合格资源教室19个，实现乡镇街道全覆盖。城乡义务教育学校校际差异系数缩小，七个主要指标均高出平均值。

（2）弱势群体受教育权益得到保障。全面落实教育资助政策，不让一个孩子因家庭贫困而失学；全面实施义务教育阳光招生政策，外来务工人员子女的公办学校入学率达到93%；积极保障残疾学生教育，适龄三类残疾儿童、少年义务教育入学率达到99.3%；建立留守儿童少年关心关爱体系，全面建立学校心理辅导站。

（3）教师队伍素质增强。幼儿园、小学、初中专任教师的学历获得提升，"十三五"期间，全县新增多名特级教师、正高级教师以及省市县级教坛新秀称号获得者。桐庐县教师参加优质课评比或教育教学技能大赛，多人次获得全国、省市级一等奖，获奖数量与质量均居杭州市七区县第一；教育科研成果获多项省市一等奖，居杭州区县中上水平。

（4）学生综合素质得到提升。"人人会游泳"计划、"体育、艺术2＋1项目"的成效初显，桐庐县连续多年义务教育学校音体美抽测成绩位居杭州七区县前三名。2019年，在浙江省高校新生体质健康测试中，桐庐县优良率居全省第一名；参加省市艺术节、科技节比赛获奖人次与质量达到历年最好成绩。2020年，杭州市中小学生体能测试桐庐县成绩居杭州七区县第一名。

（二）优化就业环境，鼓励创业带动就业，提升收入水平

"十三五"以来，桐庐县就业环境持续优化。县委县政府出台各项稳就业政策举措，加大对农民工、高校毕业生、退役军人等重

点群体的就业帮扶力度，努力实现零就业家庭动态"清零"。鼓励创业带动就业，完善职业教育和职业培训体系，引导多渠道灵活就业。健全工资合理增长机制，着力提高低收入群体收入。多渠道增加城乡居民财产性收入，扩大中等收入群体。

具体举措包括：一是保持就业局势稳定。桐庐县人社局出台促进就业创业政策，不断优化公共就业服务，深入开展"就业援助月"、天天招聘会等专项活动，举办各类人力资源交流会 200 余场。二是推进创业带动就业，大力支持大学生创业。出台《桐庐县大学生创业创新若干政策》，打响大学生创业品牌，成功举办 6 届大学生创业大赛。大学生创业园作用充分发挥，新增大学生创业企业518 家，带动就业 1133 人。三是建立健全覆盖城乡劳动者的职业培训体系和服务体系，技能培训提升就业能力。开展重点群体就业能力提升行动，抓总全县技能培训工作，推进校企融合，启动桐庐"工匠学堂"，在职业教育领域开始试点现代学徒制人才培养模式，逐步建立起企业和职业学校双主体育人的桐庐特色的现代学徒制，2016 年成为杭州市唯一被列入首批浙江省级现代学徒制的试点县。开设医疗器械、高星级饭店运营与管理、"桐庐特色菜肴"传承人等专业订单班，培养具备"桐庐工匠"的技能人才。四是支持农民工等人员返乡创业，不断优化具有桐庐地方特色的支持返乡创业促进就业政策体系。评选"十佳返乡创业先锋""农创客之星""创业示范基地"，举办返乡创业成果展、大学生创业集市、百姓日双创成果共享等一系列活动，创造浓厚的返乡创业氛围。全县新增创业主体 36829 家，带动就业 8.3 万余人，返乡创业呈现良好的发展态势。五是大力推进农业产业化、民宿（乡村旅游）、电子商务等领域创业，激发全民创业的热情。"十三五"期间，城镇新增就业35541人，城镇登记失业率控制在2.5%以内。

"新农人"还乡①

在桐庐，扎根乡村田野间的年轻人越来越多，相对于传统农民而言，他们专业素质更高、更懂农业技术、更善于经营管理，被称为"新农人"，用自己的才华和实干，在乡村振兴的浪潮中逐梦人生。

近年来，桐庐深化国家级"结合新型城镇化支持农民工等人员返乡创业试点示范县"创建工作，持续开展多渠道、多形式、多层面的创业服务，大力推进特色农业、电子商务、"全域旅游+"创业，极大激发了在外务工人员返乡成为"新农人"的热情。

在桐庐县百江镇奇源村，隐匿着一个"花果园"——世衡家庭农场。2013年开过酒吧、跑过物流的李敬在百江镇奇源村的大山脚下当起了"新农人"，建起了100多亩地的农场，种上了冬桃、火龙果等11个品种的水果。与普通农业种植不同，李敬的农场"回归传统"——不追求产量和卖相，只追求果实最本真味道。这些果子获得了无数"吃货"拥趸。

---

① 参见国家发展改革委就业收入分配和消费司《推动返乡入乡创业高质量发展：返乡入乡创业典型案例汇编》，中国市场出版社2020年版。

"电子商务 + 创业"给农产品插上腾飞的翅膀 ①

"有工业无园区、有土地无空间、有负担缺活力、有文化少遗存"，在桐庐的老城区桐君街道，一度有这样的说法。不过，如今的桐君早已"老树发新枝"；从 2013 年以船王服饰为代表的传统服装产业"触网"转型起步，到 2015 年麻蓬村农村淘宝 2.0 模式首发，再到梅蓉村"创客中心"带动的农民创业潮，以及年产值 1.5亿元的桐君街道电子商务众创孵化园，桐君街道新增创业主体 1352家，其中电子商务 92 家、乡村旅游 11 家、农业产业化 12 家，创业带动就业 2000 余人。这些不仅使老城迎来了发展的"春天"，还以园区为支点辐射周边，有力推动了县城传统产业应用电子商务转型升级。目前，桐庐共有县级核心电商产业园 3 个，乡镇孵化园 6 个，县域电子商务销售年增幅 30% 以上，日均发货量突破 40000 单，连续 5 年获得"中国电子商务发展百佳县"称号。

2013 年，王晓桢放弃高薪白领生活，回到家乡做了一名"泥领"，从零起步，深耕农业电商 5 年，将农产品与电子商务有机结合在一起，最终圆梦农业电商行业。安厨首创了"电子平台 + 仓配平台 + 商户平台"的全产业链运营模式，这一创新模式让公司在短短 4 年内荣获了省级骨干农业龙头企业殊荣。如今，安厨已连接合作社 1000 余家，带动约 5 万农户增收。

安厨的快速发展离不开"人力 + 财力"的政策支持。近年来，

---

① 参见国家发展改革委就业收入分配和消费司《推动返乡入乡创业高质量发展：返乡入乡创业典型案例汇编》，中国市场出版社 2020 年版。

桐庐实施"君山引凤"招才引智一号工程，强化乡村本土人才开发和帮扶，建立院士专家工作站2家，柔性引进院士20人，引育国家级和省级高层次人才5人、紧缺专业技术人才289人，形成了"农民留乡、市民下乡、能人回乡"的创业人才良性流动机制。同时，大力推进金融创新改革，实施"普惠金融"工程，促进社会资金向创业园区和创业人群集聚；创新金融产品，推出农信担保贷款、电商助力贷以及"生态贷""茶园贷"等灵活多样的融资渠道。

"90后"钟明辉，从安徽农业大学毕业后即返乡创业。如今他不仅是"雪水云绿"茶叶有限公司的"新掌门"，还兼任浙江千层绿农业开发有限公司茶叶技术顾问、农函大桐庐县分校茶叶专业讲师。2012年，他成为桐庐县第八届政协最年轻的一位委员。

◇◇ 三　打造高水平社会服务平台，营造温暖之城

桐庐县积极研究提供精准化、人性化、个性化、定制化的高水平公共服务，为民所想、为民所急，推动实现公共服务优质共享，为老百姓提供了便捷美好的生活感受，获得了来自老百姓的认可。

（一）百姓热线：老百姓的"万事通"公共服务平台

百姓热线967000是桐庐县2012年重点改革措施之一，旨在深

入创新便民服务举措，不断提升社会管理和公共服务水平，切实解决服务信息不对称问题，满足桐庐百姓个性化需求，是打造"幸福桐庐"的有效载体。项目初创时，在浙江省范围内属于领先，在杭州地区更属首创。如今，百姓热线已成为桐庐公共服务特色品牌之一，为百姓生活提供便捷服务，极大地增强了老百姓的温暖感受。

百姓热线由县财政提供公共运作成本，通过特服号码"967000"24小时为市民、企业提供衣食住行、政策咨询等全方位的需求信息服务，并力求推动服务业健康有序发展。自2012年12月18日成立以来，24小时在线，365天全年无休，截至2021年3月，累计接线量突破73万件，接打总量超过98万件，办结率和满意率均达100%。

百姓热线整合了除110、119、120以外所有的非紧急政务热线，实现了统一政务平台整合。百姓热线与县长热线64212345"双号并存"，同时受理投诉和举报，实现政务热线"资源整合、统一入口、一站受理、一站分流"。

百姓热线加盟企业热线服务是桐庐县的一个有效创举，现已吸纳优质加盟企业75家，包括开锁配钥匙、家电维修、家政月嫂、汽车服务等，大到高空作业，小到弹棉花，都是与市民生活息息相关的行业。老百姓在日常生活中遇到难题或燃眉之急，通过拨打百姓热线，问题往往都能得到及时而有效的解决。件件小事，共同构筑起桐庐这座温暖之城、幸福之城。

百姓热线，老百姓生活中的"贴心人"

冰箱不制冷怎么办。夏季来临，家中冰箱不制冷了，市民俞大伯通过拨打百姓热线 967000 进行求助，完美解决了这个问题。"家里的冰箱不制冷了，孩子们不在家，我也不知道去哪里找人修冰箱。"家住桐君街道的俞大伯抱着试一试的心态拨打了百姓热线 967000，希望帮忙寻找一个冰箱维修点，可以派人上门维修。百姓热线工作人员接到求助后，立即联系了热线家电维修方面的加盟企业，将情况详细告知。新声家电维修中心立即与俞大伯进行联系，并前往现场处理。经过检查，俞大伯的冰箱存在漏气的问题，维修人员已将冰箱拉回店里维修。几日后，百姓热线工作人员进行回访，俞大伯表示，冰箱已经修好了，"非常感谢百姓热线帮我找到了一家技术过硬、收费合理、服务贴心的维修中心"。

婚礼遇上马拉松，多方协调来助力。统一政务平台接到了一通感谢电话，王先生在电话中激动地说："非常感谢统一政务平台和交警大队的工作人员，让我完成了人生中最重要的大事。"原来，在刚过去的周末，王先生迎娶了自己美丽的新娘，而 4 月 15 日恰逢 2018 桐庐国际半程马拉松赛隆重举行。随之而来的交通管制让新郎王先生犯了难，机动车限制出行时间段为 4 月 14 日 12 时至 15 日 12 时，不巧的是新娘家正好处于赛道管控区域，如何顺利完成接亲成了问题。发愁之际，王先生拨打了 967000 求助。在详细了解了王先生的难处后，热线平台立即受理并联系了县交警大队。接听电话的工作人员说："结婚是人生大事，耽误不得，根据后台交办程序来处理肯定来不及，在向领导汇报情况后立即联系了县交警大队进行处理。"经公安部门磋商，县交警大队决定开启绿色通道，由新郎提供车队号牌以及进入管控区域的时间等信息，予以特事特办。王先生说："得知这个答复时，真像吃了一颗定心丸，面临如此盛大的赛事，还能考虑特殊情况，急人之所急，为人性化点赞。"

小孩被锁车内，967000 来帮忙。瑶琳镇何宋村的丁女士一家准备开车拜年，将十个月大的孩子放在副驾驶座上，系上安全带，随后一家人回房间拿拜年礼包。等回来时发现，孩子不小心碰到挂在方向盘下的遥控器，将车反锁了。孩子一人留在车内，丁女士万分焦急，在家人的提醒下拨打了百姓热线 967000。丁女士说明了情况，希望工作人员尽快帮忙联系开锁师傅。接到电话后，工作人员立刻致电 110，得知瑶琳镇没有登记在册的开锁店。情况紧急，公安人员立刻联系其他开锁师傅，告知大致情况、汽车型号和方位，建议开锁师傅直接联系丁女士。半个小时后，开锁师傅赶到了，一分钟也没耽搁就开始工作，在减少车锁损坏的前提下打开车门，及时将孩子抱出。孩子安然无恙，丁女士悬着的一颗心终于放了下来。

（二）先看病后付费，打造全新就医体验

"先看病后付费"是杭州"城市大脑"卫健系统在医疗服务领域推出的惠民举措，杭州市级医保参保人员在基于"钱江分"的授信额度内，看病无须先付费，可以直接检查、化验、取药、治疗等，个人现金支付部分先行"信用支付"，待就诊结束后，再用手

机 APP 完成一次性付费。

为方便群众看病就医，桐庐县四家县级医院（县一院、县二院、县中医院、县妇保院）以及 13 家乡镇卫生院（社区卫生服务中心）已全面推广"先看病后付费"服务。杭州市级医保参保人员可通过医院自助机、杭州"健康通"APP、杭州"市民卡"APP、杭州"城市大脑"APP、杭州"健康通"官方微信公众号等开通"先看病后付费"。不满 18 岁的未成年人可关联亲属的"先看病后付费"服务，并使用其关联亲属的授信额度。就诊人员可通过系统发送的支付短信调用支付宝进行支付还款，已绑定支付宝的用户可自动实现代扣，在市民卡账户余额充足的情况下，系统会自动扣费并发送已还款短信。

对标杭州市城市大脑建设指挥部"先看病后付费"试点医院杭州市红十字会医院的做法，桐庐县第一人民医院再次升级，诊间自动开通"先看病后付费"服务，打造全新就医模式。这些举措，切切实实提高了医院的服务周转效率，让群众就医更加便捷，极大地提高了人民满意度与获得感。

◇ 四　为民办实事，切好民生蛋糕

桐庐县完善为民办实事长效机制，建立健全覆盖全民、统筹城乡、公平统一、可持续的社会保障体系，完善社会保险、社会救助制度，发展慈善、福利、残疾人等事业，精准帮扶低收入群体和困难群众，切实保住基本、兜住底线，让民生保障安全网真正覆盖并惠及每一名群众。近年来，推出重磅惠民政策，创新开展"云上百姓日"，持续深化"温暖之城"建设，切切实实为人民群众办实事，基本公共服务均等化实现度持续提高。

首先，千方百计促进城乡居民增收。完善分配机制，努力缩小地区差距、城乡差距和收入差距，在努力推进全县人民共同富裕的道路上不断迈进。2020 年，桐庐县实现地区生产总值 376.27 亿元，按户籍人口计算，人均 GDP 为 89800 元。城镇和农村居民人均可支配收入分别达 56450 元和 34176 元。"十三五"时期年均增速达到 7.5% 和 8.7%，城乡居民收入比从 1.75 缩小至 1.65，领先于浙江省平均水平。

其次，全县社保水平持续提升。突出全民共享、推进社会保险参保扩面，全县基本养老、医疗保险参保率分别达到 99.1%、99.5%。城乡居民基本养老保险基础养老金由 150 元提升至 160 元。开展企业退休人员健康体检工作，惠及企业退休人员 13 余万人次。2017 年，作为浙江省三个试点县市之一，桐庐实施长期护理保险工作，切实解决了失能人员长期护理的难题，减轻了失能人员的家庭负担。

近年来，桐庐不但每年将新增财力的 2/3 以上用于民生事业，而且持续打响了"桐庐百姓日"、推出"惠民七条"等民生品牌，连续三年蝉联"中国最具幸福感县级城市"榜首，群众的获得感、幸福感、安全感和对桐庐的归属感、自豪感显著增强。

5 月 6 日是桐庐解放日，从 2012 年开始，也变成了桐庐的百姓日，如今已经举办了 10 届，每个桐庐人都能参与其中，成为桐庐民心史册上的幸福工程、彰显"八美"桐庐的品牌工程。政府开放日、政民恳谈会、参观县四套班子办公场所等活动是"保留项目"，党委政府听民意话民情。每年的百姓日，都会组织几百名市民代表走进县政府，召开政民恳谈会，政府工作人员主动倾听群众的诉求，群众畅所欲言，提出自己的意见建议。十年来，桐庐市民代表提出 100 多条意见，条条都有回应，其中不少都已落到实处。①

2021 年，桐庐百姓日的主题是"未来生活·共同富裕"，"惠民七条 2021"正式发布。从老年人春节红包、市民出行礼包到新生儿红包、就业红包、升学红包，桐庐县近年来不断推出各种惠民举措，自 2019 年以来，更是固定每年在百姓日推出"惠民七条"，这些民生大红包，使桐庐百姓感受"稳稳"的幸福。② 2021 年的惠民七条政策包括：（1）自 2021 年 5 月 6 日起，大奇山国家森林公园景区限时向桐庐市民免费开放，小长假、黄金周除外，具体限时日以国务院公布的国家法定节假日调休方案为准。（2）设立关心下一代基金。初始基金 500 万元，主要用于资助家庭贫困的青少年就学、就医、就业培训，以及奖励优秀青少年儿童等。（3）入学礼包。自2021 年 9 月 1 日起，向全县一年级入学新生免费发放 1 个入学礼包，包括 1 个书包、1 套文具。（4）发放学生兴趣培养补贴。自 2021 年 5

---

① 《十年"桐庐百姓日" 奏响"共同富裕"之声》，新华网，2021 年 5 月 6 日，www. zj. xinhuanet. com/2021 – 05/06/c_ 1127411121. htm。

② 《发布"惠民七条"，给予青少年特别"关爱" "桐庐百姓日"为幸福再加码》，杭州网，2021 年 5 月 7 日，https：//hznews. hangzhou. com. cn/chengshi/content/2021 – 05/07/content_ 7959562. htm。

月6日起，对全县义务教育1—3年级学段在校在籍小学生，参加舞蹈、绘画、声乐、书法等艺术培训，给予培训费70%的一次性补助，最高不超过600元/人；对全县义务教育4—9年级学段在校在籍、初学游泳的中小学生参加游泳培训，给予培训费70%的一次性补助，最高不超过400元/人。（5）护眼配套设施全覆盖。三年内实现全县中小学校教室普通护眼灯改造、可调式课桌椅更新全覆盖。（6）平安保险全覆盖。自2021年9月1日起，全县义务教育1—9年级学段在校在籍中小学生，由县政府出资参加平安保险。（7）困难群众商业补充医疗保险全覆盖。自2021年5月6日起，全县低保、低边、特困等困难人员由县政府出资参加特定商业补充医疗保险。

2018年2月5日，分水镇保安村举行老年人春节慰问金发放仪式，为该村60位60岁以上老年人每人发放了800元慰问金，并送上浓浓的节日祝福

　　每年发布的"惠民七条"，件件都是关乎老百姓切身利益的"关键小事"。桐庐探索民生为本的长效机制，不但做大高质量发展的"蛋糕"，同时切好民生"蛋糕"，始终瞄准人民群众所忧所急所盼，持续建设幸福和谐生活环境，全力增进民生福祉，让全县人民共享到了改革发展成果和幸福美好生活。

第 八 章

美丽城乡展新颜

实现城乡融合发展是实施乡村振兴战略、推进新型城镇化、开启全面建设社会主义现代化国家新征程的一项重大任务。党中央制定了一系列以乡村振兴促进城乡融合发展的战略规划和政策措施，为促进城乡融合发展提供了坚强保证。《中华人民共和国国民经济和社会发展第十四个五年规划和 2035 年远景目标纲要》提出"健全城乡融合发展体制机制"，并强调"建立健全城乡要素平等交换、双向流动政策体系，促进要素更多向乡村流动，增强农业农村发展活力"。从《中共中央、国务院关于实施乡村振兴战略的意见》和我国实践要求来看，新时代的城镇化和乡村振兴是相辅相成、互相促进的，必须统筹规划、协同推进、融合发展，不能厚此薄彼、顾此失彼，不能只讲城镇化，不讲乡村振兴，或只讲乡村振兴，不讲城镇化。[①] 2003 年 7 月，在浙江省委第十一届四次全体（扩大）会议上，习近平同志提出了"八八战略"，并将"城乡一体化"作为

---

① 张继良：《以乡村振兴促进城乡融合发展》，http://theory.people.com.cn/n1/2018/1010/c40531 - 30331667.html。

其发展思路的一个重要方面。在此基础上，浙江省委、省政府开展了"千村示范、万村整治""欠发达乡镇奔小康""千万农村劳动力培训"、建设"美丽乡村"、开展小城市培育试点、建设特色小镇等系列工程，有力地推动了浙江新农村建设和城乡一体化的发展，使浙江走在全国城乡融合发展的前列。

"城乡之美"是美丽桐庐的特色。在这里，城市的日新月异和乡村的质朴风光统筹协调发展、相得益彰。生态环境优美、文化底蕴深厚的桐庐，以文旅特色为定位，秉持"不以规模拼大小，而以精致论高低"理念，以美丽城镇带动乡村振兴为目标，美丽县城和美丽乡村建设取得了优异成绩。

从 2003 年开始，桐庐围绕"建设山清水秀民富县强的美丽中国桐庐样本"的总体要求，始终想在前、干在前、走在前，推动桐庐美丽乡村迭代升级、向前发展，走在了全省乃至全国前列。桐庐成功创建首批全省美丽乡村示范县，先后获得中国最美县城、中国最美县、全国村庄清洁行动先进县、全国县域数字农业农村发展先进县等 20 多项国家级以上"金名片"。

◇◇ 一　理念先导，做好县域顶层设计

发展理念是发展行动的先导，管全局、管根本、管方向、管长远。桐庐更加注重理念先导，树立全域景区、生态优先、特色发展和经营乡村的理念，在县域权限内做深做实顶层设计来谋划和推动

美丽乡村建设。

1. 全域景区

围绕打造"山水如画、人间仙境"的全域大景区要求，把整个县域作为一个大景区来打造，以景区的理念规划全县，以景点的要求建设城镇和农村，让桐庐大地处处是景、时时见景，打造现代版的富春山居图和桃花源记。根据这一理念和要求，桐庐提出了"四美三宜"（即"科学规划布局美、村容整洁环境美、创业增收生活美、乡村文明身心美"的"宜居、宜业、宜游"的美丽乡村）的目标，力求把生态相对优势转换为桐庐未来区域核心竞争力。依照"县城—中心镇—特色镇—中心村—特色村"梯次衔接的空间结构体系，先后编制实施县域总体规划、全县美丽乡村总体规划、县域村庄布局规划、11 个乡镇总体规划和 181 个行政村村庄建设规划，形成"覆盖全县、统筹兼顾、层次分明、彰显特色"的美丽乡村发展蓝图。既建设美丽乡村，又经营美丽乡村；既让美丽乡村成为城里人记忆乡愁的乐土，又让美丽乡村成为农民品质生活的佳境；既让美丽乡村成为城里人消费的去处，又让美丽乡村成为农民致富的源泉。

2. 生态优先

生态是桐庐最大的优势，山水是桐庐最美的底色，走生态型发展之路是桐庐发展的必然选择，也是建设美丽乡村的必然路径。桐庐坚持把生态优先的理念贯穿于美丽乡村建设的全部工作之中，把它作为理清思路的出发点、推动工作的立足点、调整政策的着眼点。

3. 特色发展

特色美是美丽乡村建设的灵魂所在，桐庐不求大而求精、不求快而求优、不求全而求美。为此，在美丽乡村建设中，桐庐不搞一样化、一律化、同步化，而是根据各村不同的区位条件、地理环境、资源禀赋、产业基础、历史底蕴、人文特色和民俗风情，因地制宜、分类指导，走错位发展、差异发展、特色发展之路，真正形成"一村一品、一村一业、一村一特、一村一韵、一村一景"的美丽乡村建设新格局。

4. 经营乡村

桐庐既要"面子"，也要"里子"；既要美丽，也要发展。桐庐建设美丽乡村，不会仅仅为了外在的美丽，而放弃产业的培育和村集体的发展。"美丽"不仅是一种生活状态和环境的美化，也是一种竞争力和生产力；关键在于要真正树立起经营的理念，把美丽转化为竞争力和生产力。例如，桐庐提出"四个有"（即乡乡有民宿经济、乡乡有村落景区、乡乡有特色产业、乡乡有电子商务）的乡村美丽经济发展新思路，深入发掘特色村落的山水禀赋、文化内涵和旅游价值，实现乡村特色发展。

◇◇ 二 精准聚焦，推动乡村全面振兴

2003 年以来，桐庐以"千村示范、万村整治"工程为主抓手，启动了美丽乡村建设。2003—2010 年，桐庐从开展"千村示范、万

村整治"工程起步,按照"干净整洁美观,整治前后大变样"的要求,以改善农村环境面貌为目标,以"清洁桐庐三年行动"为抓手,重点治理农村的脏乱差散。农村人居环境得到了逐步改善。全省美丽乡村建设现场会和全国首届农村改善人居环境现场会在桐庐召开,标志着桐庐在以改善农村环境面貌为主的美丽乡村 1.0 版中争得先机、走在全国前列。2016—2019 年,在美丽乡村环境建设全面提升的基础上,桐庐注重美丽乡村与产业发展的融合,率先探索美丽乡村与美丽经济齐头并进的美丽乡村建设。始终坚持以景区的理念规划全县,以景点的要求建设镇村,逐步实现"全域景区化、镇村景点化",越来越多的乡村朝着村美民富的目标不断迈进。2016 年 9 月,中国(杭州)美丽城乡教育培训中心(基地)正式落户桐庐,这也是中央农办、住建部在全国唯一的教育培训联系点。全国首届全域旅游创建现场会和国际民宿发展论坛在桐庐举行,标志着桐庐美丽乡村 2.0 版继续领跑,越来越多的乡村朝着村美民富的目标不断迈进。自 2020 年起,桐庐立足"三农事业迭代发展的冲刺期"的基本判断,扛起乡村振兴大旗,推进新旧动能转换和发展转型升级,以"乡村振兴、桐庐先行"的站位,以创建全国乡村振兴示范县为总抓手,以高品质建设"规划引领、产业兴旺、文化振兴、人的回归"为重点的美丽乡村 3.0 版,全面打造"经济美丽、全域景区、人人文明、崇德尚法、幸福向往"的新时代乡村生活样板地。

（一）环境美：打造宜居家园

1. 狠抓环境治理，擦亮美丽底色

深化"五水共治"，率先实施农村生活污水处理设施全覆盖工程，率先实行河长制，打出农村环境连片整治、清水治污、重污染行业整治、小微水体整治组合拳，实现全县114条河流全部达到Ⅲ类水质以上。2017年开始推动"治水先行"向"秀水共享"转变，在乡村建设天然浴场、嬉水乐园、邻里中心等"五水共治"的"先行先享"精品示范点，2018年创新执行最严格渔业资源保护制度，实施5年全面禁渔。深化垃圾分类，推进农村生活垃圾减量化、资源化利用，全县农村人口全部参与垃圾分类，垃圾分类正确率稳定在85％左右，资源化处置设施实现全覆盖。深化"三改一拆"（即开展旧住宅区、旧厂区、城中村改造和拆除违法建筑），以"无违建县"创建为抓手，通过网格化巡查、全社会监督、强化源头管控，把好违建源头关；打好拆除"一户多宅"、公路两边、河道两边、宗教场所、养殖场、其他既有违建六大类违建攻坚战；按照"宜耕则耕、宜建则建、宜绿则绿"原则，做好拆后土地运用，并有效解决农民建房难问题；在拆除违法建筑和"一户多宅"清理整治中，坚持"有拆有保"，按照"三个有"的原则（即有乡土特色、有文物价值、有历史遗存），对50年以上的老房子进行挂牌保护，在不违法、不影响规划、不私用的前提下，加强历史建筑的保护与管理，维护传统村落风貌；通过政策宣传到位、方法程序到位、信访处置到位，确保社会和谐稳定，做到无违创建"让群众笑、不让群众叫"。

2. 坚持全域规划，绘就美丽蓝图

围绕"旅游全域化、全域景区化、景区生态化"的目标要求，把美丽乡村建设规划与全域旅游规划统筹考虑，加快推进村落景区化建设。规划布局上，按照"县城—中心镇—特色镇—中心村—特色村"的空间结构体系，先后修编完善5大层次统筹城乡建设规划，重点细化和完善4个中心镇、5个风情小镇、32个中心村、25个特色村和50个精品村规划，基本形成了"覆盖全县、统筹兼顾、层次分明、彰显特色"的统筹城乡建设规划体系，实现了美丽乡村建设规划与全域旅游规划、土地利用规划等多规合一、无缝对接。

3. 立足特色优势，实现各美其美

建设和引进美丽乡村项目，坚持因村制宜、因势利导，提出"四个不准"要求，即不准建牌楼、假山假水，不准新建办公楼等楼堂馆所，不准引进（种植）名贵苗木，不准盲目贪大求洋，凸显"一村一品""一村一景""一村一韵"的村庄特色和个性亮点，避免"千村一面"的同质化倾向。例如，桐庐实施了"5525"统筹城乡精品工程，打造5条秀美乡村风情带（即诗画山水带、古风民俗带、产业风情带、运动休闲带、生态养生带），开展5大乡村风情节（即中国乡村美食节暨桐庐土菜节、中国乡村欢乐节——江南时节、潇洒桐庐·烂漫山花节、潇洒桐庐户外休闲运动节、富春江亲水避暑节），重点培育25个风情特色村。截至2020年，共完成省级新时代美丽乡村达标创建村 92 个，建成了 32 个中心村、81 个精品村、8 个风情小镇、12 条精品线路和 2 个精品区块、8 个省级历史文化村落保护利用重点村、19 个省级历史文化村落保护利用一般村、1 个市级历史文化村落保护利用重点村、17 个杭派·富春民居示范村、45 个 2A 景区村庄和 34 个 3A 景区村庄。通过深入开展美丽庭院创建，创建美丽庭院 30000 余户，其中美丽精品示范庭院 5200 余户、示范点（村）78 个。

诗画山水带风光

（二）产业美：增强内生动力

产业兴旺是乡村振兴发展的根本，只有产业强起来，才能让村集体经济富起来、农民口袋鼓起来，最终实现村强民富景美。桐庐提出以产业美突破农村产业发展思路，走出了一条乡村美丽经济发展之路。

1. 建设村落景区

桐庐充分挖掘当地旅游景区、美丽乡村、特色产业、文化遗存、避暑胜地等自然风光和人文底蕴，规划建设村落景区，发展乡村大旅游。依托环溪、荻浦、深澳等古村落群,成功打造了国家4A级景区——江南古村落风景区;建成了梅蓉、新龙等一批3A级村落景区。2018年3月,湖南卫视《向往的生活》第二季在桐庐拍摄,借助明星效应,桐庐旅游资源在影视艺术门类中首次全景式亮相,为村落景区向美丽经济转型发展打开新空间。美丽乡村成为自带流量的旅游目的地,2020年乡村旅游接待游客1520.82万人次,同比增长8.99%,后疫情时期,乡村旅游成为经济复苏的主力军。

古村落风景

2. 发展民宿经济

桐庐做深做优新型业态,推进"20 + 1 + X"民宿示范村培育计划,在杭州市率先推进民宿持证经营,并通过成立协会、制定行业标准、星级认定等方式推进民宿健康发展。全县精品民宿、民宿床位总量分列杭州地区第一、第二位。桐庐还是中国国际民宿发展论坛永久举办地,通过连续两届国际民宿发展论坛的举办,打响了"宿在桐庐"品牌。2020年,桐庐县农家乐(民宿)共接待游客585.7万人次,营业收入达4.68亿元。

特色民宿

3. 做强特色产业

升级发展特色产业，桐庐以省级现代农业园区、特色农业强镇建设为抓手，推进了农业传统产业升级发展，聚力打造以"蜂茶果药"为主导的四大农业全产业链。主导产业引领效应显现，"蜂茶果药"四大农业全产业链总产值分别达 11.3 亿元、10.1 亿元、11.5 亿元、10.4 亿元。2019 年 5 月 20 日，第三届"5·20 世界蜜蜂日"中国主会场活动在桐庐县分水镇顺利举行，推动桐庐进一步发挥蜂产业特色优势、延伸打造蜜蜂数字旅游经济。

按照"宜工则工、宜农则农、宜游则游"的思路，把"种什么"的问题交给市场、交给农民，强化"旅游+"思维，促进旅游与一二三产业融合催化、互荣共赢。例如，依托蓝莓、蜜桃、樱桃等特色农业，开发农业观光、农事体验、水果采摘等"旅游＋农业"项目，丰富"春赏百花、夏季亲水、秋享鲜果、冬来养生"的产业链条；依托制笔、针织、箱包等块状经济，开发集"制造—展销—体验"于一体的"旅游＋工业"项目；依托中医药文化、富春耕读文化、诗词文化等文化资源，推出养生休闲、民俗体验、特色美食等精品旅游线路。

4. 做旺农村电商

桐庐是阿里巴巴全国首个农村电子商务试点县、"农村淘宝"2.0版本全国首发地、全国首个"农村淘宝"行政村全覆盖县，"农村淘宝"项目全国首个县级运营中心、阿里巴巴农村电商全国培训中心等都在桐庐；桐庐还是中国民营快递之乡，"三通一达"（即圆通、申通、中通和韵达）中国快递业"桐庐帮"占据中国民营快递业的半壁江山。借助这些优势，桐庐着力推动网上营销、线下服务的无缝对接，畅通"网货下乡""农产进城"双向流通渠道，着力建设"村邮乐购"村级服务站点、农产品电商产业园和乡镇（街道）电商孵化园，农村电商的"桐庐模式"成为全国样板，桐庐也连续三年成为"中国电子商务百佳县"。插上了"互联网＋"翅膀的桐庐农特产品，如莪山的黄金粽、高节竹，百江的樱桃，梅蓉的杨梅等特色农产品也都走出了大山，打响了品牌。

5. 壮大集体经济

做大做强美丽基金，桐庐率先设立了浙江省首个美丽乡村发展基金，改变了美丽乡村建设资金以各级财政补助为主的局面，撬动社会资本和金融资本，共同参与美丽乡村建设。基金从成立时的3亿元扩大到12亿元，共撬动各类社会资本6.5亿元，盘活农村闲置土地1000余亩。共投资项目25个，项目总投资达4.42亿元，其中基金投资1.23亿元，基金杠杆效应近4倍。美丽基金主要用于乡村旅游、村落景区、现代农业等新业态及资产资源盘活收储等，由县政府新成立的国有独资企业美丽乡村建设投资有限公司，负责项目的立项、尽职调查、实施、投后管理等工作。创新政府购买村级服务，转变运维方式，在原本平均每村补助20万元左右用于专项服务类事项支出的基础上，根据村的规模，按每年25万元、20万元、15万元3类标准，保障村级基本运维。同时，建立县、乡两级村级运维管理制度，考核结果作为核定运维补助资金及年度评优评先重要依据，并鼓励村集体在承接村级日常公共管理类工作的基础上，拓展保洁、保安、家政、旅游服务等业务，扩大经营范围，增强造血功能。构建县考核乡镇（街道）、乡镇（街道）考核村的"上管一级"管理体系。所有行政村均制定"一村一策"发展规划，由乡镇（街道）统一布局村集体经营项目，避免同质化发展等问题。建立村级项目乡镇（街道）预审联审等把控机制，资金拼盘未达80%的项目原则上不得进行招投标。建立村级资源管控机制，所有资源资产评估、承包、出让等必须经乡镇（街道）审核，强化资源资产转租转卖把控。乡镇（街道）建立村级负债动态监管、预警等机制，设定负债警戒线，严禁超出偿还能力举债搞建设。

2017 年 10 月 17 日，第二届中国（桐庐）国际民宿发展论坛暨 2017 年国际
乡村（民宿）设计大会在桐庐举行。会上，桐庐宣布成立美丽乡村发展基金

　　2017 年，县委、县政府制定村集体经济增收化债三年行动计划，建立"抱团消薄"模式，推进县级创收平台（农批市场）项目建设，结合村级换届工作，开展"三查三清三审"专项行动，着力破解村集体经济造血功能不强、村级负债较重等问题，取得了明显成效。2019 年村集体经济总收入 2.4 亿元，其中经营性收入 1.5 亿元，圆满完成"村集体收入增 1 亿、村集体负债降 2 亿"的目标。2020 年全县村级集体经济总收入达 2.1 亿元，经营性收入达 1.3 亿元，其中，110 个村的集体经济总收入达 50 万元，经营性收入达 30 万元。

（三）乡风美：提升内涵气质

文明乡风是乡村振兴的重要内容和有力保障。桐庐传承优秀传统文化，培育现代文明意识，特别是以全国文明城市创建为主抓手，努力打造以文化人、崇文尚德的文明乡风。

坚持保护为先。桐庐不搞"大拆大建"，最大限度保护历史文化村落格局、风貌、田园景观及存有环境，处理好村落保护、村民生产生活和开发建设的关系，充分利用乡村农田景观，保持鲜明的"粗、野、土"原生态乡村特色。其中，在历史文化村落的保护上，根据古建筑多、老房子多的实际，桐庐开展"千村档案"建设工作，以"一村一档"的形式对村落的历史文化信息资源进行挖掘保护。

坚持创新为重。在保护的基础上，桐庐加强对农村民俗、民情、民间文化资源的挖掘、整理、保护和创新，形成了越剧、故事、小品、剪纸四大特色文化，获得"中国故事之乡"称号，并连续承办五届"神州风韵"全国剪纸大赛。同时，以深化全国文明城市创建为载体，开展"最美桐庐人""桐庐好人"评选等活动，深入实施农民素质提升工程，改变农民精神面貌，陶冶农民高尚情操，释放正能量。全县涌现出全国人大代表、被称为"中国最有水平的村干部之一"的环溪村村干部周忠莲，被评为全国"孝亲敬老之星"的茆坪村好媳妇刘美芳等一批桐庐农村正能量代表，进一步带动各乡镇（街道）形成现代文明新风尚。

坚持惠民为本。桐庐着眼文化惠民效能，深入开展"种文化"活动，推动公共文化服务供给与乡村百姓需求有效对接。大力开展文化礼堂建设，打造属于农民自己的"精神家园"。实现农家书屋全覆盖，推动"书香桐庐"建设向村级延伸，探索"书吧＋民宿"图书服务模式，建立民宿借阅点，在潜移默化中培养良好素养。

（四）和谐美：共筑幸福生活

人民对美好生活的向往就是桐庐的奋斗方向，也是一切工作的出发点。桐庐坚持全民共建共享，在民生改善、社会治理创新等方面同步发力，走出了一条有效的富有桐庐特色的社会治理实践创新之路，构建了一个个平安、和谐、幸福的美丽新乡村。

增进民生福祉。桐庐始终坚持以人为本、民生优先，努力把更多的政策、资源、财力向"三农"倾斜。行政村公路通村率和通村公路硬化率均达100%，便民服务中心、劳动保障服务室、居家养老服务站、综治工作站、综合文体站、卫生室等村级公共服务项目实现全覆盖。全面构建"三位一体"农村居家养老服务模式，农村基本实现"有设施养老、有人员敬老、有经费助老"。打造特色"微型养老机构＋X"模式，2017年央视党的十九大献礼片《辉煌中国》，就介绍了桐庐微型养老模式。大力推进农村智慧医疗项目，县、乡、村三级医疗机构与上海瑞金医院等全国知名医疗机构实时远程会诊。桐庐还连续举办了两届全民运动节，其中横渡富春江游泳挑战赛、富春江国际半程马拉松等赛事深受群众欢迎。

创新社会治理。桐庐坚持把美丽乡村建设与社会矛盾纠纷排查化解同步推进、同步落实。深化乡镇（街道）"四平台"和村"全科网格"建设；积极培育村级自治组织，村级商会、村级慈善组织完成乡镇全覆盖；制定修订《村规民约》《社区公约》，注重村规和民约的实践运用，形成桐君街道"花厅议事会"、瑶琳"幸福文明积分银行"、分水新龙"农家议事会"等特色亮点，形成完善的基层社会治理体系，真正做到"小事不出村，大事不出镇"。

强化法治理念。桐庐在法治政府建设的过程中，发现法治建设的根基在乡村、薄弱区域也在乡村。为此，桐庐以"无讼无访村（社区）"、民主法治村（社区）创建为抓手，推进乡村学法、知法、懂法，让法律在乡村家喻户晓、有效实施，真正用法律维护农民权益、规范市场运行、治理生态环境、化解农村社会矛盾等。桐庐已连续三年被评为浙江法治政府建设先进单位，在杭州市依法行政目标考核中排名第一，也得到了国务院法制办的高度肯定，法治精神与改革并举的相关改革经验在网站首页推介。

（五）制度美：加强改革供给

实施乡村振兴战略，必须把制度建设贯穿其中。为此，桐庐高举改革大旗，着力推进体制机制创新，强化美丽乡村建设的制度性供给。

　　坚持以企业和群众的获得感为衡量标准，桐庐纵深推进"最多跑一次"改革，争当浙江"最多跑一次"改革的排头兵，持续走在全国"放管服"改革前列。浙江省人大常委会基于桐庐的改革基础、改革理念，专门做出了《关于推进和保障桐庐县深化"最多跑一次"改革的决定》。目前，桐庐通过创新实施"361"重点改革任务（所谓"3"，就是强化三张网：提速一张数据网，做优一张服务网，织密一张监管网；所谓"6"，就是要抓好六项重点工作：抓好改革与法律法规衔接工作，编制"一件事"办理标准化清单，深化商事登记制度改革，加快企业投资项目审批改革，全面构建监管体系，推进政府职能调整和配套机构改革工作；所谓"1"，就是实现县行政服务中心软硬件提升）形成了"一个公章管审批、一个闭环强监管、一个部门调纠纷、一个标准定规范、一个网络贯全程、一支队伍帮忙办"全链条式的"最多跑一次"改革新格局。

　　统筹"三农"综合改革，桐庐出台"强农十条"政策，健全乡村重点产业项目建设保障机制；高标准推进全域土地综合整治，杭州市全域土地综合整治现场会在桐庐召开。落实农村土地承包关系稳定并长久不变政策，衔接落实好第二轮土地承包到期后再延长30年的政策，让农民吃上长效"定心丸"。稳步推进土地承包经营权确权登记颁证工作，空心村"二次创业"模式得到中央领导同志的肯定，农村"两权一房"改革走在全省前列，所有行政村均完成集体经济股份制改革。深化农村土地制度改革，积极探索农村承包地、宅基地所有权、资格权、使用权"三权分置"改革。"农民之家"、农合联等社会化服务组织"三位一体、实体运营"建设试点成效显著，全县86家"农民之家"创业服务社、8个"农创客孵化中心"为农民创业、就业提供全方位服务，打造创客式农业。

强化人才支撑，破解乡村振兴的人才瓶颈制约。桐庐以国家支持农民工等重点群体返乡创业改革试点为契机，大力培育新型职业农民，丰富各类创业主体。发挥科技人才对美丽乡村建设的支撑作用，培育了安厨等一批国家级、省级"星创天地"。鼓励社会各界投身乡村建设，以党建为引领，建立乡村振兴工作队，抽调200余名机关干部，组建14支乡村振兴工作队，入驻14个乡镇（街道）182个村庄，开展为期1年的联乡（镇）驻村行动；以乡情乡愁为纽带，建立美丽乡村建设顾问团，组建27个行政村顾问团和7个美丽乡村建设服务分团，根据村级需要开展个性化服务活动。

彰显特色，建设美丽宜居示范村

桐庐在美丽宜居示范村建设过程中，统筹优化专项设计，取得了显著成效。2012年以来，环溪村、苑坪村、石舍村、新丰民族村、新龙村5个村成功创建为国家级美丽宜居示范村，36个村列入省级美丽宜居示范村，14个村列入市级美丽宜居示范村。2021年，城南街道仁智村、江南镇彰坞村、百江镇翰板村、莪山乡中门村被纳入省级美丽宜居示范村创建名录。

坚持规划引领、理念建村

桐庐以富春民居推广应用和传统村落保护为着力点，在村庄设计中融入"乡愁"，以富春民居推广应用为抓手，注重彰显乡村建筑特色，唤起和唤醒"乡愁"元素。例如，桐君街道麻蓬村吴家坞，一直以来房屋破旧，环境较差，百姓建房无地可批。项目启动后，桐君街道和麻蓬村邀请知名设计公司结合吴家坞天然坡地地形，紧紧抓住"美丽乡村、文化传承"这一定位，深入挖掘村内文化内涵，并与村庄建设进行有机结合；充分利用坡地村镇政策，成功将其打造成"杭派民居"坡地村镇建设示范点。同时，在村庄建设中营造"乡愁"。选择环溪村、麻蓬村吴家坞等5个示范村作为"富春民居"建筑风格建设试点，突出各自的山水生态、建筑风貌、历史文化传承等内容，积极挖掘自身优势资源和再造特色亮点，打造富有个性、特色的农房改造建设示范村项目，以点带面全面推动特色民居建设。

坚持因地制宜、彰显特色

桐庐注重传统古村落的保护，按照建设新村、保护老村的思路，对老村落进行统一科学规划整治。一方面，或保留或改造老房子、老井等；另一方面，注重增加与乡村特色相适应的时尚创新元素，达到乡土与时尚、传统与现代的完美结合。改善基础设施加强环境整治，在不改变原建筑物结构的前提下通过村庄环境整治工程、农村生活污水治理工程等改善居住环境，同时将现代文明融入传统民俗文化当中，做到相辅相成、和谐共容。修继保护和开发利用并重，通过加大财政投入力度，拓宽保护资金渠道，制定相关激励政策，动员鼓励企业家、社会团体和各界人士，积极参与古村落的保护、开发和经营，如明清时期古民居留存较多的苑坪村和石舍村。

坚持以人为本、统筹推进

桐庐注重提升农房改造标准。桐庐通过"最美农房"征集活动，坚持尊重自然、顺应自然、"以人为本"的规划建设理念，彰显"一村一景、一村一品"。优化服务，深入推进示范村建设；积极推进还未验收的示范村创建，加大督查指导力度，确保农房示范建设进度和质量。与美丽经济自然结合，将美丽宜居示范村建设和传统村落保护发展相结合，通过挖掘自身优势创造特色亮点。

◇◇ 三　拉高标杆，建设美丽县城

加快推进现代化美丽县城建设，是深入实施"八八战略"，推进以人为核心的新型城市化纵深发展，加快建设"两美"浙江的必然选择；是完善现代城镇体系，促进城市群、都市区、大中小城市和小城镇协调发展的内在要求。① 桐庐在美丽县城建设中率先发力、亮点突出，成为浙江省首个"浙江美丽县城"。2015 年 5 月，由桐庐县住房和城乡建设局牵头的"桐庐美丽县城建设综合标准化试点"获得国家标准化管理委员会立项。2019 年 7 月，桐庐交出了一份令人满意的答卷——桐庐美丽县城建设综合标准化国家级试点高分通过验收。

---

① 《浙江省人民政府办公厅关于加快推进现代化美丽县城建设的意见》，浙政办发〔2014〕105 号。

（一）全面打造中国最美县城

1. 强化精美规划，增强城市发展的定力

桐庐结合全省城市设计试点县工作，进一步拉高标杆、提升标准，完善覆盖全县、统筹兼顾、层次分明、有机衔接的"最美县城"规划体系。坚持"一以贯之"，坚持一张蓝图绘到底，坚守城市发展定位和框架，注重可持续发展，甘于"留白"、善于"留白"，给城市精品亮点打造留足空间。按照城乡规划一体化要求，在新一轮县域总体规划及县城总体规划的指导下，桐庐实现控制性详细规划全覆盖，完善县城规划区及建制镇规划区内所有控规单元的规划编制以及各类专项规划；充实县级规划力量，延伸实现全县183个行政村均有专兼职规划员，确保规划"美丽"落地。突出"特色品质"，充分挖掘桐庐山水资源和历史文化，通过显山露水，全面彰显城市山水品质。同时，在城市规划设计中做精"文化融入"文章，注重提炼和应用地方特色文化，将历史人文、山水生态、民俗文化等融入各项规划，使得城市景观和人文景观完美融合。此外，深化"名院名师"，与中国城市规划设计研究院、中国美院等建立长期合作关系，委托相关领域的知名规划师承担规划编制任务，确保规划"高水平"。创新"全域风景"，按照打造县域大景区、实现全域景观化、景区化的思路，将"风景"融入规划，探索完善"风景桐庐"总体规划，深化夜间景观相关子规划，严格落实好规划，塑造城市的"最美"风格品位。

2. 强化精致建设，增强城市发展魅力

深化生态底色和人文特色相互交融，桐庐坚持生态立城，规划构筑中心城区外围生态环廊，着力控制城市无序扩张，以"显山露水"的理念系统打造山水园林生态之城。认真落实自然资源保护"五个不准"的规定，注重对 50 年以上建筑挂牌保护；保护城区范围内山体，并适度开发山体公园。同时，认真挖掘唐诗西路文化、中医药文化等，深化历史文化名城、历史文化街区、文物保护单位等保护建设，对富春山居图实景、叶浅予故居等进行景观修复和现代元素融入，切实做到"山水有文、城市有魂"。

深化新区丰满和老城更新交相呼应。新老城区建设中秉承特色发展、差异发展、分步发展战略。新区在建设高速入城口、迎春商务区、富春江水利风景区等精品区块的基础上，进一步"按照美的

富春江夜景

法则开展城市设计",加强对空间立体型、平面协调性、风貌整体性、文脉延续性等引领管控,注重城市个性特色和现代化功能;老城区以基础设施改善和历史文化传承为重点,继续推动老旧小区、物管提升、里弄小巷、老旧住宅"四改联动",逐步形成尺度亲切宜人、街巷肌理和美的传统格局,注重彰显老城区的历史风貌魅力。

3. 深化精细管理,增强城市发展活力

以工作联动促精细化管理。桐庐深化"大城管"格局,统筹协调规划、建设、市政等多个部门,实行统一指挥、网格管理、高效运行、全面提升。着力推进信息化、智能化、现代化、市场化的城市管理运作模式,把管理工作细化到每一条道路、每一个社区、每一幢楼宇。全面巩固城市管理无牛皮癣、无占道经营、无暴露垃圾、无乱贴广告、无乱搭乱建"五无"成果,继续深化停车、户外广告等卓有成效的管理举措,进一步形成城市管理精细化的长效机制。

以城乡带动促一体化管理。桐庐统筹推进城乡建设管理一体化进程,加快"智慧城管"向中心集镇延伸,加强集镇市容市貌管理,切实做好"三改一拆""四边三化"等重点工作。以"清洁桐庐"为抓手,深入开展最清洁(最差)社区、最清洁(最差)农贸市场等评选,结合两路两侧、"四边三化"、色彩林业等工作,扎实推进村落景区、鲜花村庄、风景田园等工程,进一步提升城乡环境。

以市民互动促人性化管理。深化"桐庐百姓日""政府开放日",不断增强百姓的归属感和主人翁意识。积极倡导严管重罚与人性执法并重,通过温馨提示、岗亭服务、网格走亲等亲民举措,全力打造和谐城管新形象。结合全国文明城市建设,积极倡导"十个不"文明行为,切实以市民群众为主体,塑造城市形象、培育城市精神,进一步提高城市内外兼修的品质之美。

桐庐县城入城口

（二）高起点建设富春未来城

进入新时代,桐庐顺势而为、因势而动、精准施策,积极谋划桐庐发展的新未来。2019 年 5 月 29 日,富春未来城开发建设工作动员大会召开，拉开了富春未来城开发建设的序幕。桐庐把建设富春未来城作为破难突围的关键一招、重要一环，致力于破城市能级提升之难、突最美县城竞争之围；破县域经济向都市经济跨越之难、突产业迭代竞争之围；进一步打开城市空间、拉开城市框架、提升城市承载力，实现桐庐更加绚烂的美丽嬗变。

富春未来城位于桐庐县城核心区，依山面水、两溪环抱，规划范围12平方千米，一期实施核心范围4平方千米。依托富春江科技城和富春山健康城，富春未来城将被打造为一座集快递科技集聚化、基础设施数字化、全域服务智能化、城市治理精细化、产业配套精准化的国内领先未来新城。2020年，富春未来城完成固定资产投资48.48亿元，完成全年目标151%；实到外资6010万美元，完成全年目标100.2%；新签约项目27个，完成全年目标135%；新落地亿元以上项目8个，完成全年目标160%；财政总收入达1.6亿元，新培育规上企业5家。在总部经济层面，"三通一达"总部项目全部落户，协议引资126亿元，主平台主战场作用显现。

1. 营造优质人居环境

桐庐紧紧围绕"两城两地两区"总体定位，即"山水生态城、年轻活力城，创新要素集聚地、未来生活展示地，社会治理创新区、未来县域城市样板区"，构建以东兴路发展驱动轴、科技大道发展轴为"两轴"，以富春未来城市之心为"一心"，以高铁商业商务综合体、公共文化艺术综合体为"两体"，以生态活力外环、智慧创新内环为"两环"的空间格局，统筹生产、生活、生态三大空间体系。高标准完成了控制性详规、城市设计和蓝绿空间规划等专项规划，布置湿地公园、活力公园、口袋公园，实现200米进公园、500米进林带、2公里进森林，蓝绿空间比例达40%，道路林荫率达100%，全力营造生态绿底、产业集聚、疏密有致、山水城共融的城市格局。

2. 全力打造快递全产业链集聚地

围绕"快递科技小镇"，集聚发展以快递物流业全产业链经济为主导，以数字经济、科创产业、总部经济为重点，以商业、会展、文化创意、现代金融、休闲旅游等为支撑的"1+3+X"① 产业体系，打造快递全产业链经济集聚地。截至2021年3月，桐庐银泰城、吉利—中汽新能源商用车联合研发基地等九个重大产业项目已完成签约、供地及开工建设，总投资173.83亿元，"三通一达"实现全员回归、全面开工。同时，坚持产业链、创新链"双链融合"，以形成快递物流关联产业集群为导向，引进其上下游配套、产业链纵向延伸的关联项目，完成米其林、康明斯、壳牌等关联产业的战略合作协议签订。聚焦快递全产业链经济，招引落户快递产业关联企业143家，产业门类涵盖快递科技、物流运输、物联网经济（直播带货）、新零售等领域，快递科技小镇初具形象。

---

① "1"即快递（物流）业全产业链经济，"3"为数字经济、科创产业、总部经济，"X"为商业、会展、教育培训、现代金融、休闲旅游、文化创意、生产性服务业等高端高新产业。

3. 优化公共配套，着力招引集聚人才

为更好地服务人才和产业集聚，提供最优公共配套，引进滨江、融创、恒大、建发等知名房企打造未来社区，引入华师大双语幼儿园、桐庐叶浅予学校（由杭州建兰中学进行整体托管）等优质教育资源，迁建按三甲医院功能设置的桐庐第一人民医院，启动建设集酒店、办公、客运站、商业等多功能为一体的综合客运枢纽中心，确保各种交通工具间的无缝换乘，招引17万平方米浙西最大的银泰城商业综合体，规划湖面面积105亩的富春未来湖、金竹溪公园，打造高铁线上的会展综合体，包含快递博物馆及快递研究院、会议会展中心、酒店和商业四大功能，推进区域内东兴路、石珠路等城市路网、地下综合管廊建设，谋划城市之心节点改造工程（320国道下穿），提升核心区块及城市之心品质，全力实现"5分钟上班，10分钟上学，15分钟健身休闲"。

4. 实施数字化建设，推进社会数字治理

全面推进"十四五"规划数字化改革，充分利用物联网、大数据、云计算、人工智能、5G通信等技术，实施"一个凸显+两个先行"的未来城数字化建设项目（"一个凸显"即凸显快递物流数字经济产业基地，"两个先行"即5G新基建和低碳管理先行），全面优化未来城营商环境，提高社会治理科学化、精准化和协同化水平，形成"细管、智管、众管"的共建共治共享模式，着力打造"社会治理创新区"。

富春未来城效果图

（三）高质量推进美丽城镇建设

　　为贯彻落实省委"百镇样板、千镇美丽"工程，高质量推进城乡融合发展，桐庐以"产业提升和功能完善"为重点，以省级大花园典型示范创建为契机，加快推进桐庐新时代美丽城镇建设工作，不断优化城乡空间发展格局，加快形成城乡融合、全域美丽新格局，加快建设生态优美、功能完善、产业鲜明、人文浓厚、管理有序的美丽城镇。2020 年，首批 2 个乡镇——分水镇和莪山乡顺利通过省市验收，分别成功创成县域副中心型和文旅特色型美丽城镇省级样板。

1. 以底数为基础，全面描绘美丽城镇建设蓝图

城乡共谋划，2020年桐庐以"分类实施、示范引领、全面推进"为总体思路，按照"一核、三廊、九片"的总体布局编制了"一县计划"和"一镇一方案"，为美丽城镇建设谋好篇、布好局。以项目为抓手，全县10个乡镇共计梳理出三年建设项目202个，计划总投资26亿元，其中2020年完成建设项目190个，完成投资14.8亿元。

2. 以服务为宗旨，全面强化美丽城镇建设保障

成立工作专班，强化队伍保障。印发《桐庐县美丽城镇建设工作实施方案》，成立了美丽城镇建设办公室，从住建、规划、城管、经信、文广旅体等部门抽调人员集中办公。6个样板创建镇也成立了工作专班，专人推进美丽城镇建设。

落实"双师"制度，强化技术保障。深化和完善县域首席设计师和驻镇规划师制度。实现首席设计师驻镇规划师全覆盖。同时开展技术服务联动，县美镇办联动县域首席设计师等专家，结合"三服务"活动，多次对乡镇提供技术服务支持，极大地支撑了美丽城镇建设的业务指导和技术服务保障。

制定相关政策，强化要素保障。桐庐率先在全省制定出台"一镇一策"，从资金、土地、人才等方面加大扶持力度，保障美丽城镇建设。加大财政扶持；强化要素支撑；依托"最多跑一次"改革，继续做好扩权强镇工作；在人员和指导培训方面加大支持力度，更好地服务乡镇经济社会发展。

3. 以督查为手段，全面落实美丽城镇建设责任

实行排名通报机制。对项目开工率、投资额完成率、长效管理和工作完成情况进行综合考评，实行每月通报制、每月排名制、年度考评制。

开展常态化督查。围绕项目推进、城镇环境和数据报送等方面，县美镇办每月组织开展美丽城镇推进情况现场督查，对整体推进慢的乡镇、项目提出建议，落实整改，通过重点项目现场检查，以点带面，推动全县美丽城镇建设项目全面加速。

开展模拟评估，县美镇办组织专业团队赴分水镇和莪山乡，全方位开展美丽城镇模拟评估，对照各类指标逐项分析评估，全面自检，从严评估，查找不足，补短板创亮点。

美丽的分水镇

◇ 四 合力共建，全面打造新时代乡村生活样板地

为深入实施乡村振兴战略，推动新时代美丽乡村建设，桐庐在巩固现有美丽乡村建设的基础上，以创建全国乡村振兴示范县为总抓手总载体，以"规划引领、产业兴旺、文化振兴、人的回归"为重点，高品质抓好数字乡村、法治乡村、艺术乡村、创业乡村、文明乡村"五大乡村"建设，同步推进清廉乡村、平安乡村，不断提高桐庐的城乡融合度、乡村魅力度和创新活力度。

（一）规划引领，让乡村宜居环境更美丽

1. 高标准编制乡村振兴发展规划

规划是统筹推进乡村振兴的"纲"，但编制乡村振兴发展规划是开创性的工作，没有可以借鉴的先例。桐庐突出规划引领，高标准开展国家级乡村振兴发展规划试点工作，为在高起点上打造一流宜居环境奠定了坚实基础。县级层面，以国家级乡村振兴规划试点为契机，坚持"全县一盘棋、规划一张图、管理一张网"，以诗画山水带、古风民俗带、产业风情带、运动休闲带、生态养生带5条特色产业带为基础，编制县域乡村振兴战略规划。村级层面，按照"试点先行、示范推广、整体推进"的思路，选择具有鲜明特色和发展基础的58个村作为首批规划编制单位，在积累经验后梯次推动

实现全县 181 个行政村乡村振兴村庄发展规划全覆盖。

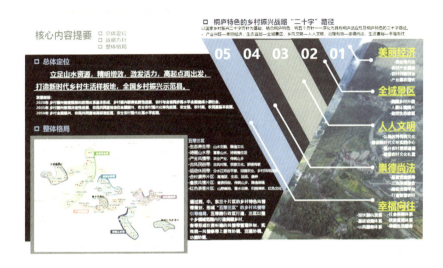

桐庐县乡村振兴规划

2. 全系统守护乡村美丽生态

美丽生态是桐庐美丽乡村的底色，是最宝贵的资源，同时也是脆弱的、需要悉心维护的。对农村而言，人的命脉在田，田的命脉在水，水的命脉在山，山的命脉在土，土的命脉在树和草。"山水林田湖草"，都是乡村生态系统的组成元素。桐庐牢固树立"山水林田湖草"是生命共同体的整体系统观，打造乡村生态系统，让良好生态成为乡村振兴支撑点。继续全面落实河长制、湖长制、林长制等生态环境保护责任制，持续开展"创五美、治五乱"活动，深入治理农业面源污染，纵深推进"污水革命""垃圾革命""厕所革命"，严防污泥、浊水、垃圾反弹回潮，切实加强农村生活垃圾减量化、资源化、无害化分类处理，持续推进土壤污染治理，让乡村更整洁、山水更秀丽。

3. 全方位推动人居环境提质升级

生态宜居是实施乡村振兴战略的重要任务。农村人居环境方面，桐庐起步早、有基础、有优势，已呈现了全域美、风景美的格局。但桐庐没有麻痹大意，仍牢牢守住生态保护红线、永久基本农田红线、城镇开发边界控制线三条"高压线"，高水平推进农村人居环境提升三年行动。统筹推进风情小镇、富春民居示范村、生态环境修复村和重点历史文化村、美丽宜居示范村、美丽乡村精品示范线等建设，串珠成链，加快形成一批特色鲜明、富有活力的村落。要保持"拆违治乱"工作力度不减，继续整治农村"一户多宅"，巩固省级"无违建县"创建成果。

（二）产业兴旺，让乡村发展活力更充沛

产业是乡村最亮丽的风景线，没有产业支撑的美丽乡村是不可持续、难以为继的。产业兴旺是解决农村一切问题的前提。

1. 做优农业产业

基础农业要保安全。习近平总书记指出，"饭碗要牢牢端在自己手上"。桐庐认真落实粮食生产责任制，抓好粮食功能区建设，严守耕地红线，全力守好"米袋子"；高度重视农产品安全工作，尤其是严防各种农业风险，确保安全供应。现代农业要优效益。在确保粮食安全的基础上，桐庐大力发展现代农业、效益农业、都市农业。以建设省级现代农业园区为契机，围绕蜂、茶、药、果4大

产业，打造 4 个产业链产值超 10 亿元的支柱性主导产业，努力成为"长三角"都市农业典范和游客最喜爱的"花果园"。突出农业龙头企业，鼓励其加快智能化、信息化应用，引导农业企业运用工业化理念和最新农业科技成果，加快推进农业传统产业提质增效。实施新型农业经营主体培育提升工程，加强对养殖大户、家庭农场、专业合作社的政策指导，引导农户与经营主体之间、经营主体与经营主体之间联合合作。

2. 做细"三产融合"

实现乡村产业振兴，三次产业融合、城乡产业融合是必经之路。近些年，桐庐推进休闲农业、田园综合体、农村电商等农村新业态取得了较好成绩。新阶段，桐庐不仅追求一二三产业的融合，还追求产村融合、产镇融合。村庄和乡镇是有空间的，要以乡村振兴发展规划编制为契机，优化农业产业区域布局，加快人口、产业导入，打造三次产业融合的产业集群，促进产村、产镇融合。桐庐继续加快研究乡村产业发展的支持路径，推动"物联网""新零售"向农村延伸，推进"互联网＋农业"，做实"线上线下"融合，用好数字旅游专线建设成果，为农民持续增收提供更多支撑。

3. 做响区域品牌

当前，桐庐农业产业规模小、农产品品牌杂、档次低现象较为突出，所以要加快品牌化建设，促进农产品竞争力提升。强化"质量兴农"，健全质量标准体系，推行农业标准化生产，推进"三品一标"农产品认证，基本建立大宗农产品来源可溯、去向可查、质量可信的质量监管追溯体系，确保农产品质量安全，为品牌打造奠定信誉保障。要按照"县域大品牌、乡域小品牌"的思路，编制农产品、民宿区域公用品牌建设规划，培育绿色、优质产品系列品牌。建设桐庐农产品品牌馆，策划设计具有桐庐地域特色和生态优势的农产品品牌整体形象标识和宣传口号，打造经得起市场检验、有较高影响力和品牌价值的区域公用品牌。

（三）文化振兴，让乡村人文风韵更传神

文化是乡村的"根"与"魂"。做好"三农"工作，文化文明力量不可或缺。

1. 坚持文化"铸魂"

大力弘扬社会主义核心价值观，推进新时代文明实践中心建设试点，建立健全县级实践中心、乡镇（街道）实践所、村级文化礼堂三级文化阵地体系，力争到 2021 年年底实现农村文化礼堂全覆盖。按照"一乡一品牌，一地一特色"要求，创设"草根微讲台""文明微积分""普法微言堂""乡村微公益""联心微话亭"等桐庐本土志愿服务品牌项目，让农村成为有温度、更具人情味的魅力乡村。

2. 坚持文化"塑形"

加大农村非物质文化遗产保护力度，深入挖掘传承一批具有桐庐味道和桐庐特色的文化形态、文化记忆，持续推进历史文化村落保护利用，全力挖掘保护文化历史遗迹遗存，运用"文创＋"理念，加快文化艺术内容融入，以村落和建筑的"形"彰显乡村文化

的"神"，打造一批符号性、标志性的历史文化村落。

3. 坚持文化"共振"

深化"千镇万村种文化""双万结对　共建文明"活动，促进城市先进文化向乡村传播，使得优秀乡村文化与现代文明交相辉映。桐庐继续弘扬社会正能量，广泛开展道德模范等先进模范评选活动，提升农民群众的自豪感和归属感。弘扬法治文化，提升乡村治理水平，根据实际修订完善村规民约。以"平安季"为契机，深入开展扫黑除恶专项斗争，推进"一体两翼"基层社会稳定工作体系建设，推进民主法治村创建工作，深化"三治融合"，推广"天井圆桌会""花厅议事会"等基层民主协商机制，切实维护农村社会和谐稳定。

（四）人的回归，让乡村双创动能更强劲

农村有广阔天地，可以让人大有作为。桐庐围绕"人"这个乡村振兴的核心要素，让愿意留在乡村、建设家乡的人留得安心，使乡村成为美好生活的向往地；让愿意"上山下乡"、回归乡村的人更有信心，使桐庐成为"逆城市化"的首选地。

1. 持续深化改革创新

深化改革，推动人才、土地、资本等要素在城乡间双向流动和平等交换，激活乡村振兴内生活力，在乡村形成人才、土地、资金、产业汇聚的良性循环。优化农村营商环境，在融资贷款、配套设施建设补助、税费减免等方面提供政策指导，服务好人的回归。

加快推进农村集体产权制度改革、农村承包土地、宅基地"三权分置"，深化土地经营权入股发展农业产业化经营试点工作，努力破除体制机制障碍，有效解决"城里有钱进不了村、村里有项目找不到资金"的问题，吸引四面八方优秀资源在乡村集聚。深化"三位一体"农合联改革，提高农合联组织为农服务的精准度和实效性。推动"最多跑一次"改革进一步向村级延伸，推广"代办服务点＋自助服务终端＋移动终端"等模式，优化15分钟政务服务圈，让农村群众办事不出村。创新乡村营销模式，以"5·20世界蜂蜜日庆典活动"、第三届中国（桐庐）国际民宿论坛等重大活动举办为契机，吸引更多人关注、支持、参与、宣传桐庐乡村振兴。

2. 加速培养"三农"人才队伍

人才是激活乡村振兴内生活力的关键所在，也是实现乡村振兴的重要保障。当前，农业农村干部和新型职业农民的数量缺口逐渐凸显，已经成为影响桐庐"三农"工作长远大局的问题。要充分发挥农民主体作用，加强本土人才培养，开展好农民素质提升和农村实用人才培训工程，实施乡村振兴领军人才培养计划和农业职业经理人培养计划，培养造就一支懂农业、爱农村、爱农民的"三农"工作队伍。结合支持农民工等人员返乡创业试点，拓宽引进人才渠道，建设包括农业科技人才、经营管理人才、文教人才、法律人才在内的乡村人才体系，吸引工商企业主、院校科研人员、高校毕业生、返乡青年、退伍军人等下乡创业创新，让"新农人"和"农创客"成为振兴乡村的生力军。推进乡贤回乡村，办好首届"桐庐人"大会，用好"乡贤还巢""桐商回归"等载体，挖掘乡贤资源，建好乡贤组织，鼓励乡贤参与家乡建设，助力乡村振兴。

3. 加快补齐公共服务短板

紧扣农村道路交通、农田水利、农村饮用水达标提标等重点，加快补齐农村基础设施和公共服务配套短板。坚持规划先行，精准预判短中长期农村人口、产业发展变化趋势，倾听农民心声和诉求，分清主次、先后、急缓，把公共服务规划做得更科学合理。将水电气网供应等事关农村人居环境改善和产业发展的相关项目，以及农民医疗、教育、就业、养老、社保等民生领域的相关项目，放到发展优先级上来，拿出实招硬招，切实增强群众的获得感，让乡村生活更加美好、更具吸引力。

桐庐"五大乡村"建设

数字乡村

数字是引擎，是实现美丽乡村 3.0 版的重要路径。桐庐把改善民生服务作为重要导向，推进数字技术与乡村产业发展、公共服务和社会治理融合。一是数字赋能乡村产业。加快数字化融入，推动"线上线下"融合。抓好数字化生产、流通和监管，不断提升乡村产业等数字化水平。二是数字赋能公共服务。以"最多跑一次"改革为引领，充分发挥数字乡村在公益、便民、商务和惠民等方面的作用。三是数字赋能乡村治理。实施乡村治理数字化建设，推进特色应用场景开发，推动数字赋能农村社会治理。

法治乡村

法治是保障，为实现美丽乡村 3.0 版提供有力的法治保障。桐庐着力推进乡村依法治理，构建乡村共建共治共享社会治理格局。一是提升法治意识。加强对村社干部的法治培训，推动建设法治阵地，增强村社干部和群众法治意识。二是夯实组织建设。实施好农村"头雁工程"和"维雁计划"，持续抓好农村基层党组织和农村党员队伍建设。三是抓好多元治理。深化党组织领导的自治、法治、德治和智治相融合的乡村治理体系。

艺术乡村

艺术是灵魂，是传承和表达乡村文化的有效方式。桐庐让艺术融入乡村，提升乡村价值魅力，激发乡村的内在潜能，丰富美丽乡村3.0版建设内涵。一是在村庄建设中融入艺术。通过设计和艺术，把乡村内在的美和文化挖掘出来，植入艺术元素，进一步彰显乡村魅力。二是在品牌打造中融入艺术。坚持业态融合，在乡村品牌、农产品包装营销、乡村活动等方面加强艺术介入，激活艺术的生命力。三是在促进农民全面发展中融入艺术。提升农民文化艺术素养和地方文化的认同感、自信力，促使农民自觉参与建设艺术乡村，增强艺术乡村内生动力。

创业乡村

创业是核心，乡村有人才有项目有产业，美丽乡村才能活起来。桐庐持续改善农村创新创业环境，提升乡村的发展活力，让乡村成为美好生活的实现地。一是构筑创新创业生态体系。以"两进两回"行动为牵引，积极发挥新乡贤在引进项目、资金、技术、人才等方面的优势，进一步完善政策措施，培育一大批农村人才，使乡村成为文创、互联网、旅游民宿等产业创业的平台。二是充分发挥改革牵引作用。持续用好改革利器，深化农村宅基地、农村承包地"三权分置"、集体土地入市、农合联改革等改革工作，提升发展动能。三是加强要素保障助创发展。加强创业的要素保障，不断完善农村公共服务和基础设施，优先保障土地、资金等资源要素。

文明乡村

文明是基础，也是美丽乡村3.0建设的重要推动力量和软件基础，为打造美丽乡村3.0版提供智力支持和精神动力。桐庐以社会主义核心价值观为引领，不断提高乡村文明程度。一是推进文明实践工程。在农村深入开展新时代文明实践活动，推动桐庐淳朴的乡村文化转化为人人践行文明的内在自觉。二是提升村民文化素养。以开展除陋习、重乡规、振家风、乐公益为重点，不断提升村民文化素养。三是凝聚村民共建力量。引导群众自己的家园自己建自己管，提升群众主体、主角意识，以助推垃圾分类等为载体来推进农村环境综合治理。

芦茨村建设美丽乡村3.0版的具体实践

芦茨村以前靠卖炭为生，经过多年的建设和发展，芦茨村的卖点变成了美丽的生态环境和高效的乡村治理。2019年，芦茨村共有民宿180余家，旅游收入达到1.36亿元，游客接待量超157万人次，村民人均收入达7.8万元。近年来，芦茨村先后获得了浙江省旅游休闲示范村、浙江省卫生村、浙江省园林绿化村、浙江省放心消费示范村、国家级民主法治示范村等荣誉称号。

数字赋能，治理上再突破

大力推进数字治理，以乡度产业综合体引导基础数据和基础设施建设，实现一个平台运行、一张网络通达、一个终端显示，探索出一条以乡村治理促村振兴的新路径。以芦茨智慧展示体验中心为基础，构建芦茨智慧乡旅一体化平台，向游客提供智能签到、智慧导引、数据反馈、乡度生活服务指南等数字化乡旅服务。以信息数字化构建景区高效运营服务体系，做好实时停车位、公共卫生间、免费茶水、咨询等导航服务，让外来游客感受到芦茨的温情。逐步完善"善治广场"周边数字化建设，着力打造"智慧广场"，以全息投影方式将法治内容"上墙入地"，并通过互动大屏等新型线下智能设备，实现精准的消费引导。

法治保障，自治上重实效

依托良好的山水自然资源和历史文化底蕴，以民主法治村创建为抓手，坚持自治增活力、法治强保障、德治扬正气，"三治"融合保障乡村旅游特色产业发展，形成治理有效、文明和谐、村美民富的生动局面，成立全县首个农家乐民宿协会，研究制定"民宿八礼"，涵盖"民宿质量承诺""民宿入住登记""民宿食品安全"等8项业态自治制度，协会成员共议共决、共同遵守；探索"芦茨红议事＋"模式，让村民自我管理、自我教育、自我监督；开办"大讲堂"宣讲优秀传统文化；常态化开展"家风家训亮出来""幼儿启蒙礼""最美党员户""清洁家庭"等评比活动，表彰一批，带动一片；重点推进法治广场、法律图书角、法治讲堂、公共法律服务点等集宣传、教育、服务为一体的普法阵地建设；注重自治实效，探索乡村治理促乡村振兴的新路径。

艺术支撑，产业上求创新

进一步振兴芦茨传统艺术文化，以方干历史文化纪念馆项目建设为核心，挖掘重阳节演社戏、陈公庙会文化，保护和利用好芦茨文化礼堂、芦茨老街、马岭古道，打造芦茨文创基地。开展"芦茨乡村艺术化试验"，进一步提升青龙坞高端艺术乡度谷，整合政府、风语筑、中国美院等各方资源，在青龙坞入口处开展"芦茨乡村艺术化试验"，提升传统民宿的经济效益和品牌效益，形成示范效应，激发村民兴趣和积极性。启动村落环境艺术化景观提升工程建设，全力做好芦茨艺术田野改造、两山大道景观提升、白云源互通景观提升等，推进芦茨核心区艺术化进程。

创业驱动，融合上下功夫

营造优质的创新创业环境，大力吸引年轻人返乡创业，为艺术家创业提供素材和土壤，不断提升乡村旅游产品的特色与价值，努力实现生态、生活、生意等多业态融合。打造现象级网红乡村艺术综合体，努力聚集一批文化创意工作者，通过人的艺术化、生活的艺术化和空间的艺术化，打造国家级乡村深度艺术化发展典范。通过引进高端精品民宿项目，以生态环境入股的方式增加村集体收入，带动民宿产业良性发展。依托5G通信技术，大力发展数字创业，在芦茨村建立"数字治理，党建引领""数字服务，品质生活""数字创业，美丽经济""数字旅游，智慧乡旅"四大场景，推动乡村产业与数字技术深入融合。

文明实践，内涵上谋提升

以新时代文明实践为引领，通过推动文明实践站（点）建设、壮大志愿服务队伍、丰富志愿实践活动等，构建芦茨村"15分钟文明实践圈"。推进村生态美化工程，通过开展农村环境整治、公益宣传扮靓乡村等活动，让居住环境美起来；推进移风易俗提升工程，通过开展传统礼俗规范提升、村规民约修订完善、家风家训弘扬传承等活动，让乡风民风美起来；深入推进文明创建面工程，通过开展文明村创建、文明家庭培育、身边好人宣传等活动，让精神风貌美起来；全面实现志愿服务美、乡风民风美、人居环境美、精神风貌美的"四美"文明乡村。

第 九 章

绘就美丽生态新画卷

2005 年 8 月，习近平同志在《浙江日报》发表了《绿水青山也是金山银山》一文，指出：浙江省"七山一水两分田"，许多地方"绿水逶迤去，青山相向开"，拥有良好的生态优势；如果能够把这些生态环境优势转化为生态农业、生态工业、生态旅游等生态经济的优势，那么绿水青山也就变成了金山银山。党的十八大以来，习近平总书记多次强调和论述"绿水青山就是金山银山"的理念，从理论和实践层面不断拓展和深化其丰富内涵。习近平总书记还强调："良好生态环境是最普惠的民生福祉""环境就是民生，青山就是美丽，蓝天也是幸福""发展经济是为了民生，保护生态环境同样也是为了民生"。① 党的十九届四中全会提出要坚持和完善生态文明制度体系，促进人与自然和谐共生，强调"必须践行绿水青山就是金山银山的理念"。这些重要论述阐明了生态环境在民生改善中的重要地位，是对人民日益增长的优美生态环境需要的积极回应。

2003 年 4 月 10 日和 2006 年 5 月 26 日，时任浙江省委书记的习

---

① 《习近平谈治国理政》第三卷，外文出版社 2020 年版，第 362 页。

近平同志先后两次到桐庐考察，要求桐庐"合理开发利用和保护资源，加强环境治理和生态建设，促进可持续发展""像桐庐这么好的地方，要相得益彰，把生态作为一种生产力，使生态好、经济也好"。正是在习近平总书记重要指示的指引下，十多年来，桐庐秉持"绿水青山就是金山银山"发展理念，始终坚定生态优先、绿色发展的战略定力，以更加宽阔的视野、更加务实的作风、更加扎实的举措，在绿色发展、环境保护、制度创新等方面先行先试、克难攻坚，推动桐庐驶入高质量绿色发展的快车道。

"潮去潮来洲渚春，山花如绣草如茵"（唐·许浑）。生态环境成就"桐庐颜值"，生态文明建设提升"桐庐品质"。如今的桐庐，城乡综合环境品质显著提升，先后荣获国际花园城市、联合国人居环境奖、国家级生态县、中华宝钢环境奖、全国生态保护和建设典型示范区、中国最美县城、国家森林城市、"中国天然氧吧"、中国最美生态文化旅游名县和全省首批大花园典型示范建设单位等一系列生态金名片，在《小康》杂志社联合多个国家权威部门和专业机构评选出的"2020 中国最具幸福感百佳县市"名列榜首，入选美国《国家地理》杂志 2021 年全球 25 个最佳旅行目的地（中国唯一）。国家生态文明建设示范县、"绿水青山就是金山银山"实践创新基地创建工作正在扎实、全面推进。2020 年，全县森林覆盖率提升至75.19%，实现省级森林城镇全覆盖。2015—2020 年，空气优良天数从 333 天增加至 338 天；空气优良率从 91.2% 提升至 98.1%；县城 PM2.5 平均浓度值从 40 微克/立方米下降至 27 微克/立方米；实现全县 114 条河流水质达到Ⅲ类以上，Ⅰ—Ⅱ类水质占比从 80% 提升至 89%。实现全域"随时可游泳，随处可游泳"的目标。功能区水质达标率为 100%，窄溪断面出境水质达到 Ⅱ 类水质，饮用水源地水质达标率为 100%。

◇ 一 坚持破立并重，推进绿色发展

习近平总书记指出，坚持绿色发展是发展观的一场深刻革命。[①]使绿色成为普遍形态是高质量发展的题中之义，是生态文明建设的必然要求。绿色发展是个经济问题，是生产方式、经济结构、消费模式和发展道路的问题，要从源头上防止污染，必须从经济发展方式上找根源，改变原先资源消耗大、环境污染重的增长模式，推动产业转型升级。桐庐始终坚定生态优先、绿色发展的战略定力，增强绿色发展新动能，紧盯新基建、新技术、新材料、新装备、新产品、新业态，加快构建现代化绿色产业体系，努力把美丽生态转化为美丽经济，打造具有时代特征、桐庐特色的"两山"转化示范地。

君子务本，本立而道生。加快工业转型升级，是"两山"转化的关键。桐庐对此有着清醒的认识："就桐庐而言，要以符合生态环境要求、符合未来发展趋势、符合本地发展基础为前提，扎实推进生态产业化与产业生态化、产业智慧化与智慧产业化，加快建设创新创

[①] 参见中共中央文献研究室编《习近平关于社会主义生态文明建设论述摘编》，中央文献出版社 2017 年版。

业、转型升级两个生态圈，着力构建大产业生态系统，大力发展信息电子、先进装备制造、新能源新材料、大健康等产业，为建设山清水秀民富县强的美丽中国桐庐样本奠定厚实的产业基础。"①

（一）强化整治，力促产业转型

桐庐持续深化高污染行业整治，狠抓重点领域、行业和企业节能减排，大刀阔斧淘汰落后产能。近年来共关停、整治、提升工业企业 560 多家，关停拆除畜禽养殖场 678 家、温室甲鱼养殖场 68 家；开展了"低小散"块状产业整治，关停印花、铸造、石材、水晶等"散乱污"企业（作坊）229 家。同时加快结构调整，大力推动传统产业转型升级。通过实施传统制造业改造提升三年行动计划，推进制笔、针织、箱包、医疗器械等传统企业数字化改造，拉长"长板"，再造优势。2020 年规上工业、数字经济核心产业、高新技术产业、装备制造业、战略性新兴产业增加值分别比 2018 年增长 0.6%、31.6%、21.3%、11.2% 和 42.5%。

一次倒逼转型的生动实践 ②

钟山石材，曾是桐庐县块状经济的亮点。然而，与之相随的漫

---

① 钱凌芸、陶元：《桐庐吹响产业强县"冲锋号"——振兴产业经济实现绿色崛起》，《杭州日报》2017 年 7 月 12 日。
② 邱瑜：《生态工业让桐庐经济奏响"绿色"乐章》，http://wynews.zjol.com.cn/wynews/system/2014/08/12/018305342.shtml。

天粉尘及乳白色溪水，使当地百姓心中蒙上一抹挥之不去的灰色。

从 2004 年开始，桐庐全面开展钟山石材行业污染综合整治，但偷漏排现象仍时有发生。2012 年以来，该县再次加大石材行业整治力度，制定出一套政策和规范化标准，对现有石材加工企业关停淘汰一批、兼并改造一批、转型发展一批。仅 2012 年就关停石材企业 112 家。同时，组织乡干部入村驻企督促石材企业减少污染。

在铁腕治污面前，企业深深意识到只有在整治中转型升级，才能找到出路。于是，桐庐玲珑石雕有限公司建起封闭式钢棚，把石材切割的粉尘与外界相隔离，冲洗的白色污水流入沉淀池后循环利用，整洁有序；浙江佳业达装饰工程有限公司把握时机加快技改，投资 300 多万元引进先进设备，石材的切割、仿形等工序都由红外线机自动完成，减少了污染……在这场"绿色革命"中，企业纷纷强化内功，引进新设备，启动新技术，生产规模日渐扩大，生产能力得到提升，产品档次不断提高。目前，钟山乡石材企业年销售产值突破 5 亿元。而天蓝气爽、青山多姿、碧水潺潺的钟山乡也重新成为老百姓记忆中的秀美家园。

（二）严格准入，优化产业布局

为从源头上有效控制新增污染源，桐庐精准把握建设项目环保准入关口，助力污染防治攻坚战。严格实施"三线一单"（生态保护红线、环境质量底线、资源利用上线和生态环境准入清单）准入制度，从源头上控制"两高一资"（高污染、高能耗、资源型）项目建设和低水平、低效益的生产模式，促进全县产业结构和空间布局不断优化。近年来，共否决不符合功能区规划、突破生态保护红线项目342个。严格落实产业准入和产业发展导向，以低能耗、低排放、低污染为底线，以产业高端化、企业高新化、产品高附加值为重点，围绕"强链、延链、补链"，促进优势产业加快集聚，着力打造电子信息、新能源材料、先进装备制造等6个百亿产业集群，规划建设生态工业园区，倾力打造绿色低碳、综合性可持续发展的"美丽经济"，形成与美丽城乡、美丽生态相适应的现代产业体系。

桐庐全力打造百亿级磁性材料产业，高标准规划建设磁性材料产业园区，
城南街道青山工业功能区内已累计集聚磁性材料企业23家

（三）"文旅体融合"，发展美丽经济

生态美，要转化成产业美。桐庐以"生态产业化、产业生态

化"为导向，探索生态与经济融合的发展模式，做足"文旅体融合"文章，逐渐从农业主导、轻工业并存转为大力发展以旅游、休闲、健康产业为主的"美丽经济"，着力构建以"1+3"（"1"：大快递物流地标产业；"3"：大智造产业、大健康产业、大旅游产业）为主导的环境友好型产业体系。近年来，大智造产业、新制造业发展速度迅猛，特别是电子信息产业首次突破百亿。大健康产业，创成长三角地区首个国家级生命健康产业先行先试区。大旅游产业，实现全域旅游迭代升级，2019年来桐旅游人次、旅游总收入分别突破2000万人次和200亿元大关。

桐庐健康小镇：生命健康与旅游产业融合发展的范本

桐庐健康小镇背靠大奇山国家森林公园，与桐庐县城无缝对接，是桐庐富春山健康城的核心区块。健康小镇三面环山、一面临着富春江，森林覆盖率超过80%，全年有340天的空气质量达到或优于二级标准优良天数，PM2.5浓度年均值低于35，空气中负氧离子超过5130个/每立方厘米，是普通城市的50倍。健康小镇区域年平均气温在15摄氏度，酷暑天的气温也平均在26摄氏度左右，水资源达标率为100%。

健康城成立伊始，桐庐县委县政府提出"生态为基，产业为王，项目为要"，把桐庐的生态保护好利用好，将生态产业化、产业生态化，紧紧围绕高端健康服务业形成一个闭环和链接。因此，拒绝了不计其数的客商，只留下极少数与健康城拥有相同理念、相同信仰、相同情怀的客商落户。

作为浙江省首批 37 个特色小镇之一，也是全省最早一个从事健康产业的特色小镇，桐庐健康小镇以富春山水原生态和"桐君"国药文化为依托，打造以健康服务业为核心，以健康养生（养老）产业、健康旅游、中医药保健产业、健康管理等项目为载体，促进产业融合、产城融合和城乡融合，宜居、宜业、宜养、宜游的健康服务业集聚区。健康小镇成立仅两年（2015—2016 年），就已完成固定资产投入 27.16 亿元，税收达到 2.02 亿元及旅游人数 187.6 万人次。

◇ 二 加强生态环境治理，夯实绿色崛起发展基础

围绕"美丽中国、桐庐先行"要求，桐庐坚持以改善环境质量为核心不动摇，聚焦污染防治问题短板，扎实打好污染防治攻坚战，着力解决突出生态环境问题，切实提升人民群众对生态环境满意度和获得感。

（一）强化组织领导，理顺体制机制

成立污染防治"八清零"工作专班，整合部门资源优势，全面梳理工作任务，细化工作计划，逐项分解落实到各责任单位，督促各单位制定时间表、作战图，明确具体举措、节点目标及完成时限，推动污染防治攻坚战纵深发展。强化部门联动，建立完善联合执法机制、工作例会机制、通报考核机制，形成乡镇、部门齐抓共

管的工作合力。加大督查考核力度，压紧压实责任，对项目推进缓慢、扯皮推诿等问题，利用"红黑榜"通报机制，对相关责任单位、责任人进行通报，确保工作取得实效。

（二）坚持问题导向，加快整改销号

以中央生态环保督察、长江经济带问题督察为契机，桐庐紧盯历史遗留问题、群众关心问题，不折不扣落实整改。全面完成第一轮中央环保督察 45 个信访件、省级环保督察 4 个信访件整改，依法、平稳拆除富春江桐庐饮用水源一级保护区 12 幢违建别墅，完成饮用水源保护区调整、取水口上移，完成桐庐垃圾填埋场渗滤液环境风险隐患整改。加快推进历史遗留固废堆场问题的整改销号，经

2021 年 6 月 5 日，桐庐县举办"红绿两相融 人境共和谐"

六·五世界环境日主题宣传活动暨"五水共治"联盟誓师大会

济开发区 2.8 万吨造纸废渣完成清运处置，生活垃圾焚烧厂 3.2 万吨存量飞灰固化块规范填埋处置，神仙洞废物库环境综合治理和钟山葰山石粉堆场整治工作全面启动实施。坚持立行立改、举一反三，全力以赴推进第二轮中央生态环保督察 41 个信访件整改销号，组织开展生态环保专项整治行动，解决群众"急难愁盼"环境问题 64 个。

（三）加强统筹协调，全力污染攻坚

充分发挥县污染防治"八清办"牵头抓总职能，建立完善联席例会、督查通报、考核问责机制，切实推动污染防治攻坚有力有序有效开展。

大气治理成效显著。桐庐统筹推进工业废气、车船尾气、扬尘灰气、餐饮排气、焚烧烟气的综合治理，持续推进铸造、印花、表面处理、石材、水晶等"低小散"块状产业整治；推进"无燃煤区"创建，完成 339 台高污染燃料锅炉淘汰改造，完成热电、水泥、冶炼、垃圾焚烧等重点企业废气的提标整治，低氮改造燃气锅炉 27 台，淘汰改造生物质锅炉 97 台，整治工业炉窑废气 25 台；深化机动车污染防治、淘汰国三柴油车 1284 辆，拖拉机 723 辆，全面落实县城区国三柴油货车禁行措施，划定禁止使用高排放非道路移动机械区域；深化扬尘防控大比武活动，推动扬尘防控精细化，在全市范围内率先采用"智慧防尘"系统，完成 41 个工地扬尘、14 个道路扬尘在线监测点位建设；全面落实露天焚烧管控，建立禁烧管控网格 294 个，设置网格员 680 余人，结合无人机、高空瞭望等科技手段，实现线上线下同步巡查。

"五水共治"持续发力。党的十八大以来，桐庐坚持以科学治水为主题，以标本兼治为目标，建立健全治水规划、创新运作模式、建立长效机制，形成符合长远需求、具有示范效应的"五水共治"体制机制。通过一体化规划、一体化治理、一体化管理的运作模式，取得了不错的效果。2014 年获得浙江省首批"大禹鼎"，深化河长制管理，压紧压实各级"河长"责任，持续发挥河道"第三方＋智慧＋湖长"联控优势，实现"人治"向"智治"转变；发挥"第三方＋智慧＋湖长"联控优势，实现"人治"向"智治"转变，富春江、前溪、后溪、芦茨溪、双坞溪先后通过省级"美丽河湖"验收；创新"流域共治"治理模式，分别与建德、临安、富阳签订流域共治合作框架协议，实现上下游共治、跨区域联动、资源共享、协同治理；有序推进全域"污水零直排区"创建，到 2020 年已完成 8 个乡镇（街道）、6 个工业集聚区以及 101 个生活小区"污水零直排"创建工作。排查整改

天更蓝、水更清的桐庐

饮用水源地污染隐患 39 处，完成分水、横村、瑶琳等 4 个集中饮用水源保护区隔离网建设，试点饮用水源保护生态补偿制度，切实保障饮用水源安全。

清废净土扎实推进。桐庐全面启动"无废城市"建设，规划建设 7 个工业固废利用（处置）项目，新增一般工业固废处置能力 15.5 万吨/年，危废处置能力 3 万吨/年，着力补齐固废处置能力不足的短板，小微企业危废收集转运中心投入运行，有效解决小微企业危废处置难题。加快推进土壤污染普查工作，全面完成全县农用地和重点企业用地土壤污染详查，深入贯彻落实《土壤法》，强化建设用地准入审查，建立联动监管机制，压实做地主体、用地单位和建设单位责任，先后完成 16 个用途变更地块的调查评估工作，切实保障人居环境安全。

提升应急水平，守牢安全底线。桐庐加强环境应急管理，切实守牢环境安全底线。例如，先后成功处置建德苯酚泄漏事件、富春江镇俞赵村四氯乙烷槽罐车侧翻事件、富春江水库蓝藻爆发等突发环境应急事件，顺利完成 G20 峰会环境质量及饮用水保障"两个确保"目标。严格落实疫情期间环境监管监测，强化对医疗废物、医疗废水处置监管，持续做好饮用水源地、地表水断面、污水处理厂出水的跟踪监测，在全市范围内率先完成 23 个集中隔离点废水消毒设施全覆盖，切实保障居民饮水安全，有效切断病毒"粪—口"传播途径。

百江镇扎实推进环境综合整治①

百江镇依托环境综合整治，围绕"庄园小镇、戏水天堂、旅游高地"定位，推进乐水小镇、水美乡村、美丽河湖建设，优化业态布局，全力打造乡村旅游胜地、休闲养生福地。

百江镇全面启动"无违建"创建活动后，及时制定了拆改用政策，根据拆后土地性质和利用价值，逐村制订拆后利用的规划方案，力争做到"拆建结合，开发一批；拆绿结合，美化一批；拆改结合，提升一批；拆耕结合，垦造一批"。在"无违建"创建过程中，百江镇紧密结合"美丽乡村"建设，全面拆除影响整体环境或有碍交通的简易棚、危旧房，大力整治非法占地、乱搭乱建等行为，着力消除视觉污染。立足"拆"字，做好拆改用文章，以拆带用、以用促拆，正是百江镇在"无违建"创建中的一大特色做法。

此外，还有序开展畜禽行业整治项目，对全镇60家畜禽行业进行治理，其中关停、拆迁30家，整治、提升30家；全面提升农村生活污水处理工程，对全镇164个农村生活污水处理池进行自查，并按规范要求进行整治，推进了农家乐污水处理池建设的规范化整改。同时有力落实垃圾分类开展，加大垃圾分类知识宣传，完成全镇15个垃圾分类站房建设，并投入使用。

为了有效治水，百江镇出台了很多措施。先是开展"万名党员

---

① 根据柯建萍、叶雯婵：《美丽乡村之桐庐县百江镇：水清家美，带来"美丽经济"》（http：//epmap.zjol.com.cn/system/2014/12/19/020419875.shtml）；桐庐县人民政府：《云在山门水在溪 百江镇扎实推进水环境综合整治》（http：//www.tonglu.gov.cn/art/2021/1/28/art_1543980_58961627.html）整理。

三级护水"行动，编制"五水共治"作战图和节点计划，用脚步丈量全镇 109 条断面河道，并实行"红黄绿"考评机制。后是扎实推进集镇截污纳管工程，2019 年已通过集镇污水零直排创建工作，2020 年对管网进行深度改造、对区域内农户化粪池进行系统整治，实现污水应纳尽纳，建成雨污管网 4.6 公里、化粪池 80 余座。农村饮用水 22 个单站、东辉联村水厂已建成并投入使用；百江水厂具备通水条件；水质检测达标率为 100%；显著改善村民用水条件。双坞溪成功创建省级美丽河湖，百江镇成功评定为杭州市 2020 年乐水小镇、辖内双坞村等 9 个村成功评定为杭州市 2020 年水美乡村。

2020 年，新华社、中国报道网、经济日报客户端等多家主流媒体和省级媒体多次报道宣传百江镇治水、治土、治气等生态文明建设工作。2021 年砥砺前行，百江镇将继续深化"五水共治"（河长制），深入践行绿水青山就是金山银山理念，以"两大目标""四大举措"为核心，深入推进生态文明建设，守护百江的每一处绿水青山。

◇ 三　加大生态系统保护力度，"递进式"推进环境质量提升

生态之美源于保护，保护好生态环境，不仅是贯彻落实习近平新时代生态文明思想的最实行动，是擦亮美丽桐庐金名片的最有力举措，更是普惠民生福祉的最有效途径和创造绿色经济的最佳手段。

（一）城乡垃圾分类一体化

桐庐是全国农村生活垃圾分类处置的探路者和先行者，2017年率先完成181个行政村生活垃圾资源化处置设施全覆盖目标。同时，探索建立产业化运作体系，会同中科院开展微生物发酵设施、菌种等研发工作，申请获得国家专利，形成集"研发—生产—销售"一体的专业生产基地，创立"世外桃源"牌农家土肥，形成覆盖全省大润发、联华超市的销售网，并面对县内种植大户特设普通大包装有机肥，在实现农村生活垃圾无害化处理的同时，培育了一条绿色产业链。2019年年底，全面启动"全国生活垃圾分类文明示范县"创建，按照"一步到位、全域开展、全民参与、全链发力、文明先行、法治保障"要求，深入探索实践县域垃圾分类的"桐庐模式"，全力打响生活垃圾分类攻坚战。2020年5月起，城区全面实行"撤桶并点"，城区生活垃圾日均减量达15%。打造了城乡一体化的垃圾分类体系，实现生活垃圾"零增长、零填埋"，创成市级以上垃圾分类示范小区（村）88个。

鸡毛换糖模式、有偿回收模式、积分奖励模式、身份明示模式、星级评比模式、红黑榜模式等 16 种草根经验，既鼓励城乡居民进行垃圾分类投放，又使他们从垃圾分类中得到肯定和快乐

（二）城乡污水处理全域化

桐庐以"污水全收集、雨污全分流、处理全达标、资源全利用、监管全智慧"为总目标，高质量高标准推进农村生活污水处理设施提升改造工作，科学精准打造全国农村生活污水治理新样本，实现了城乡污水处理全域化。2012 年，桐庐在全国率先实现了农村生活污水处理全覆盖。截至 2015 年，县域内所有污水处理厂出水水质都实现一级 A 排放标准。针对无法纳入城镇管网的农村生活污水和农家乐污水的实际情况，采用分散式生态处理模式进行处理，建

成分散式农村生态化污水处理工程 1660 余个，铺设管网 2500 余公里，设置窨井 7 万余只。2018—2020 年，全面启动农村生活污水处理设施提升改造三年行动计划，按照全方位保障、全县域推进、全环节创新、全过程监管"四全"的总体思路，持续推进农村生活污水处理设施提升改造全覆盖，2018—2020 年完成提升改造处理设施 1485 处，实现了景点化、标准化、数字化、精准化目标。

桐庐农村生活污水治理

近年来，桐庐深入践行"绿水青山就是金山银山"理念，以"水清、无味、点绿、景美"为目标，按照"全方位保障、全县域推进、全环节创新、全过程监管"的总体思路，因地制宜为各村制定提升改造方案。启动农村生活污水处理设施三年提升改造工作，累计投入 3.8 亿元，完成农污处理设施提升改造 1485 处。其中 2018 年完成 95 处，2019 年完成 735 处，2020 年完成 655 处，基本实现日处理能力 30 吨以上的处理设施标准化运维，累计完成标准化运维 107 处。目前，全县共有正常运行农污处理设施 1493 处，其中有动力设施 353 处，无动力设施 1140 处，日均污水处理量将达 22500 吨，受益群众超 83000 户，覆盖率 80% 以上；终端出水水质达标率提升至 90% 以上，群众满意度高达 99%，较提升改造前分别提升 15 和 14 个百分点。

2016 年，桐庐被评为"全国农村生活污水治理示范县"。环溪村农村生活污水处理作为治水典型分别于 2013 年 7 月、2019 年 11 月登上了《人民日报》头版头条。2019 年，桐庐荣获浙江省农村生活污水处理设施运行维护管理工作考核优秀县、杭州市农村生活污水处理设施提升改造工作优秀县。2020年，桐庐在杭州市农村生活污水处理设施提升改造工作预考核中位列优秀等次；10月29日，浙江省农村生活污水治理现场推进会在桐庐召开。2021年6月3日《人民日报》头版标题导读转7版刊发专题报道以梅蓉村为例，报道桐庐将提升改造农村生活污水处理设施纳入民生实事工程。

（三）河道整治落实常态化

深化"五水共治"，组织开展"碧水亮剑"、"斩污攻坚"、工地排水专项督查、排水主干管排查、面源污染防治试点行动、饮用水源保护行动，加快推进长江经济带、河湖"四乱"、饮用水源保护等问题整改。率先实行县、乡、村三级河长管理机制，压紧压实各级"河长"责任，发挥"第三方＋智慧＋湖长"联控优势，实现"人治"向"智治"转变，富春江、前溪、后溪、芦茨溪、双坞溪先后通过省级"美丽河湖"验收；创新"流域共治"治理模式，分别与建德、临安、富阳签订流域共治合作框架协议，实现上下游共治、跨区域联动、资源共享、协同治理；有序推进全域"污水零直排区"创建，到2020年已完成8个乡镇（街道）、6个工业集聚区以及101个生活小区"污水零直排"创建工作。

（四）高质量建成国家森林城市

建设绿色城市、森林城市被列为国家"十三五"规划纲要、国家新型城镇化纲要、国家中长期改革实施规划的重要内容。对桐庐而言，创建国家森林城市是做优生态环境、擦亮生态品牌、加快"两山"转化的过程。2016年7月，桐庐县委、县政府以"中国最美县、山水森林城"为建设定位，提出了创建国家森林城市目标，将国家森林城市创建工作纳入政府工作报告。2016年9月，桐庐县人民政府与国家林业局华东林业调查规划设计院签订城市森林建设战略合作框架协议。2017年12月7日，浙江省林业厅和桐庐县人民政府签署"厅县共建林业现代化合作协议"，桐庐县成为浙江省唯一一个与省林业厅进行战略合作的县，确定桐庐县为全省首个"林业现代化试验示范县"。

桐庐——森林城市

富春江绿道（拍摄者：黄强）

　　桐庐森林城市建设坚持最美标准，建设桐庐最美模式，强化"以景区的理念发展全县，以景点的要求建设镇村"，以"绿"为出发点，以"美"为关键点，以"富"为落脚点，森林生态网络不断完善。2016—2017 年，全县累计新造林面积 3709.3 公顷，活立木蓄积量从 658.8 万立方米增加到 687.87 万立方米，建成区绿地面积从 2515 公顷提高到 2586 公顷。截至 2018 年 7 月底，桐庐森林覆盖率为 75.31%，城区绿化覆盖率为 43.17%，人均公园绿地面积为 13 平方米，市民出门 500 米以内就有休闲绿地。全县建有 16 处各级森林公园（其中国家级 2 处、省级 2 处），2 处省级湿地公园，4

处自然保护小区，2 处省级生态文化基地。国家森林城市各项指标均已达到或超过《国家森林城市评价指标》要求，荣获国家森林城市、全国森林旅游示范县、中国天然氧吧、省级森林休闲养生城市称号。按森林生态效益平均价值概算，森林将为桐庐提供生态效益 88.9 亿元/年，是总投资的 24 倍。

桐庐森林生态效益估算　　　　单位：亿元/年

森林		湿地	
生态功能	价值	生态功能	价值
涵养水源	33.8	调节大气	0.5
保育土壤	7.6	调蓄洪水	1.9
固碳释氧	12.1	净化去污	1.3
积累营养物质	1.0	生物多样性	0.1
净化大气	6.2	生存栖息地	0.1
生物多样性保护			
合计	85.0		3.9

资料来源：杭州市森林生态效益评估参数。

　　通过创建国家森林城市，构建"山水林田湖城一体""城乡森林环境一体""森林城市文脉一体"的森林城市格局，桐庐高质量建设成一个森林生态网络健全、森林生态文化繁荣、森林生态产业领先、森林生态保护完善、"山清、水秀、民富、县强"的国家森林城市。

◇ 四 强化制度创新，"精细式"落实长效监督管理

推进生态文明建设必须依靠体制机制和制度的保障，习近平总书记强调："在生态环境保护问题上，就是要不能越雷池一步，否则就应该受到惩罚"，"只有实行最严格的制度、最严密的法治，才能为生态文明建设提供可靠保障"。桐庐把制度建设作为推进生态文明建设的重中之重，加快制度创新，增加制度供给，完善制度配套，强化制度执行，从而持续完善生态环境治理体系，用最严密的法治、最严格的制度，为生态文明建设和绿色发展保驾护航。

(一) 创新生态考评制度

美好生态离不开群众的监督，离不开环保部门的制度管理。桐庐实行县领导联系重点生态建设项目制度，纪检、组织、督查考评等部门创新执纪模式、健全评比方式、完善考评机制，以问责、评比、考核管理体系保障生态文明建设工作。破除"唯 GDP 论英雄"，取消山区乡镇工业经济指标考核，增加其他乡镇生态指标权重，使山区乡镇可以放开手脚好好地走生态绿色发展道路。建立乡镇一级人民政府对辖区内生态环境质量负总责机制，将生态文明建设、乡镇交界断面水质考核、农村生活污水处理工程运行维护管理

考核等工作纳入乡镇、部门年终综合考核；贯彻落实《领导干部自然资源资产离任审计规定》，实行生态环境损害责任终身追究制，倒逼属地乡镇、部门履行生态环境保护主体责任。

（二）创新网格监管制度

桐庐开放了公众投诉电话、微博微信举报、媒体曝光等多种监督渠道，制定印发《桐庐县生态环境保护有关单位主要职责》（县委办〔2017〕96号），进一步明确生态环境属地监管、行业监管职责，有效推动"管发展必须管环保、管行业必须管环保、管生产必须管环保"的责任落实。编制了《桐庐县污染源一证式积分管理办法》，用每年满分12分制的考核，完善排污许可证的证后管理，将企业的环保职责设置成扣分条款。为破解企业因不了解环保法、不清楚办事流程导致违规这一痛点，桐庐于2019年推出一款智能应用——"桐庐环保管家"，它不仅会提示企业即将到期的待办事项，还会"手把手"

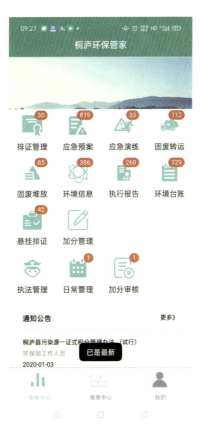

"桐庐环保管家"APP

教企业完成环保管理事项，更能"执法上云"，像"驾照扣分"一样管理企业的"排污许可证"积分。"管家"扣分很严格，但服务也非常到位——系统对每项扣分条款设置了"帮助"功能，点开即有"满分案例"供企业参考，扣分原则、法律条款、操作规范一目了然。

桐庐在浙江率先建立了村级专（兼）职规划员队伍，率先推行跨乡镇交接断面水质监测通报，实现了全国首个县域乡村空气质量监测系统全覆盖。成立了浙江公安系统的第一个环境犯罪侦查大队，建立县、乡镇、村（社区）三级网格化监管体系，理顺生态环

2019 年 8 月 16 日，桐庐县生态环境保护综合行政执法队挂牌成立，
是浙江省县级层面首批挂牌成立的综合行政执法队

境破坏快速发现、报告、处置机制，充分发挥乡镇、村级网格的基础作用。在全省县级层面率先成立生态环境保护综合行政执法队，进一步统筹执法资源和执法力量，整合环境保护和国土、水利、农林等部门相关生态保护执法职责和执法队伍，以本级生态环境部门的名义，依法统一行使污染防治、生态保护的行政处罚权以及与行政处罚相关的行政检查、行政强制权等执法职能。这也标志着桐庐县生态环境保护综合行政执法工作进入了一个新的阶段。

（三）创新资源保护制度

为强化"环境立县"理念，桐庐严格落实项目审批环保"一票否决"制度，并先后发布实施了《桐庐生态县建设规划》《桐庐县生态文明建设规划》《关于加快推进生态文明和"美丽桐庐"建设的实施意见》《桐庐县乡村旅游发展规划》《桐庐县美丽乡村建设规划》《桐庐县美丽乡村村庄景观整治规划方案》等，围绕"中国最美县"定位和"美丽中国、桐庐先行"目标，坚决摒弃先污染后治理的发展模式。这其中，尤以《加快建设美丽桐庐的决定》、《"五个不准"决定》、生态补偿制度、企业环境强制责任保险制度等为生态文明建设提供了有力的制度保障。

2014年1月，桐庐县第十五届人大常委会第十三次会议通过了《关于严格自然资源保护 促进生态文明建设的决定》，并做出除特殊情况外"不准砍一棵树、不准填一座湖、不准卖一块石、不准挖一粒砂、不准出让一座山塘"的决定，实施最严格的自然资源保护政策与措施。2019年10月，桐庐县第十六届人大常委会第二十一次会议通过了《关于严格自然资源保护 促进生态文明建设的决定（修订草案）》。该决定提出：（1）坚持"山水林田湖草"生命共同体理念；（2）建立最严格的山体保护制度；（3）建立最严格的水系保护制度；（4）建立最严格的林木保护制度；（5）建立最严格的耕地保护制度：（6）建立最严格的自然资源保护机制。县政府要将落实以上决定事项的年度工作目标措施及上一年的实施情况于每年年初报县人大常委会，县人大常委会将该决定的贯彻落实情况作为生态文明监督工作的重要内容。

此外，桐庐还实行了林木限伐、河道资源、矿产资源保护等保护机制。通过建立起更加严格的自然资源保护机制，切实转变资源消耗型发展方式，节约节省县内自然资源，鼓励以市场手段更多地引入县外资源，满足全县经济社会发展和民生事业改善的需要。同时，按照"近期从严管理、远期全面禁止"的原则做好自然资源保护工作，始终以自然资源与环境培育为生态优势，努力把生态优势转化为新的生产力和核心竞争力，发展美丽经济、绿色经济。

这一系列资源保护制度实施以来，桐庐对生态环境、自然资源的保护力度持续加大，推动了生态环境质量持续改善，公众对生态环境满意度显著提升（从2019年全省第53名上升至2020年第18名），获得浙江省"绿色转化"财政专项激励资金（2020—2022年每年1亿元，连续三年）。

（四）创新治理模式

创新积分制管理，激活基层监察监督触角。为切实打通监察监督"最后一公里"，进一步激发村（社）监察工作联络站和监察联络员履职热情担当，桐庐县纪委县监委专门制定出台村（社）监察工作联络站"积分制"管理办法。在管理内容上，突出"量体裁衣"。根据《桐庐县村级监察联络员"五督五查一直通"工作机制》和《桐庐县村（社）监察联络员履职正负清单二十条》，结合工作实际，明确集体会商督、民主理财督、公开质询督、微信平台督、民情记录督等 15 项履职的具体要求，对每项要求进行量化赋分。在积分结果运用上，桐庐县做实"奖先促后"。村（社）监察工作联络站每月对工作积分情况进行自评，各乡镇（街道）监察办进行考核，按月排名、通报，亮出差距。积分将作为各工作联络站年度评先评优和干部绩效管理的主要依据，形成激励。对年度积分考评成绩靠后的，将由各乡镇（街道）监察办主任"一对一"开展约谈提醒。

截至 2020 年 9 月，桐庐全县 203 个村（社）监察工作联络站共走访群众 1 万余户，开展村级工程、"三资"领域监督检查 1200 余次，收集廉情信息 2000 余条次，发现问题 353 个，其中转问题线索 15 条，以高质量覆盖推动基层监督形成了增量优势。

积极探索跨界环境治理工作，打破行政区域壁垒，协同监管、共保联治。近年来，桐庐先后探索建立了清渚溪"两乡人大代表"

区域水环境联动监督工作机制、形成"壶源江论坛"区域共建机制，与富阳区和建德市签订了钱塘江流域上下游横向生态补偿协议，定期开展联席会议、联合监测、联合治理，为长三角流域共治共保搭起了"共治桥""沟通桥"，形成多地"共护清流·共享秀水"的浓厚氛围。与临安区、建德市分别签订了富春江、分水江流域共治协议，成立了流域共治工作专班，明确了共治项目和应急机制，就蓝藻防控、河道保洁、渔政执法、水质监测等河道流域共治问题达成协议、实施联保联防，通过上下游、左右岸机制联动、资源共享，共同加强生态空间共保，推动环境协同治理，夯实绿色发展生态本底。

2020 年 7 月至 8 月，桐庐联合金华、富阳、建德等开展生态环境保护整治专项行动，累计出动 50 人次，检查企业 20 家，有效解决生态环境问题 5 个，形成了跨区域联合监管模式。

创新生态管家体系，促进美丽城镇建设。为满足城乡美丽环境建设和长效运维等时代需求，桐庐积极探索，推陈出新，打造"生态管家"体系。生态管家采用"运营企业＋劳务合作社"模式，依托专业化、标准化的人居环境管理服务体系和管家人才，为镇村管理、城乡生态基础设施长效运维提供一体化解决方案的全新模式，是美丽环境建设的综合解决方案。生态管家包括 3 大产品体系，即生态环境（设施）建设、生态管家队伍和智慧信息平台。其中管家队伍是面向生态设施建设及山水林田湖治理等领域，服务镇村生态环境治理和生态产业发展的专业人才和产业工人。智慧信息平台基于生态环境领域的全方位监管，通过沉淀海量的生态治理数据，为管理者提供智慧化决策。

形成"四全"环保自治体系，实现"官治"向"民治"转变。桐庐创新环保管理体制，以"四全"建立基层环保自治体系，即基层自治体系"全域覆盖"、民间环保组织"全面开花"、社会共管意识"全线深入"和环境动态监管"全民参与"，使群众以主动担当的主人翁姿态积极投身到生态环保工作中。① "四全"环保自治体系让环境保护工作增加了一套成本低廉、管理有效、反应迅速的基层环保自治体系，从而进一步加强环保工作的社会监督力度，保障了公众对环境保护的知情权、参与权和监督权。

后岩村："美家美德"文明微积分扬新风 ②

2017 年，桐庐后岩村按照"村集体补助、社会资助、村民自筹"的思路，邀请社会乡贤捐助、热情群众参与等方式首创"美丽基金"志愿服务。在村民自愿前提下，村集体与后岩村 202 户农户全部签订了《"美丽基金"农户协议》，并将考核办法制作成红旗挂在农户家门口醒目处，做到承诺上墙、责任上心。2019 年 5 月，这项举措又升级了，村里推出"美家美德"文明微积分，专门聘请专职人员负责文明微积分的细则草拟、活动组织、月度打分、季度亮晒、年度表彰等工作。动态开展积分评定和展示，从 6 月 1 日起对

---

① 陶元、任丹萍：《潇洒桐庐 绿色崛起进行时》，《杭州日报》2019 年 6 月 5日。

② 何小华：《文明行动就能换钱！在桐庐后岩村做这 10 件"美事"能换美丽基金》，《钱江晚报》2019 年 5 月 12 日。

每家每户每月进行不定期的暗访、打分，内容包括美丽庭院、垃圾分类、文明养犬等 10 项内容。坚持真考、实考、严考，将得分情况进行亮晒并依据积分对村民进行集中奖励。满 60 分不仅奖励美丽基金 500 元，还可以在微积分超市兑换各种礼品；55—59 分奖励美丽基金 400 元，51—54 分奖励美丽基金 300 元，50 分及以下无奖励。这一做法得到《人民日报》、新华社客户端、《浙江日报》、浙江党建网、杭州新闻网等多家主流媒体报道 60 余次，点击量达 100 多万人次，受到了社会的一致好评。

白云村："环境入股"村民增收、助环境保护[①]

盛夏时节的白云村，绿树成荫、流水潺潺、民居整齐别致，村道清洁如新。近年来，村里秉持绿色发展理念，坚持绿色生产，守住一方好山水，留得一份厚实的生态家底。村里通过开展垃圾分类、庭院整治、家禽禁养、设立护鸟巡防队等措施，村民们积极参与保护村庄生态，自觉维护村中溪流的整洁，不乱砍滥伐。如今，白云村将自身发展方向定为"白云间休闲旅游度假区"，发展农村旅游，打造 3A 级景区，不仅吸引了周边都市游客，外国游客也多了起来。

村集体以配套设施、生态环境、服务协调等"美丽资源"的形式，入股所有招商引资项目。该"美丽股"占股 10%，按照"分红＋保底"的分配方式，仅 40 年期项目分红便可获 2000 余万元收

---

① 高驰弘、王悦骅、钱凌芸：《桐庐白云村美丽生态结硕果 "环境入股"助农增收》，https://zjnews.zjol.com.cn/zjnews/hznews/201808/t20180802_7924218.shtml。

益，切实强化村集体的造血功能，形成村庄生态环境良性循环。例如，白云村与投资开发高端民宿的业主达成一份"环境入股"协议。该协议规定，白云村以村里的自然资源资产入股，占股10%，每年保底10万元，以后再根据经营情况增加。

共同开发乡村旅游，"环境入股"能够增加村集体经济收入，并促使村庄生态环境的保护，实现"美丽经济"的双赢。

"景到严陵自不凡，幽清如画始开函"（清·李渔）。山青、水绿、天蓝、土净，桐庐坚持守三条"红"线、育一片"青"山、护一江"绿"水、清一片"蓝"天、净一方"黄"土、美一座"城"（橙）镇、扎制度笼"子"（紫）①，绘就了美丽生态新画卷。

---

① 陶元、任丹萍：《潇洒桐庐　绿色崛起进行时》，《杭州日报》2019年6月5日。

第 十 章

走向世界的桐庐

　　桐庐自改革开放以来特别是党的十八大以来，将"美好生活"作为县域治理的题眼，着力打造高水平生态文明全国样板、高质量绿色经济全国样板、高颜值美丽城乡全国样板、高品质美好生活全国样板、高效能县域治理全国样板，构建具有产业之美、生态之美、城乡之美、革新之美、文明之美、治理之美、幸福之美、勤廉之美的大美桐庐，形成了独具特色的桐庐经验。

　　这一经验，是对浙江"红船精神"的坚定继承，体现了桐庐人民改革开放以来勇立潮头、敢闯敢试的卓绝勇气。归根结底，桐庐的县域治理经验是"马克思主义行，中国共产党能，中国特色社会主义好"这一中国百年奋斗与追梦历程的根本经验在桐庐的体现：紧密团结在以习近平同志为核心的党中央周围，高举习近平新时代中国特色社会主义思想伟大旗帜，以党的领导引领桐庐各项事业建设，推进政治、经济、社会、文化、生态"五位一体"事业发展，推进桐庐的改革开放事业在新时代迈向新的伟大征程，谱写新时代的桐庐美好生活故事。这一经验，既是桐庐人民锐意进取、自力更生的劳动成果，也是在不同历史时期对外开放，充分利用好国际国内两个市场、两种资源，向世界开放的结果。抚今追昔，桐庐在追求国际化的道路上不断开拓，在拥抱经济全球化浪潮的同时也令桐庐为世界瞩目，并促进桐庐县域治理能力不断升级。

第一，产业发展对接全球。桐庐最具代表性的快递产业，成为新时代桐庐产业国际化的最好诠释。随着经济全球化的深入发展，快递、物流业在深入构建全球产业链、扩展海外贸易方面具有不可替代的作用。桐庐走出的"三通一达"在探索深度融入全球产业链、物流链的出海道路上乘风破浪。"三通一达"研发中心落户桐庐，倡导海外协作，组团出海。2015年首届中国（杭州）国际快递业大会在桐庐召开，决定将大会会址永久落户于"中国民营快递之乡"桐庐；此后第二、第三届中国（杭州）国际快递业大会分别于2017年、2019年在桐庐举办。

2021年6月11日，以"立足新阶段 贯彻新理念 构建新格局——快递让循环更畅通"为主题的第四届中国（杭州）国际快递业大会在桐庐召开。大会发布《桐庐倡议》，倡导自觉融入党和国家工作大局，增强服务国家战略的责任感、使命感，深入推进"两进一出"工程，加快行业高质量发展步伐，坚持创新核心地位，加快推进产业数字转型，常态化开展"暖蜂"行动，保障快递员和末端网点合法权，擦亮环保底色，推动行业绿色转型和可持续发展。新冠肺炎疫情的暴发凸显了快递行业在保障基本民生、完善社会治理等多个方面的关键作用。可以预见，桐庐快递业的回归与发展必将为后疫情时期世界的经济恢复与全球产业链的重连重构做出贡献。

2021 年 6 月 11 日，第四届中国（杭州）国际快递业大会在桐庐召开

快递业的出海发展仅仅是桐庐诸多产业多年来追求国际化道路的缩影。自改革开放以来，桐庐多种传统产业、制造业均有着独具特色的国际化道路。分水江沿岸的横村镇针织行业、分水镇制笔行业等特色产业较早地走向国际舞台。"中国针织之乡"横村镇针织业以制帽、制巾、制袜"小三件"针织品起家，享誉国际。"中国制笔之乡"分水镇制笔产业自 20 世纪 70 年代诞生至今，已经实现了"世界人均一支笔"的生产目标，并向着"世界人均一支好笔"的目标迈进。传统设备制造业走向国际。浙富水电是国内知名水电机组制造商，由富春江水电设备总厂与日本富士电机公司合资建立。来自各个国家的工程技术人员在富春江镇起居，使富春江镇成

为桐庐的"国际镇"。① 而今，在浙江省数字化赋能的大背景下，桐庐正在将制造同"智造"融合，着力推进智能产业落户桐庐，引进海康威视等智造企业，促进大数据、云计算等未来产业发展，促进现代农业、传统制造业、现代服务业以及公共服务的智能化转型，在智能化、现代化的基础上抱团出海。

分水妙笔智慧乐园，展示制笔文化

　　第二，人才、技术国际交流。在桐庐产业不断迭代升级的同时，人才、技术的国际交流也成为产业"走出去""引进来"的坚实保障。2019 年，县科技局、县招才局经过多方筹措，与乌克兰国家科学院、米兰理工大学开展人才创新合作对接，构筑双招双引渠

---

① 浙江在线：《国际化小镇：小小富春江镇引领桐庐经济转型升级》，https：//zjnews. zjol. com. cn/05zjnews/system/2010/06/23/016703530. shtml。

道，搭建科技成果转化平台，在人才引进、科学研究、科技成果产业化、高等教育、国际合作等方面五位一体深度合作，促进桐庐乃至浙江经济产业发展。① 人才引进与本地科技创新出海发展同步进行。2017 年，美国桐庐创新中心在硅谷正式揭牌，并在硅谷美国浙江创新中心举行桐庐硅谷创新人才洽谈会，标志着桐庐与硅谷的合作翻开了新的篇章，桐庐从此有了自己的海外窗口，在对接硅谷人才、技术和资金等方面必将起到桥头堡作用，从而更好地助力桐庐产业转型、创新发展。②

人才引进，不仅靠的是技术、资本的流动，还要以桐庐的"高颜值"美好生活作为"此心安处是吾乡"的注解。桐庐的养生产业、健康产业、民宿产业等与桐庐狠抓环境保护的努力相映成趣，基础教育、医疗等民生服务的齐备，人才公寓的建设为优秀人才安居立业消除后顾之忧。桐庐依靠"双招双引"政策，以乡情乡愁为纽带，迎接人才返乡创业，并举办"君山引凤"人才招聘周等活动，以"最多跑一次"改革为基底，更注重引进人才在桐庐的个人发展及就业创业的前景，让人才真正地"凤栖君山"。

第三，本土文化走向世界。将丰厚的历史文化底蕴同当代经济文化发展相结合，有助于增强中国的国际"软实力"和中华文化在世界上的吸引力。习近平总书记强调，要加强对中华优秀传统文化

---

① 桐庐县人民政府：《桐庐创新创业向国际化迈近》，http：//www. tonglu. gov. cn/art/2019/12/30/art_ 1543980_ 41360798. html。

② 浙江省科学技术协会：《桐庐县在美国硅谷设立"美国桐庐创新中心"》，https：//www. zast. org. cn/art/2017/9/6/art_ 1672708_ 36779209. html。

的挖掘和阐发，使中华民族最基本的文化基因同当代中国文化相适应、同现代社会相协调。① 桐君街道梅蓉村在中华人民共和国成立后，发扬"穷棒子精神"，将沙洲变良田，改变了千百年来望江兴叹的命运。梅蓉村成为中国对外展示社会主义优越性的窗口，1966年阿尔巴尼亚部长会议主席谢胡在副总理李先念陪同下到访梅蓉村，留下"阿尔一号"麦种，桐庐因此在中国的对外交往中居有一席之地。

近年来，桐庐大力发掘本土文化资源，集成本土文化产品，将桐庐文化包装出海。传承"三大文化""两大精神"，促进传统文化与当代精神之间的融会贯通，打造全新的桐庐人精神家园。依托美丽乡村建设，建设乡村书吧等公共文化设施，打造城乡公共文化空间；桐庐引以为傲的越剧、剪纸、书法、故事等特色文化融入千家万户的日常生活之中，越剧、剪纸等文化名片还跨海越洋走出国门，成为桐庐面向全球的文化标识。

第四，美丽城乡成为突出名片。宋代诗人释文珦《桐庐县》诗云："潇洒桐庐县，名闻汉代余。民风尚耕钓，土物富薪蔬。江水连衢港，云山带越墟。终期置茅屋，邻近钓台居。"道出桐庐自古以来物阜民丰、城乡和谐、水运便捷的繁盛景象。建设美丽城乡，促进城乡一体发展，是落实桐庐美好生活最基础、最实际的工作。2018年，杭黄高铁全线贯通，桐庐站作为杭黄高铁沿线重要站点，极大地缩短了桐庐与杭州市区、长三角和萧山机场的距离，更缩短

---

① 新华网：《习近平：在中国文联十大、中国作协九大开幕式上的讲话》，http://www.xinhuanet.com//politics/2016-11-30/c_1120025319_2.htm。

了桐庐迈向世界的距离。2022 年，桐庐东站即将完工，新的高铁线路必将带动桐庐经济进一步腾飞。320 国道、杭新景高速穿城而过，高铁联结机场，桐庐人与世界的联结日益紧密。

城市的建设深刻打上了"国际范"的烙印。公共服务设施以及服务能力的国际化，将大大提升市民生活幸福指数。桐庐国际化进程体现于教科文卫体等多项事业当中：卫生方面，开展卫生健康事业"市县合作"，深化与上海瑞金医院医联体建设，县第一人民医院、县妇保院迁建项目落地开工。教育方面，积极引入双语教育，拓展素质教育，突出体育教育。更值得一提的是，桐庐体育教育的成就走向世界，桐庐运动员史红梅在帆船项目、俞诗梦在皮艇项目上均获得不俗成绩。国际半程马拉松等赛事在桐庐开展，2022 杭州亚运会马术项目落户桐庐瑶琳……

桐庐亚运会马术场馆效果图

　　未来的桐庐，美丽城镇与美丽乡村交错纵横，充满科幻感和未来城市理念的富春未来城，与迎春商务区等城市中心相互映衬；分水、钟山、横村、富春江等乡镇抓住产业优势，打造特色乡镇；梅蓉村、深奥村等村落在保护传承中面貌焕然一新；杭义温高铁、杭黄高铁穿城而过，多条高速横贯东西，富春未来城等新概念城区将生态、科技融入居民的日常生活之中。而随着浙江省高质量发展建设共同富裕示范区以及杭州云城、三江汇未来城市先行实践区的建设，桐庐县必将抓住新的历史机遇，未来可期。

两江融汇，大美桐庐

　　第五，美好生态展现独特魅力。追求"绿水青山"与"金山银山"的辩证统一，实现"碳达峰""碳中和"目标，建设山清水秀的美丽中国，并在人类命运共同体理念指导下构建全球生态环境共同体，构成了新时代环境保护领域的中国方案。桐庐以山水桐庐为名片，在践行"绿水青山就是金山银山"理念的基础上以及浙江省建设美丽中国先行示范区的目标下实现经济发展与生态环保的结合，成为秀美中国的又一响亮品牌。《与朱元思书》有言："自富阳至桐庐一百许里，奇山异水，天下独绝"。桐庐山水美景千百年来映照于图卷和诗词之中，也因此千古流传，声名远播万里。国际知名的"越后妻有"大地艺术节策划人北川富朗这样评价桐庐风景："春季，富春江雾与山中云烟缭绕，与我儿时所见的中国山水图十分相似。"[①] 2016 年，首届中国（桐庐）国际民宿发展论坛召开。来自中国大陆、中国台湾地区和法国、意大利、日本等国的民宿业界代表齐聚富春江畔，共话全球民宿旅游产业前景。2017 年第二届论坛宣布：中国国际民宿发展论坛永久落户桐庐，这是对桐庐自2013 年起持续探索国内民宿产业发展道路的充分肯定。2019 年 9月，第三届中国（桐庐）国际民宿发展论坛暨中日民宿与乡创旅居产业大会举行，论坛以"美好生活，宿在桐庐"为主题，展现新时代中国乡村的美丽画卷。桐庐民宿产业正在借助三大产业的融合发展，把民宿与创意农业、森林康养、影视拍摄等有机结合，不断做深"民宿＋"的文章，讲述桐庐版本的乡村故事、民宿故事、中国故事。[②]

---

① "Destinations on the Rise for 2021: 25 Amazing Places to Inspire Future Journeys and Remind Us Why We Love to Travel", *National Geographic*, https://www. nationalgeographic. com/travel/article/best – of – the – world – 2021.

② 桐庐县人民政府：《第三届中国国际民宿发展论坛暨中日民宿与乡创旅居产业大会在桐召开》，http://www. tonglu. gov. cn/art/2019/9/20/art_ 1542449_ 38259501. html。

2021 年，梅蓉村改造村庄废弃设施，通过赋予其新功能，使之融入江景花田，凸显人与自然同呼吸、共命运的"诗意栖居"。这一理念与桐庐的发展轨迹不谋而合。"左岸"是浪漫与文化繁盛之地的代名词。未来富春江的左岸，将成为富春江左岸最具艺术气息的舞台，潇洒桐庐浪漫多彩的后花园，更是走出杭州、走向世界的桐庐东大门。

2021 年 2 月 25 日，习近平总书记在全国脱贫攻坚总结表彰大会上庄严宣告：我国脱贫攻坚战取得了全面胜利！习近平总书记指出，在全面建设社会主义现代化国家新征程中，我们必须把促进全体人民共同富裕摆在更加重要的位置，脚踏实地、久久为功，向着这个目标更加积极有为地进行努力。在第一个百年奋斗目标实现后，我们应准确把握新发展阶段、贯彻新发展理念、构建新发展格局，推动"十四五"时期高质量发展，确保全面建设社会主义现代化国家开好局、起好步。

未来，在"十四五"及中国未来中长期发展的新征程上，在党中央、国务院赋予浙江高质量发展建设共同富裕示范区、建成展示中国特色社会主义优势对外窗口新使命的背景下，桐庐将进一步深入贯彻习近平新时代中国特色社会主义思想，扎稳扎牢美好生活在新时代的坚实基础，继续探索并丰富美好生活在桐庐的实践，讲好新时代中国故事的县域缩影——美好桐庐故事。

参考文献

《习近平谈治国理政》，外文出版社 2014 年版。

《习近平谈治国理政》第二卷，外文出版社 2017 年版。

《习近平谈治国理政》第三卷，外文出版社 2020 年版。

《习近平新时代中国特色社会主义思想学习纲要》，学习出版社、人民出版社 2019 年版。

中共中央文献研究室编：《习近平关于社会主义生态文明建设论述摘编》，中央文献出版社 2017 年版。

董利荣主编：《通达天下》，浙江文艺出版社 2014 年版。

董利荣：《诗说桐庐》，团结出版社 2020 年版。

国家发展改革委就业收入分配和消费司：《推动返乡入乡创业高质量发展：返乡入乡创业典型案例汇编》，中国市场出版社 2020 年版。

孙侃：《中国快递桐庐帮——"三通一达"崛起之谜》，红旗出版社 2014 年版。

桐庐县文学艺术界联合会、富春文学院编：《中国快递·钟山快递人》，浙江工商大学出版社 2020 年版。

范柏乃、陈亦宝：《全面深化"放管服"改革："最多跑一次"》，

《社会治理》2017 年第 6 期。

高煜：《我国经济高质量发展中人工智能与制造业深度融合的智能
化模式选择》，《西北大学学报》（哲学社会科学版）2019 年第
5 期。

何圣东、杨大鹏：《数字政府建设的内涵及路径——基于浙江"最
多跑一次"改革的经验分析》，《浙江学刊》2018 年第 5 期。

毛溪浩：《以风景桐庐建设为统揽 大力发展全域旅游》，《政策瞭
望》2012 年第 12 期。

任保平：《新时代中国经济从高速增长转向高质量发展：理论阐释
与实践取向》，《学术月刊》2018 年第 3 期。

邵颖春：《优化营商环境促进高质量发展的桐庐实践》，《经济研究
导刊》2019 年第 15 期。

王松、李金海：《特色小镇助推浙江省产业集群转型升级——以桐
庐制笔业为例》，《中国经贸导刊》2017 年第 11 期。

余东华：《制造业高质量发展的内涵、路径与动力机制》，《产业经
济评论》2020 年第 1 期。

郁建兴、高翔：《浙江省"最多跑一次"改革的基本经验与未来》，
《浙江社会科学》2018 年第 4 期。

中共中央党校（国家行政学院）国家战略发展研究中心课题组：
《浙江桐庐：深入推进"最多跑一次"改革》，《行政管理改革》
2018 第 10 期。

周俊茹、潘倩倩、陈志翔、时思远、章允馨：《基于浙江桐庐淘宝
村的农村电子商务模式探析》，《中国商论》2017 年第 3 期。

《领跑法治中国建设新征程 浙江奋力谱写"重要窗口"新诗篇》，《法治日报》2020 年 12 月 1 日。

《"南堡精神"永不褪色》，《杭州日报》2019 年 10 月 14 日。

钱凌芸、陶元：《桐庐吹响产业强县"冲锋号"——振兴产业经济实现绿色崛起》，《杭州日报》2017 年 7 月 12 日。

陶元、姚智萍：《唱响全域旅游桐庐"音符"》，《杭州日报》2018 年 12 月 8 日第 A03 版。

吴帅帅、黄筱：《浙江桐庐以法治政府建设推动"依法治县"》，《新华每日电讯》2020 年 11 月 20 日第 3 版。

余建华：《杭州："微法庭"联通基层治理最前沿》，《人民法院报》2020 年 9 月 21 日第 8 版。

张术平：《治理之道：切实提高基层社会治理成效》，《人民日报》2020 年 11 月 5 日第 9 版。

《中共中央关于全面推进依法治国若干重大问题的决定》，《人民日报》2014 年 10 月 29 日。

杭州网：《打通法治乡村"最后一米"桐庐合村乡村村都有法治指导员了》，https：//county. hangzhou. com. cn/content/2020 - 11/26/content_ 7861653. html。

杭州网：《发布"惠民七条"，给予青少年特别"关爱""桐庐百姓日"为幸福再加码》，https：//hznews. hangzhou. com. cn/chengshi/content/2021 - 05/07/content_ 7959562. htm。

柯建萍、叶雯婵：《美丽乡村之桐庐县百江镇：水清家美，带来"美丽经济"》，http：//epmap. zjol. com. cn/system/2014/12/19/

020419875. shtml。

澎湃新闻：《法治浙江十五周年十大法治人物、十大法治事件、十大
最佳实践公布》，https：//www. thepaper. cn/newsDetail_ forward_
12348199。

平安浙江网：《分水镇：深化综合执法改革 提升智慧执法水平》，
http：//www. pazjw. gov. cn/zhuanti/2020tszz/202012/t20201230 _
21897510. shtml。

搜狐网：《危房改造 167 户农村困难家庭危房实现全面解危》，ht-
tps：//www. sohu. com/a/417684765_ 162758。

桐庐县人民政府：《第三届中国国际民宿发展论坛暨中日民宿与乡
创旅居产业大会在桐召开》，http：//www. tonglu. gov. cn/art/
2019/9/20/art_ 1542449_ 38259501. html。

桐庐县人民政府：《桐庐创新创业向国际化迈近》，http：//
www. tonglu. gov. cn/art/2019/12/30/art_ 1543980_ 41360798. html。

桐庐县人民政府：《桐庐县农村困难群众住房即时救助工作实施意
见 》， http：//www. tonglu. gov. cn/art/2021/1/29/art _ 12292
67917_ 1718775. html。

桐庐县人民政府：《云在山门水在溪 百江镇扎实推进水环境综合整
治》，http：//www. tonglu. gov. cn/art/2021/1/28/art_ 1543980_
58961627. html。

桐庐新闻网：《推进法治文化建设 创新宣传教育阵地》，http：//
www. tlnews. com. cn/xwpd/tlxw/content/2019 – 12/05/content_ 8983
066. htm。

新华网：《十年"桐庐百姓日"奏响"共同富裕"之声》，http：//
www. zj. xinhuanet. com/2021 –05/06/c_ 1127411121. htm。

新华网：《习近平：依法治国基础在基层》，http：//www. xinhua-
net. com/2021 –03/07/c_ 1127181492. htm。

新蓝网：《桐庐县扎紧农房改造智控网 全力打好脱贫攻坚战》，
2020 年 6 月 18 日，https：//mini. eastday. com/a/20061809481336
7. html。

央广网：《"沉浸式"普法 浙江桐庐以法治护航美丽乡村》，ht-
tp：//zj. cnr. cn/hzbb/20210126/t20210126_ 525400220. shtml。

张继良：《以乡村振兴促进城乡融合发展》，http：//theory. peo-
ple. com. cn/n1/2018/1010/c40531 –30331667. html。

浙江省科学技术协会：《桐庐县在美国硅谷设立"美国桐庐创新中
心"》，https：//www. zast. org. cn/art/2017/9/6/art _ 1672708 _ 367
79209. html。

浙江新闻：《桐庐成立杭州首个行政复议局 申请行政复议更便捷》，
https：//zj. zjol. com. cn/news/443877. html。

浙江在线：《国际化小镇：小小富春江镇引领桐庐经济转型升级》，
https：//zjnews. zjol. com. cn/05zjnews/system/2010/06/23/01670
3530. shtml。

中国政府网：《中共中央国务院关于支持浙江高质量发展建设共同
富裕示范区的意见》，http：//www. gov. cn/zhengce/2021 –06/10/
content_ 5616833. htm? trs =1。

"Destinations on the Rise for 2021: 25 Amazing Places to Inspire Future Journeys and Remind Us Why We Love to Travel", National Geographic, https://www.nationalgeographic.com/travel/article/best-of-the-world – 2021.

理解中国丛书

《破解中国经济发展之谜》蔡昉　著

《中国社会巨变和治理》李培林　主编

《中国的民主道路》房宁　著

《中国经济改革的大逻辑》张晓晶　常欣　著

《中国的环境治理与生态建设》潘家华　著

《中国人的宗教信仰》卓新平　著

《走向人人享有保障的社会》周弘　张浚　著

《中国战略新布局》辛鸣　著

《中国的法治道路》李林　著

《中国特色解决民族问题之路》郝时远　著

《中国的价值观》韩震　章伟文　等著

《中华文化简明读本》干春松　著

《中国的和平发展道路》张宇燕　冯维江　著

《中国工业化的道路：奋进与包容》金碚　著

《中国何以稳定：来自田野的观察与思考》阎小骏　著

《中国的人权发展道路》柳华文　著

《法治建设的中国路径》田禾　吕艳滨　主编

《治理南山：深圳经验的南山样本》 房宁　唐奕　著

《理解中国制造》 黄群慧　著

《当代中国的中央地方关系》 周飞舟　谭明智　著

《奋斗与梦想：近代以来中国人的百年追梦历程》 李捷　著

《美好生活的桐庐样本》 赵剑英　主编